医 案 追 踪

——医疗法律制度解读

主 编 尚金凯

东北大学出版社

· 沈 阳 ·

图书在版编目(CIP)数据

医案追踪：医疗法律制度解读／尚金凯主编．—沈阳：东北大学出版社，2014.7（2025.4重印）

ISBN 978-7-5517-0636-0

Ⅰ.①医… Ⅱ.①尚… Ⅲ.①医药卫生管理—法规—案例—中国 Ⅳ.①D922.165

中国版本图书馆CIP数据核字(2014)第142108号

出 版 者：东北大学出版社
地址：沈阳市和平区文化路3号巷11号
邮编：110004
电话：024—83687331（市场部） 83680267（社务室）
传真：024—83680180（市场部） 83680265（社务室）
E-mail：neuph@neupress.com
http：//www.neupress.com
印 刷 者：三河市天润建兴印务有限公司
发 行 者：东北大学出版社
幅面尺寸：170mm×240mm
印　　张：13.25
字　　数：267千字
出版时间：2014年7月第1版
印刷时间：2025年4月第3次印刷
责任编辑：王兆元 曹 壮 王延霞
责任校对：北 辰
封面设计：刘江旸
责任出版：唐敏志

ISBN 978-7-5517-0636-0 定 价：36.00元

《医案追踪——医疗法律制度解读》

编　委　会

主　编　尚金凯

副主编　詹国章　康万军　王桂秋　黄海波

主　审　陈春森　王亚辉　赵　昕　刘成刚

编　委（以姓氏笔画为序）

于长洪　王　飞　王丽君　王磊石　王振海

马　壮　司海利　李东文　李立忠　李延卫

刘永钰　刘　屹　肖金法　沙　英　卢　山

陈立民　陈　耀　陈昌海　陈春武　陈春池

吴毅平　何向东　武　志　孙铭成　苏金芳

柳青峰　康　华　周小龙　杨　光　戚文腾

黄馨冉　董春芳　颜鸿飞　游国峰　鲁　扬

蔡建珊

◎自　序

与几年前同辽宁省医学会合作出版《医案说法》相比，再一次迈出的这一步，依旧充满了艰辛。但是不管怎样，我总算又扬帆启航了！

我原本是一名从医十余年的临床医生。经历过第二军医大学为期六年的医学教育，确也有过悬壶济世的梦想。我的大学同学中，有许多人现在依然从事着医学工作，而且各自均取得了斐然的成绩，而我自己，也曾经是一名心血管专业的副主任医师。在做医生的绝大部分时间里，我从来没有想到会转行成为一名律师；我也从来没有想过在我担当律师之后，会结交这么多的医疗界的朋友；我更没有想过，有一天会用自己的心血去为诸位医生朋友们写些什么东西出来。自从受命于越来越多的医院担任法律顾问、维权律师之后，大量精力都投入在医疗卫生法律事务之中。包括处理各种各样的医疗纠纷，组织各种案例讲座，等等，探求如何防范医疗纠纷，如何妥善解决医疗纠纷。大量的鲜活的案件映衬在我的脑海之中，而且，越来越多，并挥之不去。累积太久，自然就产生了一种希望能够表达出来的冲动，而朋友们的信任与激励，给了我这样的机会。

我真心希望，通过我的努力能够回报朋友们的信任与期待。

尚金凯

2014年3月

目 录

第1章　医护执业准入系列

——《执业医师法》，相逢何必曾相识？

曾几何时，在20世纪80年代，医生这个职业被尊为白衣天使或者白衣战士。见诸仅有的几种媒体上的报道，也几乎清一色的是病人在这些白衣天使手中如何起死回生，如何转危为安，等等。除了针对医生的工作态度之类的话题外，很少有人公开站出来指责医生们，更不用说去控告为数少得可怜的医院了。医患之间，医生处于绝对优势地位，医生的权威不容置疑，患者理所当然地信任医生，而且必须信任医生。在当初的缺医少药的年代，成为一名医生，是许多人的梦想。

当医生不需要资格考试，也从来没有过资格考试。这种情形一直持续到1999年5月1日。很难想象这样的状况如果持续到现在，会是怎样一种景象。《中华人民共和国执业医师法》（简称《执业医师法》）终结了几千年来在中国大地上原有的医生执业体系：不再是江湖郎中，也不再是师徒父子，而是需要通过职业准入的考试。而且，得以参加考试的人，也必须达到一定的教育水准，该法在第九条就规定，参加执业医师资格考试者必须是“具有高等学校医学专业本科以上学历，在执业医师指导下，在医疗、预防、保健机构中试用期满一年的”；等等。早在1999年就已经从事医生职业的人，按照该法自然而然地过渡为执业医师，因此，当时的人很难想象《执业医师法》所具有的划时代的意义。

《执业医师法》的核心就是医生的准入制度。围绕这一制度，我们有了执业医师资格考试，有了执业医师注册、变更注册制度和执业制度，就连医生的继续教育也被规定为法律制度。至于医师具体的职责，则以法定义务的形式被明确。尽管这些条款模糊并缺乏可操作性，但有了许许多多的罚则，有了非法行医的最初的概念，医生自己必须依法行医；医疗机构也必须依法行医，就连医院内部针对年轻医生的专业的调整，如内科改为儿科等，也必须办理复杂而严格的注册变更手续。

如此约束医生从事医疗活动，其目的只有一个：保护患者的利益，包括健康权、身体权和生命权。因为这一部法律，患者得以将其健康、身体乃至生命，交由法律意义上的“医师”去监管、调理和干预，其终极核心就是人身权的保护，也即人权的保护。在我国，只有医师与律师的准入与注册是以特别法、以法律的形式加以规范的。凸显在我国普通国民、普通人的权利受到了超越当时的时代的、空前的保护。

这就是《执业医师法》的精髓。

因为《执业医师法》所具有的超越当时的时代的这些特征，实践中，我们走过了漫长而艰难的道路。

1.1 执业范围

【医案寻踪】

廖某（女，42 岁），一家公司的会计。2003 年 4 月，廖某在单位组织的体检中发现左下腹部可疑包块，经当地某甲医院门诊检查，不排除腹部肿瘤的可能，并建议其及时住院诊治。住院后经与家人商议，决定接受该医院的建议，请南方某大医院的专家实施手术。手术如期举行，手术者方某是南方的一家医科大学附属医院的普外科教授，专长于肿瘤治疗。开腹后发现，肿瘤原发部位不在腹腔脏器，而是长在了右侧卵巢之上！经快速病理检查，术中诊断为右卵巢癌。眼见手术已经进行到这个阶段，术者方某决定自行操作，切除病变部位的卵巢及该侧附件组织并清扫周围的淋巴结。手术很快结束。患者术后恢复良好，对这位外地的专家自然也是千恩万谢。

2009 年 6 月 3 日，辗转已经是卵巢切除术后第六年了，廖某在年度例行妇科体检中，又发现宫颈黏膜恶变，经确诊为宫颈癌。廖某在另外一家医院又一次接受了肿瘤切除手术治疗。经过这一次手术，廖某及其家人突然有了一个新发现：按照第二次手术医生的分析意见，尽管两次手术切除的肿瘤种类并不相同，但是按照妇科临床的常规，如果在实施第一次手术时一并切除子宫及宫颈，也许就不会有宫颈癌发生的可能，不会有第二次手术了。显然第一次手术做得有“问题”！经过多方咨询，廖某及其家属似乎感到已经抓到了要害——第一次手术的术者是位外科医师，而他却做了妇科手术！这叫什么？——按照《执业医师法》，这叫超范围执业，属于非法行医！

很快患者一行人出现在第一次为其做手术的当地某甲医院的医务科内，以该医院外请的教授超范围执业、属于非法行医为由，要求该医院赔偿损失。该医院在咨询了法律顾问之后，对当初整个医疗活动的定性有了明确了解，当事医生的医疗行为确有超越执业范围的事实存在。此后经过多次协商，最终双方以和解的方式了结争议。

【医案评说】

廖某及其家人的确抓到了本纠纷的要害——执业医师的执业范围问题。《执业医师法》第十四条规定，“医师经注册后，可以在医疗、预防、保健机构中按照注册的执业地点、执业类别、执业范围执业，从事相应的医疗、预防、保健业务。”所谓“执业范围”，指的就是与本案有关的“外科”或者“妇科”等专业范围。

按照这一规定，医师只能在已经注册了的专业之内从事医疗活动，只有这样才属于合法行医或者叫依法行医，否则，就是超越范围执业，就违反了《执业医师法》，理所当然地就属于非法行医了。

临床医学的执业范围，除了上述“外科专业”与“妇产科专业”之外，符合“执业范围”的专业区分还包括：内科、儿科、眼耳鼻喉科、皮肤病与性病专业；精神卫生专业；职业病专业；医学影像和放射治疗专业；医学检验、病理专业；计划生育技术服务专业、口腔专业；中医及民族医学专业等数十个专业。这在卫生部《关于医师执业注册中执业范围的暂行规定》(卫医发〔2001〕169 号)中有明确的规定。

按照该规章的规定，医师进行执业注册的类别必须以取得医师资格的类别为依据，不得从事执业注册范围以外其他专业的执业活动。考虑到基层医院的特点，经批准，在县、乡级医院有多专业执业范围的例外。按照这一规定，医师注册后对于发生以下情形之一的，不属于超范围执业：“(一)紧急医疗救护；(二)临床医师依据《住院医师规范化培训规定》和《全科医师规范化培训试行办法》等，进行临床转科的；(三)依据国家有关规定，经医疗、预防、保健机构批准的卫生支农、会诊、进修、学术交流、承担政府交办的任务和卫生行政部门批准的义诊等情形。”与此相对照，转换执业范围也需要履行相应的审批程序。

透过本案，如果仅仅从微观上讲，尽管方某系一位普外科专业领域的知名医生，技艺水平堪称高手，本例之中第一次手术之后，也成功地切除了恶变组织，术后六年原有的卵巢肿瘤都没有复发。所谓第一次手术应当一并切除子宫及宫颈，也仅仅是一种临床学派与主张，并非妇产科技术规范。至于当时的处理方式是否构成医疗不当，也未可知。仅仅是因为相关医务人员不懂法，造成超范围执业，导致在面对纠纷与争议之时，处于被动地位，并遭致索赔。

透过本案，如果从宏观上讲，法律之所以设立临床医疗的执业范围，完全是出于对患者权益的保护，因为现代医学早已不再停留于望闻问切、视触扣听的诊断水准以及很少的几种药物、简单的一些手术了。学科、专业、亚学科、亚专业等水准越来越高，专业内容也越分越细，设立执业范围也是医学科学发展的必然。这也给医疗机构及医务人员本身提出了新的问题：作为医疗机构整体，如何强化各个专业之间的信息联络，充分发挥各专业的优势，为临床所用；作为医务人员个人，如何兼备开阔的临床视野和精深的专业水准，为患者所用。在一些特殊情况下，法律允许医生在面临危急病患、急需抢救时，可以抛开“注册执业范围”，有权实施紧急医疗救护。同样是“超越执业范围”，却凸显着法律对于患者利益的维护。

本书第 12 章的 12. 5：“你是小儿外科医生吗?”之中，也有类似的涉法内容。

【法律常识】

（1）执业注册为外科医师的，能否从事临床麻醉工作？这是否属于超范围执业呢？

注册为外科专业的医师完全可以从事麻醉工作，不属于前文所称的“超范围执业”。按照卫生部的《〈关于医师执业注册中执业范围的暂行规定〉说明》，一些特殊的临床专业，如麻醉专业、运动医学专业，划归为外科专业之内。除此之外，内科专业可以包含老年医学专业及传染病专业；妇产科专业可包含妇女保健专业；儿科专业包含儿童保健专业；精神卫生专业包含精神病专业、心理卫生专业；医学影像专业包含核医学专业；职业病专业包含放射病专业；至于肿瘤专业，依照该规章规定，则应按所从事具体业务工作注册相关专业，如内科专业、外科专业作为执业范围。

（2）医师个人如何实现对执业范围的变更？

按照卫生部的《〈关于医师执业注册中执业范围的暂行规定〉说明》，医师个人如果希望变更其原有的执业范围，必须履行法定的变更程序。包括提出书面申请，按照相关的具体要求填写“医师变更执业注册申请审核表”系列表格，执业机构、执业机构主管部门以及卫生行政部门（一般为各省、自治区、直辖市卫生厅、局及其下属医师协会或医学会）针对该医师的书面申请及“医师变更执业注册申请审核表”，出具审批核准意见及决定。此外，变更不同执业类别，须先依法取得拟变更执业类别的医师资格。实现执业变更还须满足以下两个条件之一：拥有比原专业学历更高一级的拟变更专业的学历（如本科后考研）；由卫生行政部门指定的培训机构进行系统培训和业务培训各两年或共计满两年（须脱产学习）。最后，还需要接受相关部门的注册培训并考核通过。

（3）“普通外科”的医生，从事骨科手术操作，是否构成超范围执业？

注册为“外科”的医师，其所从事的专业，可以包含普通外科、脑外科、胸外科、泌尿外科、矫形外科（即骨科）以及麻醉科专业等，其中普通外科还可以细化为头颈外科、腹部外科、肝胆外科等，所有这些专业细化，都属于外科专业，不属于超范围执业。也就是说，普外科医师完全有权利实施骨科手术，而无论其技术水平是否达到骨科医生的水准。临床上更习惯于将外科以下细分出来的科系称为“二级学科”。从某种意义上讲，普外科医师实施矫形手术，尽管不太符合情理，但符合法律规定。

前文已经提到的卫生部于2001年6月20日发布的《关于医师执业注册中执业范围的暂行规定》（卫医发〔2001〕169号）中，针对一系列的执业范围问题，已有明确的规定。

1.2 异地执业

【医案寻踪】

医师高某是外省的一名妇科医生，按照其自我推介，高某擅长妇科微创手术。经人推荐受聘到本地一家医院，并担任妇科主任。初到医院，高某便急于树立她自己的“妇科微创专家”的形象，执业注册地点变更手续还没有到手，就匆匆上岗了。很快，医院收治了一名子宫肌瘤患者于某（女，40 岁），高某准备给她行阴式手术切除子宫肌瘤。

手术如期进行，但术中出现了意外，肌瘤剥离过程极不顺利。手术室外，患者家属在等待，从上午 9:00 患者进入算起，到下午、到傍晚时分，漫长的过程。由于反复剥离操作，致使周围组织发生损害，出现了阴道—膀胱贯通损伤。最终，由于无法修复，不得不终止手术。患者被立即转往上级医院，实施了开腹手术以期修复损伤，但遗憾的是修复手术也宣告失败，患者形成了阴道膀胱瘘！此后数年，历经多次手术，才得以治愈。

这自然是一场纠纷。诉讼之中自然涉及了高某的职业资格与执业注册问题。经调查，高某恰好于这次手术的前一周将注册地点变更为于某接受手术的这家医院。这样一来就排除了因异地注册导致的非法行医的情形。后来，当地医疗事故技术鉴定办公室受理了这起医疗争议案件，并将其鉴定为医疗事故，患者于某最终获得了赔偿。

【医案评说】

手术当时医生是否具备执业资质，是本案的核心焦点之一。《执业医师法》第十四条规定，医师必须在其执业注册的指定地点，在其注册的专业范围内，从事执业活动。否则就违反了《执业医师法》，而违反法律的医疗活动无论其结局如何，都不属于合法行医，而只能是非法行医了。任何争议不论其内在的具体医疗行为如何实施、医疗活动如何展开，一旦被认定为非法行医，均无须履行任何鉴定程序，法院会依照《中华人民共和国侵权责任法》（简称《侵权责任法》）第五十八条的规定，径直推定由非法行医的民事主体——该医院——在最大的范围内承担全部民事责任。本案，由于仅仅一周之差，不存在异地注册的非法行医的情形，就有资格进行医疗事故技术鉴定，并通过鉴定确定赔偿责任。

有关执业医师注册地点问题，是多年来全国人大与政协两会的热点议题，尽管目前部分地区已经率先对唯一注册地点的规定在一定条件下作了调整，但是远没有达到自由执业的程度。实际上是否放松执业地点，对医生的注册给予“松绑”，与医疗安全抑或说患者的人身安全之间并无真正意义上的关联存在。圈定注册执业地点，与其临床技术水平毫无关联；与其履行《执业医师法》第三章的执业规则乃至执业道德也没有任何关联。现代法律从不设定人身依附关系，执业医师也不例外。任何“自由”的对价，包括行医自由的对价，只有一个就是独立承担责任。医生的“走穴”问题，不应当由《执业医师法》调整，这仅仅是医生与其雇主之间的劳动合同问题而已。例如，某甲医院在与医生签署的劳动合同上约定，严格禁止本单位医师在职期间兼职行医行为，那么，该医院内任何医生的兼职行医行为，就属于违约行为。该医院有权利对该医生的兼职实施追索或加倍追索。如果该医院允许或有条件地允许，就另当别论了。至于因此而导致的医疗损害的处理与归责问题，则是再简单不过的事了——如果行医的处所具备医疗机构资质，由该医疗机构承担民事责任；如果行医的处所不具备医疗机构资质，则按照《中华人民共和国刑法》（简称《刑法》）第三百三十六条有关非法行医罪论处；医疗机构资质没有问题，但是存在“走穴”医生个人或医疗机构超范围执业等非法行医问题，则可以依法推定其承担全部民事责任。所以，这一限制医师在注册地点执业的规定，限制了医院之间、不同医院的同行之间合理的专业交流，也最终限制了临床医学的交流与发展，应当及早予以废止。但是，对于每一位执业医师个体而言，至少在修改《执业医师法》第十四条之前，作为执业医师必须严格遵守法律的相关规定。

【法律常识】

（1）在现阶段，如何合法办理医师赴外院会诊手续？

2005 年 7 月 1 日开始实施的《医师外出会诊管理暂行规定》是卫生部颁布的针对《执业医师法》第十四条，即医师只能在注册地点执业的强制性规定的一种变通性规定。按照这一规章之规定，现阶段，任何境内的医师外出会诊，须经该医师所在医疗机构批准，方可接受其他医疗机构的特定的患者开展院外医疗活动的请求。受邀请医师与发出邀请的医疗机构的诊疗活动均应在注册范围之内，两家医疗机构之间应当交换书面邀请书与应邀书等文书。在此前提下所实施的医疗行为，才属于合法行医行为。

该规章明确规定，任何医师未经所在医疗机构批准，不得擅自外出会诊。否则即为异地行医，属非法行医行为。

（2）医师个人如何依法办理多点执业的手续？

按照 2009 年 9 月 11 日卫生部发布的《关于医师多点执业有关问题的通知》，针对医师多点执业行为可以分为三类进行管理。第一类是政府指令。诸如执行卫生支农等对口支援的政府指令与任务。第二类是医疗合作。医疗机构之间开展医疗协作与合作的，相关医疗机构须经各自医疗机构“医疗机构执业许可证”的登记机关审核并备案。备案内容包括参与合作的医师的各项执业信息。第三类是主动受聘。前两类均为医疗机构的单位行为，只有第三类情形才是源于医师个人的自主执业选择的行为。医师个人有机会受聘同时在两个以上医疗机构内执业的，须向卫生行政部门申请增加注册的执业地点，并获得批准。

打破医师个人的人身禁锢，解放医师执业的地点限制，开展医师多点执业行为，有利于推动医务人员的合理流动，有利于促进不同医疗机构之间人才的纵向和横向交流，有利于患者就近就医。但由于原有计划经济时代所遗留的印痕，涉及医师的执业管理以及所谓事业单位的人事管理制度的重大调整，卫生管理机关难以在短时间内完全解除《执业医师法》第十四条这一带有人身依附色彩的条款。由于现实需要与法律制度的冲突，所以如何解决多点执业问题，一直是困扰卫生行政管理的一道难题。《关于医师多点执业有关问题的通知》的意义在于首次以规章的形式打破了只能在一家医疗机构注册执业的禁锢，为今后医师自由执业首开先河。该通知规定：医师原则上应当在同一省、自治区、直辖市内执业，同时执业的地点不超过3个；省级卫生行政部门还应规定医师受聘在两个以上医疗机构执业应当符合的条件，诸如该医师的专业技术任职资格（一般为高级技术职称）、身体健康状况、工作任务完成情况以及与聘用医疗机构签订的劳动合同，等等。

1.3 动车上的救助

【医案寻踪】

2008年5月3日，在北京驶往沈阳的D×次动车上发生了一起突发事件：列车上的一位3岁的小女孩儿突然出现异常，她的脸憋得青紫，想喊又喊不出来。原来她在摆弄彩球玩具时，不慎将彩球吞入了自己的气管！孩子的爸爸立即把孩子倒着抱起来，在孩子的后背又是捶又是扣，可没有效果；孩子的妈妈哭喊着找到并告诉了列车员，很快列车的广播里传出求救通知，希望同车内的医生乘客赶往事发车厢抢救患儿！孩子身边已经聚集了一些人，大家都手足无措。广播还在进行着，一位中年人拨开人群来到孩子身边，对着孩子的父母和列车长，自报家门地说："我是某市的一名内科医生，姓陈，让我试试吧！"这位陈姓医生用最短的时间对孩子进行了检查，此时孩子已经出现窒息的情况，必须迅速采取措施，切开喉管，解除气道的阻塞！孩子的父母无奈之下只得同意了。接着陈医生向周围的人要来一瓶高度白酒，将白酒涂抹在孩子的颈部，然后让人取来一柄水果刀和一支笔的笔管，用白酒反复仔细地擦过后，切开了患者的颈部，然后把事先准备好的笔管插入了孩子的气管，从孩子的喉咙里发出"欧"的一声，气道通畅了！孩子得救了。

一个月后，陈医生收到了一封来自被救孩子父母的信函，信中说，孩子已经完全康复了。

【医案评说】

这似乎是一个很理想的结局，没有投诉，没有争议，没有纠纷。医患之间有的只是一种信任，一种来源于各自内心的、最为朴素的信任：患者对于当时实施抢救的陈医生的信任是基于人的最善意的本能，而陈医生对于当时被救孩子父母的信任则是基于一名医生的本分。没有人怀疑医生的善意，没有人怀疑医生的能力，一切都是如此突然、如此自然。没有人要求这位实施抢救的医生，在实施救助之前必须亮出他的医师资格证。当然也没有签字。仿佛一切的一切又回到了从前，从现在拥有完备而复杂的法律体制的时代，回到了那个民事法律制度不健全、缺乏法律制度，却并不缺乏人间真情的时代。这位陈医生没有想到，他的这个施救行为会伴随着以下法律风险：①超越注册地点执业问题，施救地点是在动车之上，而不是在他日常工作的医院；②超越执业范围问题，他可能是位非外科执业医师；③没有依照《侵权责任法》第五十五条之规定，履行书面告知义务，并因此承担不利后果；④没有使用符合医疗操作规范允许的、严格灭菌的医疗器械；等等。按照现行法律、法规乃至规章、规范，这位医生面临着太多、太多的法律风险了。在这里，关于第①，②两点法律风险，根据《执业医师法》第二十四条，“对急危患者，医师应当采取紧急措施进行诊治；不得拒绝急救处置。”可以因此免于注册地区的限制。关于第③点法律风险，按照《侵权责任法》第五十五条的规定，这位医师实施处置行为（气管切开）的前提是得到患者或者授权人的书面同意。这一点显然没有满足法律要求！《侵权责任法》第五十六条也救不了这个“急”！因为第五十六条规定“因抢救生命垂危的患者等紧急情况，不能取得患者或者其近亲属意见的，经医疗机构负责人或者授权的负责人批准，可以立即实施相应的医疗措施。”这是一种在无法取得患者及其近亲属书面同意的情形之下适用的条款。至于第④点这一风险，更是无法排除，事后局部感染是不可避免的，但是请记住，感染，即便最为严重的感染，也都是发生在具有生命的活体之上的，如果不去施救，孩子死了，自然就不会发生局部感染了。还有想象不到的风险：如果孩子抢救失败，切开气管之后仍然没有恢复自主呼吸呢？或者插管后感染，患儿终因局部感染扩散至全身，感染性休克而死亡呢？这位陈医生会不会因为患儿发生的不幸结局，而惹上“官司”呢？

纷繁的法律制度使得医生在行医之时，首先想到的已经不是患者病情的需要，而是法律制度规定的允许或不允许了。法律干预医疗行为的本意，在于规范不正规的医疗行为，保障患者健康利益，却忘记了法律原本是一柄双刃剑，在规范医生行为的同时，医患之间传统的信任与朴素的善意也被一并割裂开来了。

法律代替不了道德，至少在中国是如此。中国传统文化讲求一个人内心世界应当自省，强调在道德层面的自我约束。用“慎独”这一个词，就可以表明这种源于内心的自敛。而建立在西方法律体系之上的现行法律，则不然。现行法律旨在约束人的外在行为不要在行使自己的权利时损害他人利益，即防止侵权与权力滥用，不存在道德层面的自我约束。

面对当今的纷繁事实，也许真正需要救助的不单单是生命垂危的患者生命，还应该包括那已经将相互信任丧失殆尽的岌岌可危的医患关系和人的心灵。

【法律常识】

（1）执业医师在“未被批准行医的场所”的行医行为，是否属于非法行医？

2001年8月8日，国家卫生部曾就非法行医问题复函给最高人民法院：《关于非法行医罪犯罪主体条件征询意见函》（法函〔2001〕23号），即《卫生部关于对非法行医罪犯罪条件征询意见函的复函》。在这部规章之中明确，具有医生执业资格的人在“未被批准行医的场所”行医属非法行医。其中，“未被批准行医的场所”是指没有卫生行政部门核发的“医疗机构执业许可证”的场所。但是，下列情况不属于非法行医：“（一）随急救车出诊或随采血车出车采血的；（二）对病人实施现场急救的；（三）经医疗、预防、保健机构批准的家庭病床、卫生支农、出诊、承担政府交办的任务和卫生行政部门批准的义诊等。”

除上述情形外，其他凡超出其申请执业地点的，均被视为非法行医。然而，按照该部规章之规定，本案陈姓医生的施救行为，不属于非法行医。

（2）关于乡村医生及家庭接生员的执业地点是如何规定的？

按照《执业医师法》第四十五条规定，不具备《执业医师法》规定的执业医师资格或者执业助理医师资格的乡村医生，由国务院另行制定管理办法。《乡村医生从业管理条例》由国务院制定，并于2004年1月1日起实施。依据该行政法规第十五条，经过卫生行政部门审核的乡村医生应当在注册的村卫生室执业。只要超出其申请执业地点的，均被视为非法行医。但这一行为是否可能涉嫌构成非法行医罪，则没有明文规定，按照《刑法》“法无明文规定不为罪”的原则，实施行为之人，应当视为不构成犯罪。

有关存在于偏远地区的农村家庭接生人员的执业地点问题，《中华人民共和国母婴保健法》（简称《母婴保健法》）规定，“不能住院分娩的孕妇应当经过培训合格的接生人员实行消毒接生”，“从事家庭接生的人员，必须经过县级以上地方人民政府卫生行政部门的考核，并取得相应的合格证书”。根据2001年8月8日国家卫生部发布的《卫生部关于对非法行医罪犯罪条件征询意见函的复函》的规定，取得合法资格的家庭接生人员为不能住院分娩的孕妇接生，不属于非法行医。但是在另一处法律条文中（最高人民法院司法解释——法释〔2008〕5号）规定：如果接生人员在现场实施接生以外的医疗行为，则构成非法行医，而且还有可能被追究非法行医罪（详见本章1.6节）。

1.4 执业助理医师

【医案寻踪】

这是位于辽南某市的一家区中心医院。毕某是这家医院的一名眼科医生，不过她只是一名执业助理医师。2007 年 5 月，五官科里唯一的一位执业医师张某，因故休假两周。恰巧在这位医师休假期间，5 月 15 日，医院急诊来了一位眼外伤患者李某(男性，21 岁)，经检查，毕医助给出诊断："左眼睑皮肤割裂伤"。按照平素的情况，凡是遇到这类眼外伤患者，都是由张医师领着毕医助实施清创、缝合手术。因为该医院地处矿区，经常遇到这类眼部外伤的工伤患者，毕医助也经常协助张医师处理这类眼外伤。所以，这一次尽管张医师不在家，毕医助见局部创口无明显污染，创缘整齐，所以决定收下患者李某，由自己一个人为他实施清创缝合术。清创缝合过程进行得还算顺利。不过术后患者局部发生感染，左眼出现明显红肿。患者李某无奈被转往其他医院继续治疗。不久，在第二家医院的眼科传出消息，患者的外伤诊断为"左眼上眼睑全层断裂伤"，而且，在左眼球内尚有一粒金属异物存留。患者又接受了左眼睑提上睑肌缝合术，以及左眼球内异物取出术。治疗终结后，患者的视力已经严重受损。两个月后，患者李某及其亲属返回毕医助所在的医院，提出索赔要求，双方之间的医疗争议由此产生。争议发生后，几经周折，该医院最终对患者李某进行了赔偿。

【医案评说】

透过这起医疗纠纷本身，能够折射出许多层面的问题。

从医疗层面看，在本例争议之中，第一，存在着明显的误诊、漏诊过失，左眼上眼睑提上睑肌断裂伤以及眼球内异物均被漏诊；第二，存在具体治疗与清创手术技术操作的问题，诸如创口清理不彻底，术中、术后未能及时采取有效抗感染措施，甚至包括手术过程中的无菌操作技术不当等。说明毕医助无论从医学理论上还是临床经验上均存在明显缺陷，不适合独立开展临床工作。

从法律层面上剖析，本例争议中的"主角"之一的医生毕某，仅仅持有执业助理医师资格，而《执业医师法》第三十条第一款规定，"执业助理医师应当在执业医师的指导下，在医疗、预防、保健机构中按照其执业类别执业。"也就是说，执业助理医师不具备独立执业的法律资格。本案中的助理医师毕某，平素正是在张医师的指导下开展眼科临床工作的，而只要在执业医师的指导下，就属于符合该法第三十条的规定。至于如何理解和解释该法律条款中的"指导"一词的法律含义，不同的出发点、不同的立场和角度，很可能得出不同的解释与结论。如果按照来自该医院的说法和当事医助毕某的辩解，张医师在以往事发之前的医疗活动中始终都在对她进行着指导，这一次毕某与张医师在接诊期间也还曾通过电话，通过电话沟通的方式也是一种“指导”，但这种说法显然难以说服患者；如果按照患者一方的理解，则“指导”等同于“手把手”的教与学，这一解释对于医院也同样无法接受。而查询现有的法律、法规、规章的结果，却并没有这方面明确的解释与说明，执业医师针对助理医师的“指导”，应当以何种方式进行。

现实中，法官在法庭上面对这类双方争执不下的问题，在法理上往往采取“通常的理解与解释”，即这种解释可以被更多的普通人接受和理解，而不失偏颇。按照这一思维方式，“指导”可以是直接参与，也可以是在一旁观察；可以是全程指教，也可以是在重要环节进行把关，但是必须到过医疗活动的现场。因此，那种所谓的远程“网上会诊”和“电话会诊”，似乎不属于“指导”的解释之内。

依照这一通常的理解，本例当事医生毕医助的行为，显然有悖于《执业医师法》第三十条的规定，属于非法行医的范畴，尽管这一非法行医的性质并不涉及刑事责任。但从民事责任角度，由于《医疗事故处理条例》第六十一条以及《医疗事故技术鉴定暂行办法》第十三条已经明确规定，“非法行医不属于医疗事故的范畴”，而非法行医造成患者人身损害的不属于医疗事故技术鉴定受理的范围。果然，本例争议发生后，当地的医学会医疗事故技术鉴定办公室在考查了当事医生的执业资质证明后，正式作出了不受理鉴定的决定。法院最终参照人身损害的相关法律径行作出了判决。

【法律常识】

（1）《执业医师法》第三十条规定的执业助理医师可以“在乡、民族乡、镇的医疗、预防、保健机构中工作的执业助理医师，可以根据医疗诊治的情况和需要，独立从事一般的执业活动。”如何把握“独立从事”“一般的执业活动”呢？

国家卫生部在2005年4月7日针对四川省卫生厅的一封请示作出过正式答复，即《卫生部关于对执业助理医师行医有关问题的批复》（卫政法发〔2005〕135号）规章中，曾就“剖腹探查术”作出明确答复：剖腹探查手术面临的情况复杂多变，不应视为“一般执业活动”。在患者病情紧急，危及生命安全，且有剖腹探查手术指征，现场没有执业医师，会诊医师不能及时到达的情况下，执业助理医师方可在乡村级医疗机构中实施剖腹探查手术。

仅仅按照上述字面意思理解，只要执业活动面临的情况复杂多变，就不应视为“一般的执业活动”。相对腹探查术，更为简单的诊疗活动，可以被认为是一般的执业活动，但不要忘记，独立从事此类“一般的执业活动”的地点，只能是《执业医师法》所规定的“乡、民族乡、镇的医疗、预防、保健机构”。本例事发于某市的区中心医院，显然这类医院内不允许医助独立执业。

（2）执业助理医师是否具有处方权？

按照《执业医师法》第三十条之规定，执业助理医师在是否具有独立的处方权问题上，与其是否具备独立行医行为相似。而2007年生效的《处方管理办法》

第八条则规定，经注册的执业医师在执业地点取得相应的处方权。经注册的执业助理医师在医疗机构开具的处方，应当经所在执业地点执业医师签名或加盖专用签章后，方有效。与《执业医师法》第三十条第二款相对应，《处方管理办法》第九条规定，“经注册的执业助理医师在乡、民族乡、镇、村的医疗机构独立从事一般的执业活动，可以在注册的执业地点取得相应的处方权。”

因此，与执业医师的处方权相比，执业助理医师的处方权与行医权均受到相当程度的严格限制。

1.5　实习医生

【医案寻踪】

某医学院的附属医院，是一家大型综合性医院。刘某和他的众多同学是这家医学院校的临床实习生。按照整体实习工作的安排，实习生小刘正在呼吸内科病房轮转，每天在带教老师——医院的住院医生——的带领下管理病人，协助处理日常的诊疗活动。2008 年 8 月 17 日，为期一个月的呼吸科实习时间已临近结束，带教老师给了他们一个为患者实施胸腔穿刺操作的机会。接受胸腔穿刺操作的这名患者（亓某，男性，62 岁）因反复发热、咳嗽、痰中带血，并且胸闷、心悸、气短两月余入院，初步诊断胸腔积液，其原因待查，不排除胸部恶性肿瘤。带教老师指出，为患者实施胸腔穿刺术的目的在于，通过分析胸腔积液的性质，确定诊断，指导下一步的治疗活动。刘某和他的同学，预先对教科书上标明的各个要点都进行了反复记忆。可是等到实际操作时，还是不免紧张，甚至实施穿刺的手都有点抖，这一点就连患者本人也都感觉出来了。按照胸部 X 光平片以及 CT 片的提示，带教老师为实习生们定好了穿刺位置，开始进行穿刺了，刘某手中的穿刺针带着紧张的心情和几个实习生关注的目光穿入了患者的胸腔。只有很微量的胸水被穿出来，这与患者的胸水状况，以及医生的预计完全不符，穿刺针确实在胸腔之内，小刘小心翼翼地尝试着改变进针方向后，仍然没有胸水排除。无奈之下，一旁的带教老师只得让实习生小刘拔出穿刺针，变更穿刺位置，重新再来。这一次是老师亲自操作，很快就穿入了胸腔，拔出针芯，大量的胸水随之而出。结合胸水检查结果，患者被确诊为肺癌。事后医生反复追问患者的疾病健康史，了解到患者在年轻时曾患过胸膜结核，这可能是第一次穿刺失败的原因——患者的胸膜腔因曾经的结核感染而粘连、分隔。就是这样一件看似非常正常的穿刺操作，患者及患者家属却很快向医院提出了质疑：为什么医生不亲自穿刺，偏偏让实习生干？是不是想在患者身上做实验？在患者身上练练手？实习医生有什么资格单独进行胸腔穿刺操作？医院就是在纵容实习生的非法行医！

就在双方纠结于这件事时，患者的病情不断加重、恶化，一个月后死于病房，纠纷自此更加激烈。最终在多家行政机关的正常干预下，通过司法渠道解决——医院对于患者亓某的死亡没有责任，实习生的行为也不构成非法行医。

【医案评说】

本例争议的核心就是这位实习生是否“独自”实施了胸腔穿刺。在办案机关的调查过程中偏巧取得了一份重要的视频证据，该医院的走廊内的摄像头有一组正好对着患者所在的病房的门，调取当时的监控录像，透过病房门上的玻璃，可以看到当时带教老师始终在现场。这就证明了，整个操作过程都是在带教老师的现场指导下进行的，并非患方指责的由实习生单独在“练手”，当然不存在实习生的“非法行医”了。

在1999年之前，实习生进入临床进行实习，接触病人，协助带教老师管理病房，从事一些简单的操作，是一个极其正常的过程，甚至有许多医生在临床实习阶段就可以独立完成诸如阑尾切除术、各个体腔穿刺、硬膜外麻醉等临床操作，这一过程只有技术风险，没有法律上的限制与法律风险。但是《执业医师法》严格限制了这类情形，应当说这是一种出于对患者利益的保护，是一种进步，但是这样一来医学生的临床教学无疑受到了巨大的冲击。

很多年之前，当笔者在附属医院实习时，就听说过这样一句话：“医生的嘴，护士的腿儿，实习医生是小鬼儿。”个中滋味，就是讲实习阶段的医学生的实习生涯非常辛苦。因为，结束了医学理论学习后，对于刚刚进入临床的实习生来讲，一切都是新鲜的，一切又都是复杂的。似乎是“空有满腹经纶，却处处无从下手”。医学是一门经验科学，医学生必须经过临床实习之后，方可独立从事临床工作。面对医患纠纷越来越紧张的今天，实习生的临床学习环境也变得越来越复杂。学习的辛苦自不必多言，源于法律制度上的风险也极大地增加了。这也预示着，对于一个立志献身于医疗事业的医学生，无论是当前学医之路还是今后行医之路，也都越来越艰辛。

【法律常识】

（1）医学实习生怎样合法地规避非法行医情形，完成医疗实习活动呢？

如何在符合法律规定的前提下进行医疗临床实习，的确是摆在教学医院、带教老师乃至实习医学生面前的一个重要问题。这里提供一部卫生部的有关规章——《卫生部关于医学生毕业后暂未取得医师资格从事诊疗活动有关问题的批复》（卫政法发〔2005〕357号），该部规章就医学专业毕业生在毕业第一年后未取得医师资格的情况规定，不得独立从事临床活动，包括不得出具任何形式的医学证明文件和医学文书。尽管已经毕业并获取毕业证，但其身份仍属于“非卫生技术人员”，其工作性质仍为“在执业医师指导下进行临床实习”。

（2）如何把握与处理因实习医生独立操作引发的医疗纠纷？

对于当事医生为医学实习生的医疗纠纷，必须把握住其核心要点，即该实习生的行医行为是非经所在医疗机构允许的擅自行医行为，还是该实习医生的全部医疗行为是医疗机构安排的职务行为。按照法律规定，上述两种情形的性质完全不同，前者构成非法行医，而后者则是合法的医疗行为。即便均导致患者人身损害后果，前者的性质是非法行医致人身损害，而后者则只构成普通的医疗过失或医疗事故。

按照《卫生部关于医学生毕业后暂未取得医师资格从事诊疗活动有关问题的批复》（卫政法发〔2005〕357 号），医疗机构违反规定，安排未取得医师资格的医学专业毕业生独立从事临床工作的，按照《医疗机构管理条例》第四十八条的规定处理，即对“使用非卫生技术人员从事医疗卫生技术工作的，由县级以上人民政府卫生行政部门责令其限期改正”，并接受相应的行政处罚。对于造成患者人身损害的，按照《医疗事故处理条例》处理。而对于那些未取得医师资格的医学专业毕业未经所在医疗机构允许，擅自在医疗机构中独立从事临床工作的，按照《执业医师法》第三十九条的规定处理；造成患者人身损害的，按照《医疗事故处理条例》第六十一条的规定处理。

在实际司法操作中，往往很难按照卫生部的这部规章区分何种情况是经医疗机构单位“安排”的医疗行为，一旦发生争议可以适用《医疗事故处理条例》；哪一种情况是实习医生的“擅自”从事医疗行为。事实上无论上述哪一种情形，只要存在非法行医，法院就完全有可能按照人身损害的后果，直接推定由医疗机构承担全部的民事责任。而无论细节如何，非法行医事件也总是媒体热衷炒作的话题。

本例之中医疗机构能否对原告的“非法行医”这一指控实施有效的抗辩，恰恰在于本例所涉及的核心证据的存在，即医疗机构在诉讼之中可以提供足以证明以下事实的证据：该实习医生的医疗行为是在执业医师的“指导”下进行的。

1.6 李代桃僵的护士

【医案寻踪】

孙某是一位工作了十多年的护士，现就职在某市一家基层医院的肛肠外科门诊。原本肛肠科门诊有两位退休返聘的老医生在岗，可不巧的是其中一位要去国外探亲，请假一个月；而另一位医生的女儿马上就要生孩子，需要侍候月子。医院领导在短时间内也没有办法协调，一时间又很难聘来技术水平与报酬相当的医生，搞不好肛肠门诊得关门了事。而一旦停业，医院会损失许多就诊的患者，并且今后也很难恢复。于是医院领导找到肛肠门诊的孙某，暗示由她暂时代行两位医生的工作，并按照医生的待遇发放每月的奖金。尽管孙某犹豫了一下，但还是同意了，一是医院已经许诺的奖金政策，二是肛肠门诊的这些小手术、小操作，她看都看了六七年了，而且有时候还会在医生缺人手时代行其道，应该没有问题。于是孙某答应替代原来的两位肛肠医生，继续开诊。开始做时不免紧张，以后就顺风顺水了。

几个星期后，医院来了一位肛瘘患者(高某，男性，65岁，系郊区农民)要求治疗。患者发着热，病情不轻，孙某见肛瘘的位置并不高，而且探查后判断只有一个瘘管，就给患者进行了挂线治疗，考虑患者发热有感染，又找其他医生给他滴注了抗生素。患者随即离开医院。

又过了几天，患者家属突然举着横幅来到医院，在医院的前厅内大吵大闹，并提出巨额的赔偿要求，原因是患者回家后第四天早上就死了。原来，这个高姓患者从他们医院回去后，又在当地的镇卫生院用了几天抗生素，在这之后就突然死亡。该医院认为患者的死亡与他们毫无关联，当然不同意赔偿，因而断然拒绝了患者家属的一切要求。由于患者吵闹不止，医院还打电话报了警。警察出现场后，经过深入了解，这里面确有情况存在：为患者实施肛肠手术的孙某，其身份并非执业医师，而死者的手术却是她独立进行的。于是孙某被带到了公安机关。孙某在民警面前辩解道：患者的死亡与我的操作没有关系，另有死亡原因，我的治疗没有问题，我做了很多这样的治疗，都没有问题。警察看到了她的记事本，果然她在此之前做了好多次这类治疗！事情急转直下，孙某因其非执业医师的身份实施医疗行为，已经涉嫌非法行医犯罪，并最终获罪；而这家医院也因非法行医而遭到停业整顿的处罚。

【医案评说】

“李代桃僵”一语，出自南宋郭茂倩的《乐府诗集·鸡鸣》，原诗的内容是：“桃在露井上，李树在桃旁，虫来啮桃根，李树代桃僵。树木身相代，兄弟还相忘！”“僵”是“枯死”的意思，即李树代替桃树而死。原比喻兄弟之间互相爱护互相帮助，以后转用来比喻互相顶替或者代人受过。“李代桃僵”这句成语后来又演化成为“三十六计”之一，意在主动、有意识地放弃小的利益，已达成重大利益的保存或获取，诸如“丢卒保车”等含义，但这已经超出了本文所指了。

实际临床工作中，医疗与护理往往密不可分，大多数情况下，医生的操作要么是在下级医生的配合下进行，要么是在护士的协助下实现，在医务人员紧张的基层医院更是如此。日常工作中，诸如门诊、急诊和病房的一些小的医疗操作，的确难以区分应当是执业医师实施，还是可以由护士实施。比如外科门诊或病房的换药操作、美容、皮肤门诊的一些小操作、急诊小的清创缝合，等等。这类临床活动实际上应当由医师实施，护士的行为往往是一种互相协助或帮助的行为。这种行为尽管合情合理，却不合法——违反了《执业医师法》的规定。一旦出现治疗结局不理想，并且被患者及其家属掌握有非医师从事医疗活动的证据，则当事医院与当事人员势必极为被动。

至于在另外一些情况下，比如护士在医嘱单上代替本应当由医生去签的名字等，则更是一种越帮越乱、帮倒忙的情形了。

由国务院颁布的2008年5月12日生效的《护士条例》第二条仅仅笼统地规定，“依照本条例规定从事护理活动，履行保护生命、减轻痛苦、增进健康职责。”《护士条例》尽管没有明确禁止护士不得实施何种具体的临床医疗操作，却明确规定了护士必须取得职业资格后方能上岗执业，从事护理工作，并且只能在注册地点从事医疗护理工作。这一规定与《执业医师法》类似。由此引出还有一种“替代行为”也是不被法律所允许的，即实习护士甚至非护士人员(包括医生在内)代替注册护士进行护理操作。这一“替代行为”违反了《护士条例》。按照这部行政法规，只有注册在该医院的护士才能在医院内从事护理工作。

【法律常识】

(1) 前文提到护士不得替代医师的临床医疗行为，实际工作中遭遇危重病人，诸如心跳呼吸骤停患者，护士该怎么办呢？如何协助医师工作呢？

《护士条例》第十六条规定：“护士执业，应当遵守法律、法规、规章和诊疗技术规范的规定。”尽管日常的医疗活动需要严格区分医疗与护理工作，但是一旦遭遇危重患者或者患者病情突变，生命垂危，执业护士与医师同样都有抢救的义务与权利。《护士条例》第十七条规定：“护士在执业活动中，发现患者病情危急，应当立即通知医师；在紧急情况下为抢救垂危患者生命，应当先行实施必要的紧急救护。”

按照《护士条例》，护士在发现医嘱违反法律、法规、规章或者诊疗技术规范规定的，应当及时向开具医嘱的医师提出；必要时，应当向该医师所在科室的负责人或者医疗卫生机构负责医疗服务管理的人员报告。这种“提示与报告”，不仅是一种普通协助行为，而是法律规定的一种义务，即法定义务。按照《护士条例》第三十一条的规定，违反上述“提示与报告”义务的护士，视为行为过错，需承担过错责任，并接受行政处罚。

(2) 按照《护士条例》，哪些人员不得在医疗机构从事护理活动？

(一)未取得护士执业证书的人员；

(二)未依照《护士条例》规定，办理执业地点变更手续的护士；

(三)护士执业注册有效期届满未延续执业注册的护士；

(四)被吊销护士资质或暂停执业的护士；

(五)在教学、综合医院进行护理临床实习的实习护士，应当在执业护士的指导下开展护理工作。

有关执业护士的资格取得、注册、执业地点的变更以及注册有效期届满的延续等事宜，《护士执业注册管理办法》(卫生部59号令，自2008年5月12日起实施)均有明确而详细的规定，这里不再赘述。

（3）除了执业医师、执业护士之外，我国还有一个乡村医生体系，这是怎么回事儿？

“乡村医生”的形成与存在，与我国卫生事业发展的历史与现状有关。由于历史的原因，整个国家的经济、文化、医疗水平落后，缺医少药严重，农村社会更是如此。为缓解农村医务人员极度匮乏的局面，才形成了“赤脚医生”也就是现在的乡村医生的体系。1999 年的《执业医师法》第四十五条对乡村医生现状有所提及，即“对于那些在乡村医疗卫生机构中向村民提供预防、保健和一般医疗服务的乡村医生，符合本法有关规定的，可以依法取得执业医师资格或者执业助理医师资格”。但是，对于那些不具备执业医师资格或者执业助理医师资格的乡村医生，则“由国务院另行制定管理办法”。这样乡村诊所和乡村医生成了法律的真空地带。直到 2004 年 1 月 1 日起施行的《乡村医生从业管理条例》，才结束了乡村医生的法外生涯。《乡村医生从业管理条例》总计四十九条，详细规定了乡村医生的资格取得，以及与其执业相关的一切规则。需要重点阐明的是，乡村医生只能在取得乡村医生资格的所在村寨行医，否则即为非法行医。

1.7 非典与地震

【医案寻踪】

尽管孙医生毕业后在华南某部医院已经工作了十多年，可到了 2003 年初，她却还只是一位中级职称的主治医师。如果不是随之而来的春夏之交的非典型肺炎（SARS）“横空出世”，她会一直默默无闻地当着医生，无论是在她所在的单位，还是她生活的城市，即便是在狭小的大学同学圈子里也是如此。在谈“SARS”色变、非典传播最为严重的时候，一纸调令，包括孙医生在内的某部医院的医护人员，很快就汇聚在北京小汤山地区。在这所仅用了 7 天时间建成的世界最大的野战传染病院里，他们整整工作了 60 个日日夜夜。这是一场没有硝烟的战争，共收治了 680 名患者，这个数字占了当时全世界非典患者总数的十分之一、国内患者总数的七分之一。小汤山医院里的医务人员分别来自 40 所部队医院，医护人员中年龄最大的 57 岁，最小的只有 19 岁。这些原本分别着不同的陆、海、空军服的军人们，在小汤山医院内却都穿戴着相同的洁白的防护服，成为名副其实的“白衣战士”。由于他们的努力，绝大部分患者(672 名)战胜了 SARS，战胜了死亡。小汤山医院的运行，极大地缓解了北京市非典疫情的危机局面，切断了非典传染途径，成为当地乃至全国非典疫情形势由严峻走向缓和的转折点。

在这期间，孙医生曾经接受过记者的采访，面对无法躲避的频频闪光的媒体镜头和非说不可的采访话筒，孙医生竟然腼腆地没有摘下她的口罩，而只是平淡地说了句“没什么想法，就是希望病人早一点恢复，我们在这儿的工作早一点结束。对了，摘掉这个大口罩，出去好好呼吸一下外面的空气。”

姜医生是孙医生的大学同学，一位颇有名气的胸外科医生，到2008年已经当了两三年的科主任了。做事低调的他似乎每天都有做不完的事情，查房、手术、会诊，等等，管理、协调科里工作，甚至还要处理个别患者的投诉。并且，因为患者的投诉，他还曾经非常不情愿地遭遇过一家电视台的“偷录”和“曝光”。

汶川5.12大地震！姜医生第二天一早就接到命令：赴灾区救援！当天下午乘飞机飞往地震灾区。灾区满目疮痍。震区对任何进入其中的人，其感受都是难以名状的。姜医生和他所在的医疗队被派往重灾区绵竹市，并在那里展开野战外科救护。接近一个月的时间里，他们救治了各类伤员，总数多达1200余人次。每天，他们中间有的奔波在废墟救援的第一线和临时设立的医院之间，有的忙着为抢救出来的伤员清创、手术、包扎、输液、用药。他和他的队友，以及那些失去了肢体、失去了亲人、失去了家园的患者们，住在一间间简易帐篷里，而且一住就是一个月。据姜医生回来后讲述，有一片巨大的楼房钢筋混凝土废墟，开始时从废墟深处可以听到里面间断传来呼救声，尽管抢险队和姜医生他们尝试了所有能够想到的办法，却都无法把伤者营救出来，或是给他的身体一点支撑……随着时间一点一点的推移，伴着余震和绵绵不断的细雨，呼救声也一点一点地由大变小，由强变弱，渐渐地细若游丝……生命被深深地压在废墟之中，却无能为力，这就像一座大山至今压在姜医生的心上，这或许会是他一生都无法抹去的记忆吧。

也曾经有媒体希望采访姜医生他们，记者希望这些医生配合他们，讲一讲他们的故事，编辑一篇有关白衣天使穿梭于地震灾区的事迹报道。姜医生并不希望记者给他们拔高，医生就是医生，不是什么“天使”，工作就是救死扶伤，也没有什么了不起的事情。能到地震灾区救援，也仅仅是作为医生的本分和医院的工作安排而已。

2010年，青海玉树地震！这一次抗震救灾没有“轮到”孙医生和姜医生。他们远在东北地区的大学同学康医生，这一次随所在部队医院登上了海拔4000米的高原震区。康医生与他的同学不同，他的性格很开朗。汶川地震时他也曾想过去灾区，当时他还在网上的同学录上留过言：“灾区医院肯定缺麻醉医生，只可惜我们单位没有派遣任务，啊，英雄无用武之地！”这一次，他终于如愿以偿。不同的是高原环境，相同的是救治伤员、抢救生命……

事情都过去了，他们又都回到各自医院，当着他们普普通通的医生。

【医案评说】

如果按照某些法律职业人士来理解孙医生们的行为，可以认为：他们之所以在SARS面前、在地震面前参与救险，不仅仅因为他们“悬壶济世”的“觉悟”，更大的可能还因为他是一名执业医师，一名受到法律约束的执业医师。《执业医师法》第二十八条规定，“遇有自然灾害、传染病流行、突发重大伤亡事故及其他严重威胁人民生命健康的紧急情况时，医师应当服从县级以上人民政府卫生行政部门的调遣。”该法还规定了罚则，即第三十七条的行政处罚规定。其中就包括“发生自然灾害、传染病流行、突发重大伤亡事故以及其他严重威胁人民生命健康的紧急情况时，不服从卫生行政部门调遣的”情形。也就是说抢险救灾是执业医师别无选择的法定职责，几乎没有什么行业的从业人员会有如此严厉的规定。我们没有听说过律师、注册会计师、预算师乃至执业药师等，会担当《执业医师法》第二十八条这样的法定义务。

尽管法律有如此的规定，但是不应当仅仅凭借这一条款去丈量医生的行为与人格，即医生的行为仅仅是履行法律所规定的义务。

医生同样也是人，对于死亡的威胁、疼痛的折磨、梦魇的恐惧，有着同样的感受。不仅如此，面对疾病与伤痛还有着更深层次的领悟，这让他们远比普通人更痛苦。面对那些陌生的逝者，面对那些幸存者身体与心灵的伤与痛，夹杂着源自内心的对于上述感受的共鸣，作为医生无论如何都是极为困苦的。但是执业医师必须把这些顾虑、担心甚至恐惧埋在心里。当然，对于明确拒绝参加抢险救灾、“不服从卫生行政部门调遣”的人，就要面对法律的风险，面对失去执业资格、失掉“饭碗”的风险。但是除了医生本人，没有人为他们考虑，顾虑他们更大的健康风险：无论是面对 SARS、地震，还是早年的麻风病、结核病、艾滋病等，医生首当其冲有可能被传染，这是他们无言的风险。在当年感染非典的人群之中，就有相当多的患者是行医时被感染的各个医院的医务人员。因为危急时刻，他们必须面对。

“小汤山医院 1383 名医务人员无一感染，感染率是零，对医院的投诉率也是零，……死亡率不足 1.2%，创造了举世瞩目的奇迹”——在这些光辉灿烂的赞誉背后，很少有人探寻作为其中一员真实的内心感受。面对来势汹汹的 SARS，孙医生和他的战友们就没有感情牵挂吗？就没有渴望自己和家人平安的“私心”吗？就没有内心的恐惧吗？多年以后，孙医生在和他的军医大学的同学回顾这段经历时，似乎仍能感受到一丝丝面临死神一般无法名状的无奈。

面对 SARS，治疗措施之一就是使用激素。激素使许多病人的生命被保住，后期却发生了单侧甚至双侧股骨头坏死，但是，没有人抱怨医生和护士的医疗技术；面对地震，许多伤者的肢体被截肢，但是没有人挑剔医生在履行“知情同意”义务时是否存在瑕疵。在非典与地震的灾难面前只有信任，也只能信任。因为只有信任，才能排斥怀疑与猜忌。所以，孙医生他们总会津津乐道这些抗击非典、抗震救灾的故事，尽管每一次叙述之时，他们的内心也再一次经历着痛苦。仿佛，真的印证了这样一句话：“痛，并快乐着”。

如果你换做医生，就能够理解在这其中没有任何矫情卖弄，孙医生他们只是怀念那种被信任的感觉。

【法律常识】

（1）通过上文已经了解了《执业医师法》第二十八条和第三十七条所规定的，遭遇自然灾害、传染病流行、突发重大伤亡事故及其他严重威胁人民生命健康的紧急情况时，医师应当服从有关部门的调遣、履行救治义务，相应的，护士有没有这一法定义务呢？

按照《护士条例》第十九条的规定，执业护士有义务参与公共卫生和疾病预防控制工作。在发生自然灾害、公共卫生事件等严重威胁公众生命健康的突发事件时，护士应当服从政府卫生主管部门或所在医疗卫生机构的安排，参加医疗救护。与此同时，该条例第三十一条，也规定了违反上述第十九条情形的处罚措施。

（2）部队医生在发生自然灾害、公共卫生事件等严重危机事件时，法律是如何规定的？

2000 年 9 月 14 日实施的《中国人民解放军实施〈中华人民共和国执业医师法办法〉》第十二条规定，“军队医师除应当履行《执业医师法》第二十二条规定的义务外，还应当履行下列义务：（一）服从命令，听从指挥；（二）履行军队医师职责，尽心尽责地为部队服务，为伤病员服务；……”第十三条规定了军队医师不得有拒诊、拒治伤病员的行为。显然，透过这些规定可以看出，军队医务人员在遭遇自然灾害、传染病流行、突发重大伤亡事故及其他严重威胁人民生命健康的紧急情况时，救死扶伤、参与医疗救援更是军人责无旁贷的神圣义务。

第2章　医疗机构设置系列

——《医疗机构管理条例》，廉颇老矣，尚能饭否？

1994年9月1日实施的《医疗机构管理条例》是一个划时代的医疗法规，因为这部条例宣布了医疗机构无法可依时代的终结。尽管在此之前，1951年曾经由国务院的前身——“政务院”——批准发布了《医院诊所管理暂行条例》，但是经过了几十年的风雨，早已形同虚设。《医疗机构管理条例》千呼万唤始出来，这部行政法规尽管被称为“管理条例”，但是侧重点并不是针对医疗机构日常管理的规范，而是一部有关医疗机构设立的核准标准与核准程序的法规。由于这部行政法规以及伴随其后的《医疗机构管理条例实施细则》的颁布实施，此后任何医疗机构的设立都照此办理。国家对于医疗机构设立资格的限制与管理，开始日趋严格、规范。

《医疗机构管理条例》之中有许多亮点至今闪耀着光芒：关于开展医疗活动必须持有“医疗机构执业许可证”的限定；关于医疗机构诊疗范围的明示；关于禁止非医疗技术人员从业的规定；关于执业规则的规定；关于医院年审制度的规定等。其中，有关执业许可、执业范围以及禁止非医疗技术人员从业的规定，从法律上将医疗行为区分为合法行医与非法行医，从中体现的对伤病人员健康利益的保护自不待言。而另外一部分，即有关执业规则的部分规定，包括第三十三条有关知情同意的规定，在1999年生效的《执业医师法》以及2010年生效的《侵权责任法》的相关条款中，都可以寻到几乎相同的映像。上述内容尽管自立法生效至今已经时隔17年，世事变幻万千，该条例仍然“宝刀未老”，发挥着重要的作用。此外，《医疗机构管理条例》第二十八条的“医疗机构不得使用非卫生技术人员从事医疗卫生技术工作”这一规定，则推进了《执业医师法》及《护士条例》等法律法规的立法进程。

应当说，这部法律是计划经济与市场经济过渡时期的产物，其中留有计划经济时代的印迹。诸如在确立医院性质的问题上不应当有所回避：医院医疗行为的社会属性，是为社会提供市场所需要的产品，还是基于国家角度给民众提供的一种卫生服务或帮助？这一系列通过货币交换而来的医疗服务是否被称为“服务性产品”？最后，医院究竟是非营利的社团组织还是营利的经济组织？既然所有医院在设立之初，按照《医疗机构管理实施细则》第十五条都要进行“资金来源、投资方式、投资总额、注册资金(资本)；拟设医疗机构的投资预算；拟设医疗机构五年内的成本效益预测分析。”这足以说明作为民事主体的医院，“义”与“利”自始至终共同存在的客观现实。在“义”与“利”的问题上，何须羞答答地拘泥于“营利与非营利”，拘泥于“君子重于义，小人重于利”呢？

此外，《医疗机构管理条例》没有对设立医疗机构注册资本的下限作出明确规定，尽管在第十六条的第四项提及设立医疗机构须“有与其开展的业务相适应的经费、设施、设备”，这一“经费、设施、设备”也并非着眼于注册资本，而是相对医疗机构的日常运转而言的，在《医疗机构管理条例实施细则》的第十五条之中，也仅仅提到设立医疗机构的可行性报告须包含“资金来源、投资方式、投资总额、注册资金（资本）”，只是既没有注册资本的量化指标，也没有要求提供相应的验资报告。而对于一家没有注册资本这一财产额度底限的法人，如何保证其始终做到该条例第十六条有关设立条件的第六项——“能够独立承担民事责任”呢？

《医疗机构管理条例》没有解决医疗机构的股权问题，没有针对已设立的医疗机构的再合资或融资问题作出规定，没有在法律上明确医疗机构内部科室合资合作、租赁合作，甚至承包合作等经济模式是否合法，抑或设为禁止。该条例第二十三条规定，“医疗机构执业许可证不得伪造、涂改、出卖、转让、出借。”面对上述情形，形同虚设，对于行业监管而言，等同于束手无策。

至于《医疗机构管理条例》及其实施细则之中反复强调的在设立医疗机构之初，必须“有相应的规章制度”一节，早已经没有存在的实际意义了。因为，制定“制度与规章”的主体，早已不是各自为战的普通医疗机构，而是国家或者各省、市立法机关了。各医疗机构的内部即便存在“规章制度”，也必须遵从前者。

此外，《医疗机构管理条例》在知识产权保护方面，也急需完善。现在几乎所有国内的知名医院的名称即商号权，都有遭受侵权的事实，面对这遍地多如牛毛的李鬼，即便李逵在世，也斩杀不绝。只有在设立之时严格把关，并设立医疗机构商号权保护机制，才能纠正这一知识产权保护方面的不利局面。当年江南某都市一医疗机构，傍着“协和”医院的大名，行非法、违规之实，这对于整体医疗业界所造成的损失和医患之间的信任损害，都是无法估计的。

所以，有必要适时修改或者重新颁布新的医疗机构准入核准办法。在设立医疗机构的核准标准以及核准程序上，应当参考已经日臻完善的《中华人民共和国公司法》（简称《公司法》）中有关设立有限责任公司与股份有限公司的规定。以开放的姿态，欢迎社会各类优秀资本流入医疗行业，欢迎社会各界优秀的实业管理人士进入医疗服务领域。允许这些资本在法律许可的前提下获利，在医疗法律严格约束下从事符合临床规范的医疗活动。这样，从医疗机构的设立与准入入手，就有可能理顺医疗机构的体制“难题”。这也是当今医疗体制改革的根本所在。

廉颇老矣，尚能饭否？

2.1 机构变更

【医案寻踪】

2009年4月初，患者刘某（女性，51岁）在单位组织的体检中，发现患有子宫肌瘤，此后刘某开始留意治疗子宫肌瘤的各类信息。不久，刘某打听到某家医院采用“‘声刀+中药”的“双联疗法”专门治疗各种肿瘤，也包括子宫肌瘤。这种方法不用开刀，痛苦小，效果好。刘某通过这家医院的名字，了解到这家医院隶属于某医学院，一定错不了。4月24日，刘某在这家医院接受了超声刀及中药的“双联治疗”。至6月12日，先后进行了10次超声刀治疗，但效果并不理想，子宫肌瘤瘤体没有缩小。6月12日以后，刘某又接受了10次治疗，最后一次治疗后，刘某的瘤体依然如故，而且还有增大的趋势。为此，刘某辗转其他医院检查，结果也是如此。刘某因此与院方发生争议，要求退还实际发生的医疗费。院方答复认为，治疗效果因人而异，而且还有一个显效时间段的问题，但这些与医院的医疗活动没有关系，不同意退费。针对“超声刀”刘某还认为，这种“超声刀”治疗方法根本就是无效的，是欺诈患者，所以她的病情才不轻反重。由于刘某不接受院方的答复意见，遂投诉至当地卫生局。经查，这种“超声刀”疗法，并非无效疗法，只是针对刘某而言不显效而已。但工作人员从中发现，该医院使用的名称与其实际注册的名称有差异：其在卫生局实际注册名称为某地段医院，而并非现在这样与某医学院关联的医院名称。这是怎么回事？难道是医院违反《医疗机构管理条例》，有意在医院名称上随意使用新的名称欺诈患者吗？经过咨询其主管部门了解到，该医院原来确实是一家地段医院，但是不久之前已经与某医学院联合办医院，所以名称也变了，只不过这个新名称正在申报变更之中，尚未获得最后注册审批。

尽管这样，由于违反了《医疗机构管理条例》，该医院还是受到了所在卫生局的处罚，并被责令退赔患者刘某发生的医疗费。

【医案评说】

回顾本例刘某的诊疗过程，刘某在这家医院接受了子宫肌瘤的超声刀治疗，最终疗效不理想，双方由于疗效问题出现争议。患者原本投诉的焦点是“超声刀”是否有效，使用“超声刀”治疗是否存在医疗欺诈。由于刘某的投诉，事情转变为该医院的名称使用是否符合《医疗机构管理条例》的法律规定。该医院因此遭到行政处罚，并退赔了患者的医疗费。

实际上，仅就“超声刀”疗法本身以及该医院的具体临床操作过程而言，并无瑕疵存在。“超声刀”并非我们平素看到的一把刀，它是利用超声原理，产生能像真刀一样切割人体内部组织的超声波，利用超声波极强的穿透力，通过超声发射器发射的数百束高能超声波（相当于5万台普通B超机），像聚集太阳能一样，使焦点汇集在肿瘤组织上，利用高能超声空化作用，使肿瘤组织细胞膜破裂，同时高能超声波释放出巨大能量迅速转化为热能，瞬间使焦点处肿瘤组织的温度达到70~100℃，在短时间内使病变组织凝固、变性、坏死，最终被机化、吸收。因此，包括子宫肌瘤在内的各种良恶性肿瘤都可以治疗。超声波是一种机械波，不含放射线，对人体无伤害。超声刀是一种无创伤的治疗方法，治疗时不开刀、不穿刺，患者在接受治疗时也没有痛苦。在我国，这种“超声刀”（高强度聚焦超声治疗技术）的临床应用，开始于1988年。现在，这一技术已经趋于成熟，并在国内外广为推广。

本例中，相关卫生行政机关针对该医院的处罚是否得当？

《医疗机构管理条例》第二十条规定，“医疗机构改变名称、场所、主要负责人、诊疗科目、床位，必须向原登记机关办理变更登记。”问题就出在对医院名称的使用上。该医院在为刘某实施医疗服务时，尚未获得与该医院实际使用名称相对应的“医疗机构执业许可证”，而根据该条例第二十四条之规定，没有这一“执业许可证”，就根本没有资格开展医疗服务。也就是说，如果该医院沿用原有的名字开诊，开展诊疗业务，则为合法行医，如果使用正在申报变更中的新名称从事医疗活动，则为违法，属于非法行医。不仅如此，按照《医疗机构管理条例》，医疗机构未取得相对应的“医疗机构执业许可证”擅自执业的，由相应的卫生行政部门责令停止执业活动，没收非法所得，没收所使用的药品、器械，并处相应额度的罚款。也就是说，该医院在未办理完毕名称变更注册手续之前的整个时间段之内，根本没有资格以新的医院名称从事医疗服务经营活动，包括使用医院新名称的门诊病志等各种医疗文书。

至于该医院提前使用待注册名称的行为，是否如本争议的另一方患者所言——构成民事欺诈，笔者则不能苟同。客观一些讲，该医院的过错仅仅在于，其行为违反了《医疗机构管理条例》的相关规定而已。

【法律常识】

机构在名称使用方面，是否有详细的法律规定？

按照《医疗机构管理条例实施细则》，医疗机构的名称由识别名称和通用名称依次组成。医疗机构的通用名称为：医院、中心卫生院、卫生院、疗养院、妇幼保健院、门诊部、诊所、卫生所、卫生站、卫生室、医务室、卫生保健所、急救中心、急救站、临床检验中心、防治院、防治所、防治站、护理院、护理站、中心以及卫生部规定或者认可的其他名称。医疗机构可以下列名称作为识别名称：地名、单位名称、个人姓名、医学学科名称、医学专业和专科名称、诊疗科目名称和核准机关批准使用的名称。按照各地的实际操作，地名之后标明“省”“市”“区”的，往往表示这家医疗机构存在着与该省、市或区的直接隶属关系。此外，在《医疗机构管理实施细则》的第四十二条到第四十五条，还列举了更多准则性及禁止性的规定。

《医疗机构管理条例》第二十四条规定，未取得“医疗机构执业许可证”擅自执业的，所产生的非法所得的确切含义是什么?

按照2000年4月13日国家卫生部在答复广西壮族自治区卫生厅的《卫生部法监司关于对〈医疗机构管理条例〉中“非法所得”含义解释的答复》这一规范性文件的规定之中，明确了《医疗机构管理条例》提及的未取得“医疗机构执业许可证”擅自执业的人员或机构在违法活动中获取的“非法所得”，指的是包括其成本在内的全部收入。

2.2　个体行医

【医案寻踪】

这是十年前的一件事儿了。胡某是县医院的一位资深骨科医生，业务很好，在县城附近小有名气，经常有患者找上门来求医问药。2002年冬季的一天，胡某正在家中休息，忽然有客人造访。来的人是胡某原来的老邻居，一前一后进来的是顾姓父子，其中的老者大约70多岁，用自己的右手捧着左前臂，显现出很痛苦的表情。通过顾氏父子的叙述，胡某了解到老人在一个小时前不慎在家中跌倒，摔伤了左前臂，因此登门向胡某求救。经胡某初步检查，胡某判断老人的左前臂有骨折，而且从其左前臂外伤后畸形的状态判断，极有可能就是桡骨下端骨折，即行业内俗称的colles骨折。胡某经不住顾氏父子的恳求，就在家中给老人进行了手法复位，最后还给老人打了个前臂石膏托。接下来胡某又对这对父子两人作了一些诸如注意事项之类的交代，嘱咐患者最好能在附近的地段医院复查X光片，等等。顾某临走之前给胡某留了一些钱，胡某虽然客气了一番，最终也收下了。

过了一个月左右，顾氏父子又找上门来告诉胡某，患者的左手发生明显萎缩，拿不住东西，而且感觉上也出现了问题。胡某检查后发现，患者合并有正中神经损伤，因此才会出现拇指不能对掌、大鱼际萎缩的情形，以及感觉上的异常。胡某的解释顾氏父子并不满意，本以为退还顾某上次留下的钱了事，不想顾氏父子并不就此善罢甘休，反而要求胡某对患者左手的“后果”给予赔偿。双方为此反目成仇。顾某声称要去卫生局和公安局举报胡某的非法行医，而胡某也指责顾姓父子忘恩负义。一时间闹得连胡某的所在医院，甚至市、县卫生局都沸沸扬扬。最终经协商、调解，双方的争议得以解决，胡某作出了很大的让步。

风波平静后，胡医生深有感触，一则自己险些砸了饭碗，二则如果没有所在单位相关人士的出面并及时调解、及时处理，还不知道会是个什么结局，对他来讲，后果真是不堪设想。

【医案评说】

如何评价胡某的行为？难道胡某还有什么“把柄”落在顾氏父子手中吗？

中国几千年的历史中，医生几乎始终都是一种个体行医的过程，出现“医院”这一行医形式，则是到了现代的西医才开始的。因此，从传统道德体系来讲，胡某的行为符合人与人之间、邻里之间应当相互关怀、相互扶助的伦理道德要求，即便胡某在事后收留了顾某父子的钱物，也并不违反传统意义上的礼尚往来的道德范畴。至于后期出现并发症的情况，则只能是由患者本人承担，至多就是，胡某将其所赠财物返还给顾某而已。这里胡某的行为与传统道德没有相抵之处。

但是，如果用现行法律制度来考察胡某的行为，则另当别论。按照1999年颁布的《执业医师法》，胡某尽管已经是一位执业医师，具备行医资质，但是单独开展从业行为仍然需要持有医师资格证书之外的必要的资质证明，即开展医疗活动的执业许可证明。

按照1994年9月1日实施的《医疗机构管理条例》第十五条的规定，医疗机构执业，必须进行登记，并领取“医疗机构执业许可证”。该条例第二十四条则进一步明确：任何单位或者个人，未取得“医疗机构执业许可证”，不得开展诊疗活动。而国家卫生部早在2001年针对最高人民法院的《关于非法行医罪犯罪主体条件征询意见函》（法函〔2001〕23号）的正式答复中，即《卫生部关于对非法行医罪犯罪条件征询意见函的复函》，明确规定了执业医师在“未被批准行医的场所”行医这一法律问题的性质。具有医生执业资格的人在“未被批准行医的场所”行医属非法行医。其中，“未被批准行医的场所”，就是指没有卫生行政部门核发的“医疗机构执业许可证”的场所。

显而易见，胡某在其家中为顾某实施的正骨行为，并在事后收取一定报酬，违反了法律规定，其性质属于非法行医。顾某的骨折尽管伤得不轻，但并没有达到病情危重、需要立即紧急抢救的程度，不符合《执业医师法》第二十四条规定的救治危重患者的相关规定。胡某无法凭借该条款免除责任。

按照《执业医师法》第四十四条的规定，违反该条例的规定，未取得“医疗机构执业许可证”擅自执业的，由县级以上人民政府卫生行政部门责令其停止执业活动，没收非法所得和药品、器械，并可以根据情节处以1万元以下的罚款。不仅如此，胡某的行为如果发生在现在，甚至还有可能涉嫌构成《刑法》中“非法行医罪”的罪名！按照《最高人民法院关于审理非法行医刑事案件具体应用法律若干问题的解释》（法释〔2008〕5号），应认定为《刑法》第三百三十六条第一款规定的“未取得医生执业资格的人非法行医”，其中就包括“个人未取得‘医疗机构执业许可证’开办医疗机构”的情形。

因此，如果说胡某的行为有什么“把柄”落在顾氏父子手中的话，那么，“非法行医”就是最容易被人把持的“把柄”。而之所以胡某作出授人以柄的行为，仅仅源于胡某对医疗法律制度的无知。无知则无畏，而对法律的无知，则令胡某误把深渊当做了平坦的草地。

【法律常识】

（1）行为人个人违反法律非法行医的情形有哪几种？

① 未取得或者以非法手段取得医师资格从事医疗活动的；

② 个人未取得“医疗机构执业许可证”开办医疗机构的，无论该个人是否具备医师资格；

③ 依法吊销医师执业证书期间从事医疗活动的；

④ 未取得乡村医生执业证书，从事乡村医疗活动的；

⑤ 家庭接生员实施家庭接生以外的医疗行为的。

符合上述五种情形的行为人还可以构成《刑法》第三百三十六条“非法行医罪”的犯罪主体。

对于具备医师资格的人如发生以下情形，也构成民事法律上的“非法行医”：

⑥ 具有医师资格，但未经执业注册从事临床诊疗活动；

⑦ 医师超注册范围执业的行为；

⑧ 在注册地以外的医疗机构从事行医活动，并排除院际会诊、合法多点执业的情形；

⑨ 助理医师违反法律规定、单独执业的情形。

（2）医疗机构违反法律、非法行医行为有哪几种情形？

根据《医疗机构管理条例》及其配套法规、规章，根据最高人民法院的相关司法解释，医疗机构非法行医的行为，存在以下几种表现形式：

① 在未取得执业许可证或者虽然已经申报执业许可证但是尚未批复的情形下，开展医疗活动的；

② 超审批开诊的专业范围，从事执业活动的；

③ 雇佣无医师资格的人员从事临床医疗活动的；

④ 未经审批擅自在不同地点设立分支机构并从事诊疗活动的。

2.3　诊疗范围

【医案寻踪】

时间追溯到 2004 年。某医院在当地是一家综合性医院，医院内设有多个一、二级临床专科，其中也包括眼科和耳鼻喉科。而高某就是这家医院的眼科主任，他从事眼科临床多年，诊疗技法娴熟。2004 年 6 月初的一天，高主任在门诊看到了一位外地患者孙某（女性，42 岁）。经检查，诊断为下睑袋（俗称“睑袋下垂”）。患者明确希望通过手术改善外观。高主任的眼科门诊经常会遭遇和收治这样的患者，并为这类患者实施手术治疗，而且效果都不错。孙某遂被收入医院，等待接受手术治疗。几天后，高主任亲自主刀，实施手术。手术很顺利，术后按照常规给予抗生素治疗预防感染。尽管经治医生对待这位患者很用心，但是意想不到的事还是发生了，患者出现了局部感染，并且从感染灶检查出，存在耐药的细菌。这样一来缝合处无法愈合，缝线也被逐层剪开，手术宣告失败。最终尽管感染被控制，但是患者的下睑袋非但没有被纠正，反而造成眼睑下面生成新的疤痕，失去了原有的容貌。医患之间的矛盾一触即发，双方各执一词。

争议发生后，由于短时间内没有解决，患者辗转投诉、上访，并从中了解到，这家医院并没有医学美容服务的资质，高主任本人也不具备医学美容主诊医师资格。原本仅仅围绕着手术技术操作的争执，改变为该医院是否具备医学美容手术的资格之争，该医院为患者实施医学美容手术是否合法之争。最后当地卫生行政主管部门作出行政结论：该医院因未获得省级卫生行政机关颁发的医学美容服务资格，其实施下睑袋手术属于医学美容手术的范畴，其行为已构成非法行医。该医院因此承担了相应的民事责任及行政责任。

【医案评说】

国家卫生部在 2002 年 2 月 22 日颁布，2002 年 5 月 1 日实施的《医疗美容服务管理办法》是迄今为止有关医疗机构执业范围这一领域的唯一一部特别规定的行政规章，针对医学美容专业，医学美容服务资格以及医学美容主诊医师资格也是医师在获得执业医师资格之后，唯一需要经审批核准才能从业的专业领域。按照《医疗美容服务管理办法》，省级卫生行政机关有权审查核准医疗机构的医学美容专业的从业资质，有权审查核准从事医学美容专业的医师个人的医学美容主诊医师资格。与此相应的，卫生部授权中华医学会发布了医学美容的各个项目并严格照此办理。

对于本案而言，孙某前来就诊的初衷，并非因局部罹患肿瘤、感染，或者外伤，仅仅是出于生理或心理需求，要求通过手术消除下睑袋。这已经属于医学美容服务的范畴了。如果孙某因紧急外伤入院，在清创缝合、治疗外伤之际合并开展这一手术，倒是可以认为这一行为过程属于普通的整形外科范畴。判断这一治疗过程属于普通医疗还是医学美容，其定性与区别就在于此，就在于手术是出于疾病救治还是单纯的美容需要。举另外一个例子，针对双眼倒睫的患者实施双眼皮手术，这是普通的眼科治疗；如果没有疾病做前提，仅仅为了面容外观的需要，就只能是医学美容手术了。对于一家没有医学美容服务资质的医疗机构和一位不具备医学美容主诊医生资格的医生而言，前者是合法行医，而后者就是非法行医——符合《医疗机构管理条例》和《执业医师法》当中分别规定的超范围执业的情形，而超范围执业是被上述法律法规所禁止的。

【法律常识】

(1) 医疗机构申办医学美容服务资质，需要具备哪些条件?

按照《医学美容服务管理办法》第五条的规定，申办美容医疗机构或医疗机构设置医疗美容科室必须同时具备下列条件：

① 具有承担民事责任的能力；

② 有明确的医疗美容诊疗服务范围；

③ 符合《医疗机构基本标准(试行)》；

④ 省级以上人民政府卫生行政部门规定的其他条件。

除此之外，医疗机构开展医学美容服务，还必须聘请相应的负责实施医疗美容项目的主诊医师，以及专业从事医疗美容护理工作的人员从事医学美容服务。其中护理人员要求同时具备以下条件：具有护士资格，并经护士注册机关注册；具有2年以上护理工作经历；经过医疗美容护理专业培训或进修并合格，或已从事医疗美容临床护理工作6个月以上。

(2) 医师个人申办医学美容主诊医师资格，需要具备哪些条件?

按照《医学美容服务管理办法》第十一条的规定，负责实施医疗美容项目的主诊医师必须同时具备下列条件：

① 具有执业医师资格，经执业医师注册机关注册；

② 具有从事相关临床学科工作经历。其中，负责实施美容外科项目的医师应具有6年以上从事美容外科或整形外科等相关专业临床工作经历，负责实施美容牙科项目的医师应具有5年以上从事美容牙科或口腔科专业临床工作经历，负责实施美容中医科和美容皮肤科项目的医师应分别具有3年以上从事中医专业和皮肤专业临床工作经历；

③ 经过医疗美容专业培训或进修并合格，或已从事医疗美容临床工作1年以上；

④ 省级人民政府卫生行政部门规定的其他条件。

对于那些未取得主诊医师资格的执业医师，可在主诊医师的指导下从事医疗美容临床技术服务工作。

2.4 分支机构

【医案寻踪】

2007年12月3日，一位姓钱的28岁未婚女性患者来到本例纠纷的中心——某诊所——就诊。她咳嗽、咽痛已经足有一周的时间了，最近一两天还伴有发热症状。诊所的中医科老医生马某询问病史及体格检查后，见其心、肺均无异常发现，就又给患者开具了维生素C加上5%的糖盐水500mL、克林霉素加生理盐水

250mL 等药物，由护士为其静滴。开始静滴第一瓶的维生素 C 及糖盐水后，还不到半小时，患者钱某忽然高声大叫，随即发生抽搐，呼吸、心跳骤停。尽管已经慌了手脚的医生和护士竭尽全力施救，患者最终还是难以幸免。

如此迅速的死亡，令患者的家人难以置信、难以接受，无法相信这一意外死亡同该诊所的医疗活动没有任何关联。患者家属立即投诉至当地卫生局，由卫生局出面对死者尸体进行了解剖。解剖结果，除了确认最终的呼吸循环衰竭之外，仅仅考虑可能的死因为“维生素 C 过敏情况不能排除”。实际上这一结果意味着，患者就是死于医疗意外！

至此，经过解剖死因澄清之后，似乎这一“意外”的结果与诊所无关，而只能由患方自行承担了。可是，患者家属不久就通过当地卫生局了解到，该诊所系挂靠于某医院的、自行设立的“门诊部”，也就是说，该诊所既没有独立的执业许可，也没有卫生局审批的设立分支机构的许可证明，系非法行医。于是患方开始向公安机关进行举报该诊所“非法行医”的事实；要求追究诊所内相关当事人非法行医的刑事责任，并全额赔偿死者近亲属。这一新的变化，使得原本一件医疗意外事件变得复杂起来，并且扑朔迷离了。

【医案评说】

本案的医方是否属于非法行医，并构成非法行医罪呢？如果构成非法行医罪，那么犯罪的主体又是谁呢？医疗机构如何合法地设立分支机构呢？

《中华人民共和国刑法》第三百三十六条规定：“未取得医生执业资格的人非法行医，情节严重的，处三年以下有期徒刑、拘役或者管制，并处或者单处罚金；严重损害就诊人身体健康的，处三年以上十年以下有期徒刑并处罚金；造成就诊人死亡的，处十年以上有期徒刑，并处罚金”。本案涉案的经治医生马某，具备执业医师资格，也不存在执业注册问题，不属于“未取得医生执业资格的人”的犯罪主体要件；至于本案门诊部负责人汪某，由于他不是具体行医人，不属于“实施犯罪”的行为人；并且，依据上述刑法条款，也未明确规定非法行医须追究单位负责人的刑事责任，因此，汪某似乎也不应当是犯罪的主体。看来仅从《刑法》本身的条款，案件已经无法继续进行了。我们还是回过头来，通过研究涉案诊所及其身份是否合法，以便揭示本案的核心问题。

原来，该诊所最初经卫生行政机关审批，由一家区级公立医院发起并设立于1996 年初。设立伊始，在行政管理上隶属于该区级公立医院，即属于另外一家医院的外设门诊，对内属于该医院的一部分，接受该医院各个方面的领导与管理。但是，该门诊部对外则有自己独立的“医疗机构执业许可证”。自 2001 年开始，当地卫生行政机关因故撤销了该门诊的独立执业许可资格，但是这个门诊部作为某医院的外设分支，没有同时被撤销，而且，就连对外的诊所名称都始终没有改变，依然继续执业，当地的卫生行政机关也默许了这一情形的存在。需要另外交代清楚的是，该诊所自1998年开始直至本案事发，一直由医院内的一位汪姓人士承包经营，汪某本人也是该医院的正式职工。诊所对内由汪某全权经营管理，每年向医院缴纳管理费，对外悬挂“医院分诊”的牌子，全部医疗文书包括病历、及各项财务单据，均公开使用该医院的名头，属于该医院。

与本案相关的经治医生马某的执业资质问题，经过公安机关的调查，该医生具备执业医师资格，是这家门诊部本部医院的退休医生，注册地点至今还在这家区级医院，不属于异地行医。按照《刑法》第三百三十六条，显然马某不是构成非法行医罪的主体。按照该法，构成非法行医罪主体的只能是“未取得医生执业资格的人”。

而该诊所的负责人汪某本身也不是医生，没有执业资质。汪某作为医院的管理者，法律并没有规定医疗机构的负责人本身必须持有执业医师的资格。

那么，该诊所的从医活动究竟有没有涉嫌非法行医犯罪的事实存在呢？如果涉嫌非法行医犯罪，本案的全部事实，是否符合《刑法》第三百三十六条“非法行医罪”的构成要件？该门诊的实际负责人与经治医生是否符合非法行医罪的犯罪主体？

如果从其所隶属医院的角度，这家门诊则应当属于医院外设的一个分诊部。并且这一分支也是历史形成的，且该医院，包括外设分诊部在内，已经经过多年来的卫生行政机关行业年检，并得到合格、继续开诊的结论。诊所对外始终公开以医院的名义进行，并且除了经营管理之外，门诊内的全部医疗业务管理均由其上层的医院进行。这一事实有该医院内部的“医院与门诊部医疗经济责任协议”书证可以证明。按照这份协议，双方之间并不是普通经济合同中的平等关系，而是隶属关系、管理与被管理的关系，因此尽管双方协议涉及乙方上缴管理费问题，但是这只是医院的经营方式问题，并不影响双方之间法律上实际是一个医疗机构的事实，汪某在其中似乎仅仅是门诊部的领导、医院的中层负责人而已。从这个角度看，诊所本身就不是一个独立的医疗机构，似乎也就无须拥有独立的执业许可了，这样一来，似乎也就不构成“非法行医”了，当然也就不构成刑事犯罪了。

按照法律规定，果真如此吗？

可以肯定的一点是，法律从未禁止医院设立分支机构。但是，《医疗机构管理条例》第二十条规定，医疗机构改变名称、场所、主要负责人、诊疗科目、床位，必须向原登记机关办理“变更登记”。按照这一规定，如果该门诊部所挂靠医院的“执业许可证”的注册地点并不包含发生意外死亡事件的门诊部，那么这一“执业许可证”就无法涵盖该门诊部。因为《医疗机构管理条例》第二十四条规定，任何单位或者个人，在未取得“医疗机构执业许可证”之前，不得开展诊疗活动。而且，第二十六条还规定了，医疗机构必须将“医疗机构执业许可证”、诊疗科目、诊疗时间和收费标准悬挂于“明显处所”。

《医疗机构管理条例实施细则》第二十九条则进一步规定，因医疗机构分立或者合并而保留的医疗机构应当申请“变更登记”；因分立或者合并而新设置的医疗机构应当申请“设置许可”和“执业登记”；因合并而终止的医疗机构应当申请“注销登记”。本案之中，早在2001年当该门诊自身的“执业许可证”被撤销之后，这家医院作为上级部门，就应当立即为该诊所办理分立手续，并在依法取得“设置许可”和“执业登记”之后，合法执业。在本例中，由于没有办理并获取上述合法执业资格，导致诊所及其负责人最终竟落到“非法行医”的境地。并且，作为实际负责人，汪某的行为因符合最高人民法院《关于审理非法行医刑事案件具体应用法律若干问题的解释》（法释〔2008〕5号），而最终获罪。按照上述司法解释第一条第二项之规定，汪某的行为符合“个人未取得‘医疗机构执业许可证’开办医疗机构的”，足以被判定，符合《刑法》第三百三十六条第一款规定的“未取得医生执业资格的人非法行医”，构成犯罪。

因此，透过本例争议，除了可以证明该门诊部实际负责人以及所挂靠的医院，由于对医院设立相关法律的无知，因而作出“无畏”的行为之外，还可以充分说明，医疗机构设立分支机构“无小事”，这是一项具有严格而明确的法律规定的事情。并且具有完整的申报与变更程序。也就是说，分支机构必须向医疗机构的原始审批机关提出申请，并由该机关依法审查、批准，并在获得审批机关的准许、下发作为分支机构的“执业许可证”之后，方可合法执业。

至于本案涉案患者的真正死因，根据尸体解剖的结果，患者死亡原因是“不排除维生素C过敏的原因致死”。众所周知，维生素C自被发现并被应用临床已经有数百年了，无论《中华人民共和国药典》（简称《药典》），还是任何一本药物学文献，几乎都没有维生素C过敏致死的报道，这说明维生素C这一药品是非常安全的。因为此药过敏而死亡的，只能属于“医疗意外”，按照一般情况，法律上归于“不可抗力”、免责的情形。但是，由于本案医方违法在先、非法行医在先，因此，最终办案机关依法推定，由非法行医的诊所负责人汪某承担非法行医罪的刑事责任及其附带民事责任。

【法律常识】

如何依法设立医疗机构的分支机构？

原则上，医疗机构须独立设立，这样便于有效地进行行业管理。确需设立分支机构的，必须向医疗机构的原审批机关提出设立分支机构的理由，经审查，确有设立分支机构的必要，并且符合设立医疗机构、具备开展医疗服务条件的，经该医疗行政管理机关批准后，发布分支机构的“执业许可证”，方可独立执业。

办理分支机构设立的具体法律依据，详见《医疗机构管理条例》第二十条和《医疗机构管理条例实施细则》第二十九条。在1994年上述行政法规、规章颁布之初，一些省市曾经颁布过具体配套文件，到今天有一些已经废止。如辽宁省在

1998 年 5 月 29 日曾经颁布的《辽宁省医疗机构管理实施办法》（该政府规章已于 2004 年 7 月 1 日被《辽宁省人民政府关于修订废止部分省政府规章的决定》废止），该规章第十六条规定了，因分立或者合并而变更的医疗机构应当重新申请执业登记，终止的应当申请注销登记。门诊部、诊所、卫生所、医务室、卫生保健所和卫生站等不得设立分支机构；其他医疗机构设立分支机构的，按新设医疗机构的程序提出申请，并按规定办理机构设置审批、执业登记等手续。

第3章　医疗技术规范系列

——没有规矩，不成方圆

2002年9月1日，《医疗事故处理条例》生效实施，与1987年《医疗事故处理办法》比较，该条例首次提及医疗机构行医行为应当遵守医疗卫生管理法律、行政法规、部门规章和诊疗护理规范、常规，因而与医疗“常规”不同的“医疗规范”，被首次以《医疗事故处理条例》这部行政法规加以确认。与此同时，2002年8月16日卫生部为配合《医疗事故处理条例》的实施，颁布了第一部医疗规范——《病历书写规范（试行）》。从那时起，国家卫生部陆续颁布实施了大量的医疗规范，截至2011年6月，共颁布了38部医疗规范。其中大多数的规范颁布于2009年之后。这些规范的主要内容包括，医学通说（如权威教科书）刊载的通说与操作常规；相关专业开设条件与人员准入标准；相关专业医疗行为的限制性规定等。

一、医学通说的一般性罗列与展开的医疗行为规范

这类医疗规范包括《新生儿疾病筛查技术规范》《临床护理实践指南》《胃癌诊疗规范》，《重性精神疾病管理治疗工作规范》及其附件以及《重金属污染诊疗指南（试行）》等。考虑到医疗技术的不断进步与认知的更新，这类内容的规范有的直接载明发布时间是哪一年版的，如卫生部于2010年11月发布的《新生儿疾病筛查技术规范》，载明了是2010年版的，《临床护理实践指南》与《胃癌诊疗规范》则载明是2011年版的。

二、设立相关专业开设条件与人员准入标准的规范

与医疗机构开展相关专业的设置条件及人员准入标准的内容，是许多医疗规范的重点内容。这些内容或宽泛或严格，值得从医人员与医疗管理人员重视。其中包括开设与准入条件比较宽泛的《血液透析器复用操作规范》《放射诊疗管理规定》《病理科建设与管理指南（试行）》，以及严格规定准入条件的《变性手术技术管理规范（试行）》《放射性粒子植入治疗技术管理规范（试行）》《妇科内镜诊疗技术管理规范》《基因芯片诊断技术管理规范（试行）》《口腔颌面部恶性肿瘤放射性粒子植入治疗技术管理规范（试行）》等，在全部30余部医疗规范当中，有20余部规范包含着开设与准入的标准。足以见得这一内容的重要。

三、相关专业医疗行为的限制性规定

这类规定散见于多部医疗规范之中，这是临床医护人员必须重视与熟练掌握

的核心内容。比如，《医院手术部(室)管理规范》第二十五条规定，“手术部(室)的工作区域，应当每24小时清洁消毒一次。连台手术之间、当天手术全部完毕后，应当对手术间及时进行清洁消毒处理。”如果医院保留有手术室消毒记录本，并且诉讼中调取了当时手术室的消毒记录，那么是否存在该时段消毒记录，就成为诉讼阶段能否免除民事责任的核心证据。《医疗机构血液透析室管理规范》第三十三条规定：“血液透析室应当建立严格的接诊制度，对所有初次透析的患者进行乙型肝炎病毒、丙型肝炎病毒、梅毒、艾滋病病毒感染的相关检查，每半年复查1次。”同样的道理，一旦透析的患者得了病毒性肝炎，那么，患者病历之中是否存在每半年一次的肝炎免疫检查报告单，就成为医院能否免责的关键。还有《综合医院康复医学科建设与管理指南》第十七条规定的，“综合医院应当保证各类康复设备维护良好，每3个月检查1次，并有相关记录，设备完好率大于90%。”一旦患者发生人身损害意外，这份设备维护与检查记录，就成为诉讼时对医院一方有利的证据，至少可以减轻民事责任。

与此相同的内容还有如《导管相关血流感染预防与控制技术指南(试行)》第二条有关导管相关血流感染预防要点中的第(二)项感染预防要点，置管后，“应当定期更换置管穿刺点覆盖的敷料。更换间隔时间为：无菌纱布为1次/2天，无菌透明敷料为1~2次/周，如果纱布或敷料出现潮湿、松动、可见污染时应当立即更换。”《外科手术部位感染预防与控制技术指南（试行)》第三条，外科手术部位感染预防要点第(二)项感染预防要点，手术中“若手术时间超过3小时，或者手术时间长于所用抗菌药物半衰期的，或者失血量大于1500毫升的，手术中应当对患者追加合理剂量的抗菌药物。”……所有规范中的这些内容，临床医务人员必须烂熟于心。

从2002年国家卫生部发布第一部医疗规范开始，大量的专业规范不断出台。依法执业、依规范行医，已是大势所趋，正所谓没有规矩，不成方圆。有了规矩，从业者就别无选择，必须遵守。

3.1 颅内肿瘤的放射治疗

【医案寻踪】

谢某（女性，52岁）自2005年秋季开始出现腰痛等不适病症，并开始伴有烦渴、多尿、每日大量饮水等症状。12月初，入住某医院。经体检，见胸背部棘突处存在压痛，左腋下淋巴结肿大，约2.0cm×2.0cm大小，质硬固定。辅助检查，骨MRI显示，颈、胸、腰椎、骶骨多发转移，伴有骨破坏。排除血糖值增高。初步诊断，骨转移癌。进一步的全身检查没有寻找到原发肿瘤的确切发病灶，却发现该患者的垂体部位存在明显病变，提示脑转移。经治医生针对患者的病史与演变特征、综合多份影像学资料所见，考虑到尽管没有找到最终的原发病灶，但是颅内转移性肿瘤正处于非常重要的垂体区域，病情继续进展，会造成患者病情的进一步恶化，因此，医生们决定对其颅内垂体部位的脑转移灶实施放射治疗。经治医生向患者的配偶交代了患者的病情、诊断以及进行放射治疗的必要性等情况，患者配偶签署认可。12 月 14 日开始，CT 定位下，GTV0.5cm，每日 300Gy，X 刀治疗。12 月 24 日 X 刀治疗 8 次，放射总量为 2400Gy。放射治疗结束后，多饮、多尿症状明显好转，患者出院。

出院后患者谢某的病情并没有继续好转，症状反复出现逐渐严重，甚至在半年之后出现了行走不稳、行走困难甚至无法站立等症状。2007 年 3 月，由于患者病情再度恶化，多次就诊于各大医院，这些医院所作诊断均有差异。其中包括：IGT，垂体瘤；枕大池囊肿，脑白质病变；成人维生素 D 缺乏症等。

一时间众说纷纭。患者的疾病仍然无法确诊，某些医院还考虑占位性质为“海绵状血管瘤”的可能性更大一些。至于患者后期的病情改变，更是智者见智，仁者见仁，甚至个别医院认为不排除“放射性脑病”的情况。一句话，到了这个时候，患者得到的诊断分析，并非仅仅是“脑转移”唯一的一种了。尽管如此，上述这些医院均没有有效的办法控制、治疗和改善病情，患者的病情也日渐恶化，也只能进行一些姑息性的对症治疗，最终于 2007 年 6 月死亡。

面对妻子死亡的结局，患者配偶难以接受。就在丧事结束的几个月后，死者的丈夫来到当初为妻子实施放射治疗的医院讨要说法：我的妻子就是死在你们的放疗上，没有明确诊断，凭什么进行了多达 8 次的放疗？

【医案评说】

本例患者死亡后由于其家属没有选择尸体解剖，所以生前诊断以及直接死因均不详。按理说，包括患者家属在内，却始终无法弄清楚患者生前的诊断，也无法弄清楚死亡的原因，本应当不会提出争议；而且，即便是提出了，也说不清楚这个连患者生前都没有澄清的事实。但是患者的丈夫偏偏在患者死亡后，拿着其生前曾在各家医院就诊的病历，向这家医院提出了高额的索赔要求。那么，如何评价本例之中针对所谓颅内肿瘤转移灶所实施的放射治疗呢？

客观地说，按照传统教科书的观点，这种在诊断不明的情况下，针对颅内占位的试验性诊疗是被允许的。但是这只能是在 2006 年 3 月 1 日之前，因为就在 2006 年 3 月 1 日，与本例密切相关的一部诊疗规范——《放射诊疗管理规定》——开始实施！这一规定本身就是一部法律意义上的“规范”。而就在这部 2006 年 1 月 24 日正式发布的《放射诊疗管理规定》中，有关实施放射治疗之前必须满足的条件，有了明确的规定：其第二十八条规定，“开展放射治疗的医疗机构，在对患者实施放射治疗前，应当进行影像学、病理学及其他相关检查，严格掌握放射治疗的适应证。……”对照《放射诊疗管理规定》，显然，医生的行为不妥。而且，这已经不仅仅是一种专业与学术上的争议，而是应否遵守卫生部颁布的“规范”的问题。依据法律，违反规范的行为就是过失行为，这里没有学术探讨的余地。

至于按照临床医学诊疗技术常规的观点分析本例争议的核心事实，也同样可以得出医生的行为欠妥当的结论。

该医院面对仅有的几份CT和MRI片等影像学资料，所做的诊断过于肯定，没有做更多的鉴别诊断工作。在没有更多的可参考依据存在的情况下，就贸然作出过于肯定的诊断，并实施放疗。这样一旦诊断的判断有误，无法弥补因不当的放疗所致的副损害。即便是在其他医院均倾向这一考虑，作为准备实施针对性的具体治疗措施之前，还是应当审慎一些。经治医生应当在选择具体治疗方案与措施时，顾及多方面的因素。对于本例来讲，占位的原因除了恶性的“脑转移瘤”之外，还不能完全排除存在其他情况的可能。至于这种情况是否可以适用并属于《执业医师法》第二十六条有关“试验性治疗”的情形，则应当慎之又慎。至少试验性治疗的前提是应当有明确的等待试验的内容和等待检验的结论。即便这一诊疗试验完全符合《执业医师法》第二十六条的有关“试验性治疗”的法律规定，一旦试验之后患者发生不良结果，医方很难摆脱民事乃至行政责任。从某种意义上讲，较为“消极”的临床观察，较之较为“积极”的主动临床诊疗试验，更为“安全”，反之则容易出现法律风险。无论如何医生还是应当始终把握这样一点：面对复杂病情，尊重医学科学与尊重患者权益兼顾才是上策之举，同时也是对医生自我保护的权宜之计。作为临床医生，针对一时无法明确的诊断，不急于妄下诊断结论，在依据不足的情况下，绝不贸然采取治疗措施。这同样是一种求真的临床境界，同样是实事求是的和对患者负责任的做法。

当然，本例最核心的提示还是与一部国家卫生部颁布的“诊疗规范”——《放射诊疗管理规定》——密切相关的。医生不但要掌握教科书上的通说、研究不同的学术观点、探讨新的诊疗技术，还要回过头来，认真研究并掌握具有法律效力的这些与临床专业紧密相关的“诊疗规范”，因为这才是医疗活动的行为准则。

【法律常识】

（1）2006年3月1日实施的《放射诊疗管理规定》适用于临床上哪一些具体的放射诊疗工作的类别？

① 放射治疗；② 核医学；③ 介入放射学；④ X射线影像诊断。

（2）《放射诊疗管理规定》之中，有关开展放射诊疗活动的医疗机构的执业条件，有无明确规定？

在该规定的第二章第六条，明确规定了医疗机构开展放射诊疗活动的执业条件：“（一）具有经核准登记的医学影像科诊疗科目；（二）具有符合国家相关标准和规定的放射诊疗场所和配套设施；（三）具有质量控制与安全防护专（兼）职管理人员和管理制度，并配备必要的防护用品和监测仪器；（四）产生放射性废气、废液、固体废物的，具有确保放射性废气、废液、固体废物达标排放的处理能力或者可行的处理方案；（五）具有放射事件应急处理预案。”

该规定第八条还具体规定了医疗机构开展不同类别放射诊疗工作，应当分别具有的必备的设备：“（一）开展放射治疗工作的，至少有一台远距离放射治疗装置，并具有模拟定位设备和相应的治疗计划系统等设备；（二）开展核医学工作的，具有核医学设备及其他相关设备；（三）开展介入放射学工作的，具有带影像增强器的医用诊断 X 射线机、数字减影装置等设备；（四）开展 X 射线影像诊断工作的，有医用诊断 X 射线机或 CT 机等设备。”

此外，《放射诊疗管理规定》第九条还明确规定，医疗机构应当按照本规定的要求，配备并使用安全防护装置、辐射检测仪器和个人防护用品，并对相关设备和场所设置醒目的警示标志等。

（3）《放射诊疗管理规定》之中，有关开展放射诊疗活动的从业人员的执业资质，有无明确规定？

针对放射诊疗工作的不同类别，从业人员的资质要求如下。

① 开展放射治疗工作的，应当具有：中级以上专业技术职务任职资格的放射肿瘤医师；病理学、医学影像学专业技术人员；大学本科以上学历或中级以上专业技术职务任职资格的医学物理人员；放射治疗技师和维修人员。

② 开展核医学工作的，应当具有：中级以上专业技术职务任职资格的核医学医师；病理学、医学影像学专业技术人员；大学本科以上学历或中级以上专业技术职务任职资格的技术人员或核医学技师。

③ 开展介入放射学工作的，应当具有：大学本科以上学历或中级以上专业技术职务任职资格的放射影像医师；放射影像技师；相关内、外科的专业技术人员。

④ 开展 X 射线影像诊断工作的，应当具有专业的放射影像医师。

3.2 腹股沟血管瘤与放疗

【医案寻踪】

这是 2008 年登记的一件投诉案。小李（男性，28 岁）婚后 4 年无子女，经查配偶一切正常，而他本人则睾丸发育不良、无精子。于是四处求医，服用了许多药物，依旧毫无效果。最后在一家医院就诊时，一位细心的医生发现了其中的蹊跷，经过反复询问，患者终于想起了 18 年前（1990 年）的一件事。18 年前，小李还是一个 10 岁的孩子，在他的右侧腹股沟旁长着一个紫红色的大包块，这个包块软软的，生下来时就有，而且，还随着小李的成长不断长大。于是家人就带他到了一家医院，诊断是血管瘤。由于部位特殊，手术难度极大，医生就建议他们接受一种放射治疗，这种治疗在当时还是一种比较新型的治疗方式，尤其用于血管瘤的治疗。不用开刀，甚至不用吃什么药物。是不是当时的放疗照射，导致了十多年后的生育障碍？小李辗转多家医院探求究竟，但是许多医院对此都有意无意遮遮掩掩，不肯明说，但没有一家否认与当年的放疗无关。这样，更增添了小李的疑惑，决定向当年为其实施放射治疗的医院讨要一个说法。

小李找到这家医院后，经复核，小李的确在这家医院住院接受过腹股沟血管瘤放射治疗，病历上标明：治愈出院。但是时隔18年，当时的医生均已不在医院工作，而且，当年的病历记载得很粗糙、很笼统，没有相关的详细的记载。尽管如此，医院还是不愿接受患者的观点，即由于放射治疗的原因致局部副损伤并导致不孕不育；医院认为，不孕不育的原因非常繁杂，不仅仅是放疗副损伤一种原因。为此，双方一致委托医学会进行鉴定。

鉴定会上，医方参加鉴定的人员都没有亲历当年的放射治疗，因此就在当年的病历原件记载的基础上陈述诊疗经过。关于右侧腹股沟血管瘤的诊断，双方都没有异议，但围绕放疗的操作，医方却是始终无法澄清当时的经过。患者坚称，当时医生就是要患者自己用手把阴囊与阴茎捂着放在一边，进行局部照射，此外再没有别的措施，而且，几次照射之后，患者放在局部的手都变红了。医方则强调采取了有效防护措施，但是病历之中无任何一笔可以作为医生陈述的佐证。最后鉴定专家认定，患者接受放疗时很可能存在副损伤，并因此导致十多年后的不孕不育。鉴定结论，本例被定为医疗事故。

【医案评说】

客观地说，患者小李接受放疗的当年，临床医学针对放疗副损伤的认知还比较肤浅。如果该事件的后续损害后果发生在十多年前，甚至有可能确定不了“医疗事故”。但是时隔18年后，尤其在当今医患矛盾非常突出的时代，则无法再按照18年前的思维方式甚至行为评价标准，进行客观的、符合历史演变的评判。再加上在本例争议浮出水面之前，早在2006年3月1日国家卫生部就已经颁布、实施了《放射诊疗管理规定》。所以，评价标准自然向新的、现行的标准看齐了。按照这部《放射诊疗管理规定》，放射诊疗有着严格的适应症和严格的操作规程，并有着严格的保护程序。该规定第二十五条规定：“放射诊疗工作人员对患者和受检者进行医疗照射时，应当遵守医疗照射正当化和放射防护最优化的原则，有明确的医疗目的，严格控制受照剂量；对邻近照射野的敏感器官和组织进行屏蔽防护，并事先告知患者和受检者辐射对健康的影响。”显然，本例医方没有做到。至少透过原始病历，无法证实其做到了。该规定第二十六条规定，“医疗机构在实施放射诊断检查前应当对不同检查方法进行利弊分析，在保证诊断效果的前提下，优先采用对人体健康影响较小的诊断技术。实施检查应当遵守下列规定：……（二）不得将核素显像检查和X射线胸部检查列入对婴幼儿及少年儿童体检的常规检查项目；(三)对育龄妇女腹部或骨盆进行核素显像检查或X射线检查前，应问明是否怀孕；非特殊需要，对受孕后八至十五周的育龄妇女，不得进行下腹部放射影像检查；(四)应当尽量以胸部X射线摄影代替胸部荧光透视检查；(五)实施放射性药物给药和X射线照射操作时，应当禁止非受检者进入操作现场；因患者病情需要其他人员陪检时，应当对陪检者采取防护措施。”

尽管医方始终强调，患者不孕不育的原因极为复杂，甚至从出生至其10岁期间，单单血管瘤的因素就完全可能导致其局部体温过高，从而影响其睾丸的发育。但是不可否认的是，医方当年的病历之中根本没有任何提及注意乃至实施局部保护的文字，没有有效的防辐射保护，阴囊及睾丸遭到照射，是构成不孕不育的重要原因。本例鉴定及民事审判均发生于2008年，审判结果，作为医方的被告依据鉴定结论承担了主要责任。如果本案事发于2010年7月1日之后，按照《侵权责任法》第五十八条的过错推定条款，明确医疗行为存在违法情形的，将会推定该行为人承担全部民事责任。由此可见，规范也好，规章也好，法律法规也罢，这些都是临床医生不可触及的“红线”。

【法律常识】

(1)《放射诊疗管理规定》针对安全防护的内容有无具体规定？

在规定的第四章中(第十九条至第三十二条)从建立健全放射诊疗安全防护工作的工作制度到具体管理体制，从业人员技术培训到安全训练，从安全防护的硬件设备要求到安全检测设备，从放射诊疗的内环境安全到周围外环境的防辐射，均有明确的要求。此外，还针对开展工作的医务人员的自身安全防护做了详尽的规定，针对接受放射诊疗的患者，该规定也从不同方面作了全面的规定。

(2)《放射诊疗管理规定》针对发生的安全事件，有无具体的报告制度？

《放射诊疗管理规定》明确了发生以下事件，应当及时进行调查处理，如实记录，并按照有关规定及时报告卫生行政部门和有关部门：“(一)诊断放射性药物实际用量偏离处方剂量50%以上的；(二)放射治疗实际照射剂量偏离处方剂量25%以上的；(三)人员误照或误用放射性药物的；(四)放射性同位素丢失、被盗和污染的；(五)设备故障或人为失误引起的其他放射事件。”

3.3 胃癌的诊疗

【医案寻踪】

孙某(女，45岁)患有“胃病”10余年。2006年8月14日，孙某因反复上腹部胀痛，持续就餐后的烧灼感等症状，在某教学医院接受了超声内镜的检查。检查发现，“患者的胃体上部可见溃疡性病变，约2.8cm×3.2cm，表面污苔，周边呈堤样隆起。……见胃壁五层结构破坏，代之以不均匀低回声，胃壁最厚处约

11mm，腹主动脉周围可见较大类圆形低回声结节，直径11～26mm。……诊断：胃体占位病变，T2，N3”。孙某接到这份内镜结果，大惊失色，以为必是恶性肿瘤。情急之中她想到，有一位同学的亲属在某医院担任外科医生，于是在得到这份超声内镜报告的第二天，就急急忙忙前往某医院就诊。并找到了那位朋友——在该医院担任外科医生的胡某。孙某住院后即提出是否应当尽快手术治疗的请求。该医院的医生在阅读了患者提供的这份内镜报告之后，考虑作出这一结论的医院是当地最权威的医疗机构之一，所以不假思索地认为，该患者既然存在胃体部的一个“巨大”的溃疡灶，并且中心溃烂，呈“污苔”样，且诊断中尚有“远处转移”的判断，再结合十多年的“胃病”病史，近期还伴有反复发作及身体消瘦的变化，于是越看越像，患者孙某所患疾病就是恶性的“胃癌”。尽管没有等到内镜的病理活检诊断回报，但临床诊断似乎已经可以毫无疑问地确定了。既然明确是恶性病变，事不宜迟，该医院的相关医生决定为患者立即实施外科手术治疗。2006年8月19日，在全麻下，患者接受了旨在针对胃癌的全胃切除联合脾、胰体、胰尾切除，及食道空肠吻合术。由于相关医生在术前对诊断过于自信，在术中切除脏器之前，也没有进行快速冰冻切片病理检查。但是，手术后没过几天，患者内镜检查的病理活检诊断回报：慢性活动性浅表性胃炎（重度）！似乎原来的内镜报告及事后的病理报告与已经实施了手术的这家医院和患者开了个天大的玩笑，只不过对于患者来讲过于苦涩了。不久，该医院的病理诊断也报告了同样的内容，患者的胃体部位也仅仅是慢性炎症的改变。这些曾经积极主张尽早手术的医生不得不考虑，如何面对患者呢？如何面对患者的追问和不幸的结果呢？

果然，患者以及患者家属在得知事情的全部经过和事实之后，立即向该医院提出异议，要求医院作出解释，并要求民事赔偿。本例最终经医疗事故技术鉴定和司法途径，了结了争议。

【医案评说】

“医生，你凭什么在没有病理诊断的情况下，草率地切除了我的全胃和脾、胰呢？”为什么当事的医生会出现这样的失误呢？

本例医疗行为的过错，首先源自诊断上的错误。不可否认，该医院的医生深受“超声内镜报告”的内容的误导，但是作为临床医生，是否认识到，作出一项临床诊断必须要经过一系列完整的操作规范和程序呢？患者就诊之后必要而详细的问诊、细致认真的体格检查，以及对于当今临床医学尤为重要的各项辅助检查，既是日常的基本工作，更是必须遵守的临床操作规范！而“规范”可以是一致公认不成文的“习惯”，也可以是成文的“规范”，而成文的规范则应当属于“卫生法规”的范畴，所以如同其他行业的“安全操作规程”一般，必须遵守。此外从证据学的角度讲，尤其需要注意与重视的是，必要和完善的辅助检查既是临床医疗行为的依据，也是发生纠纷与争议后证明自身无过错的证据。也许辅助检查也未必能够达到足够的精细与准确，但是从当今的“循证医学”的角度，至少是临床医生进行判断的依据，因为这类辅助检验，不同程度地延伸了临床医生对患者疾病的感知能力，使得对某种疾病的判断更精准。辅助检查往往会形成诸如“回报单”“报告单”之类的相对临床医生的体检等内容，在形式上显得更客观一些。本例如果认真履行诊断环节的操作程序，就不会仅仅凭借着外来医院的一纸报告，确定“恶性肿瘤”的临床诊断，而且即便是患者已经向该医院的医生出示了病理诊断报告，作为拟行手术的该医院，还必须重新进行一次病理学检验，至少是在术中必须进行快速的冰冻病理检查，这既是对将要进行的手术操作者负责，更重要的是对患者的生命健康负责，所以不能认为这是一种“重复检查”与“过度医疗”行为。最终，本例的相关医生在没有病理诊断的前提下，实施了只能针对术前已经明确诊断的恶性肿瘤的根治手术术式，造成了患者身体无法弥补的损害后果。显然，这一做法违反了医疗技术操作常规。

如果本案案发于2011年，时至今日，国家卫生部已于2011年2月25日颁布了《胃癌诊疗规范(2011年版)》，那么，本案医疗行为就不仅仅是违反胃癌诊疗的常规，而是违反卫生规范与法规了。针对胃癌这种恶性肿瘤疾病的诊断与治疗，该规范系统地梳理了胃癌的诊断与治疗的完整的各个环节：与疾病诊断密切相关的各项检查与检验措施，与各个分型诊断相关联的治疗原则与各项治疗措施等，针对胃癌的诊治，进行了细致的规定。可以说，该规范全面规定了与胃癌诊疗有关的医疗行为。针对胃癌的诊断，“应当结合患者的临床表现、内镜及组织病理学、影像学检查等进行胃癌的诊断和鉴别诊断。”显然，在诊断这一环节上，该医院的医生没有进行上述诊断与鉴别诊断程序，存在过失。

显而易见，前文所提及的“临床操作规范”不仅仅是教科书上的一种通说。因为，即便是“通说”，也只是被大多数人接受的“学术观点”，而只要是“学术观点”，就可以探讨与争议。但是对于规范，只能遵守，否则就有承担全部法律责任的可能，本文就是先例。

在《侵权责任法》已经生效的今天，地方法院完全有可能在医疗纠纷的民事审判过程中，由法庭借助于组成合议庭的具有深厚医学背景的人民陪审员，对于某些医疗专业的纠纷，直接适用卫生部颁布的《诊疗规范》，对涉案的医疗行为是否存在违法性进行判断。如果存在医疗行为违法，则直接按照前文提及的《侵权责任法》第五十八条第一项的规定，推定医疗机构承担全部民事责任。

《侵权责任法》第五十八条第一项是这样规定的，“患者有损害，因下列情形之一的，推定医疗机构有过错：(一)违反法律、行政法规、规章以及其他有关诊疗规范的规定”。在这里，法律规定的极为清晰：医疗规范与法律的地位相同，违反规范即为违反法律，按照《侵权责任法》第五十八条的规定，无一例外地就患者的“损害后果”，推定由医疗机构承担全部责任，并且无可商榷。

【法律常识】

（1）有关胃癌诊疗，有医疗规范存在吗？

2011年2月25日，卫生部在其官方网站上公布了《胃癌诊疗规范(2011年版)》，这是迄今为止首个胃癌诊疗规范。

该规范从胃癌的定义开始，明确阐述和规范了胃癌的临床表现与临床诊断标准；病理诊断标准，胃癌的病理学分类；其他辅助与影像学检查；鉴别诊断等。

该规范明确规定胃癌治疗须以综合治疗为原则，以手术治疗为主要手段。其中规定，“外科手术应当完整切除原发病灶，彻底清扫区域淋巴结。对呈局限性生长的胃癌，切缘距病灶应当至少3cm；对呈浸润性生长的胃癌，切缘距病灶应当超过5cm。邻近食道及十二指肠的胃癌，应当尽量完整切除病灶，必要时行术中冰冻病理检查，以保证切缘无癌残留。”规范载明了胃癌可以选择的几种手术术式。其中包括缩小手术、标准手术、标准手术＋联合脏器切除、姑息性手术等。此外，该规范还规定了放化疗方案与技术参数。

总之，《胃癌诊疗规范(2011年版)》是一部系统规范胃癌诊断与治疗的行业法规，或称为医疗规范。

（2）基层医院开展新技术，是否有法律规则可以遵循？

自2009年3月2日开始，卫生部颁布了《医疗技术临床应用管理办法》，这是一部旨在调整各类医疗机构开展新业务、新技术的行业规范。按照该办法规定的内容，即使是基层医院甚至偏远地区的医院在院内开展“新”技术，也必须按照规定的程序进行。

“医疗技术”是指医疗机构及其医务人员以诊断和治疗疾病为目的，对疾病作出判断和消除疾病、缓解病情、减轻痛苦、改善功能、延长生命、帮助患者恢复健康而采取的诊断、治疗措施。

按照《医疗技术临床应用管理办法》规定，医学临床技术可分类为三类。第一类医疗技术是指安全性、有效性确切，医疗机构通过常规管理在临床应用中能确保其安全性、有效性的技术。第一类技术一般在院内完成论证、审批。

第二类医疗技术是指安全性、有效性确切，涉及一定伦理问题或者风险较高，卫生行政部门应当加以控制管理的医疗技术。该类技术的审批单位为所在省、市区域的省一级卫生行政机关。

第三类医疗技术是指具有下列情形之一，需要卫生行政部门加以严格控制管理的医疗技术：①涉及重大伦理问题；②高风险；3 安全性、有效性尚需经规范的临床试验研究进一步验证等。

这一内容，将在第五章中作更加详细的论述。

3.4 腔镜治疗子宫内膜异位症

【医案寻踪】

位于城南的某医院是一家二级基层医院，设有内科、外科和妇科，并且以妇科的业务为主。医院日常开展一些常见的妇科疾病的诊疗活动，进行一些门诊手术，有时也会将病人收入医院的病房，进行一些简单的盆腔手术，以及腹腔镜、宫腔镜手术等复杂一点的诊疗活动。

2010年6月10日，该医院收治了一位女性患者(郭某，33岁)，主诉痛经、性交痛、不育及月经改变。经诊断，考虑为子宫内膜异位症。巧的是，该医院几个月前聘请了一位来自外地某大医院妇产科的专家级医生顾某，该医生擅长妇科治疗，尤其是腔镜手术治疗。经顾某会诊，妇科体检时可以触及盆腔内存在多个触痛性结节，结合盆腔B超检查，顾某认为完全可以通过腹腔镜手术治疗患者的子宫内膜异位症。于是患者被收入院等待腔镜手术。

6月11日，患者在全麻下接受腹腔镜手术。术前按照腹腔镜常规实施人工气腹后，手术开始。经腔镜探查，该患者的诊断与术前相符，于是针对病灶开始实施手术。可是就在手术正常进行之中，麻醉师发现患者出现血压急剧下降的情况，立即通告手术医生暂停手术，采取相应措施，而且几乎就在同一时间，患者又出现心跳、呼吸骤停！整个手术室的人围拢过来抢救患者，遗憾的事还是发生了，患者猝死于手术台上！手术室门外的患者家属情绪异常激愤，为了控制局面，医院方面拨打了110，双方在出警警察的调解下，同意对死亡患者立即进行尸体解剖，明确死因。

一个月后，尸检的结果出来了——患者死于气体栓塞。患者家属随后将该医院告上当地法院。在经过市医学会与省医学会两次医疗事故技术鉴定之后，鉴定结论为“一级甲等医疗事故，医方承担轻微责任”。对此结论，原告方没有提出异议，而被告方尽管再一次提出申请中华医学会组织鉴定，但中华医学会最终驳回了他们的请求，没有受理。法院藉此作出了被告医院承担25%轻微责任的民事判决。

【医案评说】

在正常情况下，子宫内膜覆盖于子宫体腔面，如因某种因素，使子宫内膜在身体其他部位生长，即可成为子宫内膜异位症。手术切除异位内膜病灶迄今仍被认为是最佳的治疗方法。而腹腔镜治疗子宫内膜异位症，在许多大型医院早已经不是什么新的、前卫的技术，但是在基层医院，由于硬件与软件条件的限制、人员的限制，并没有广泛开展、全面铺开。包括妇科手术在内，腹腔镜手术过程中，先行人工气腹，是腹腔镜手术的一个不可跨越的步骤，也即法律上所称的“必经程序”。因人工气腹导致气体栓塞，只要术者在人工气腹操作时符合操作规程，人工气腹后的腹腔内压力符合正常范围，医疗机构及其医生的医疗行为就没有瑕疵，按照这一理论，本例似乎不应定为一级甲等医疗事故。鉴定会上一部分专家也多持有这一观点，但是更多的专家则从该医院的业务范围考虑，从操作妇科腔镜的资质与医院的等级等方面考虑，认为在这一方面医院存在重大瑕疵。明确地讲，该医院开展妇科腔镜治疗子宫内膜异位症的行为，违反了《妇科内镜诊疗技术管理规范》之中有关开展该类腔镜手术的准入规定，因而先后两次鉴定均被认定为医疗事故。但是考虑到造成气体栓塞的原因更主要的是患者自身的原因，因此体现在事故的责任比例上，被确定为轻微责任。

《妇科内镜诊疗技术管理规范》是国家卫生部于2009年11月12日颁布实施的。在该规范的有关医疗机构基本要求、人员基本要求以及技术操作基本要求的规定内容中，明确表明了开展四级腔镜手术所必需的条件：拟开展风险高、过程复杂、难度大的四级妇科内镜手术，如：腹腔镜根治性子宫切除术、腹膜后淋巴结切除术、深部子宫内膜异位病灶切除术、盆底重建术、先天性生殖道畸形矫治术、子宫内膜癌及卵巢癌分期手术等；宫腔镜重度宫腔粘连分离术、Ⅱ型黏膜下肌瘤切除术、子宫畸形矫治术等的医疗机构。在满足以上基本条件的情况下，还应当满足以下要求：① 三级医院，开展妇科临床诊疗工作10年以上，妇科病房实际开放床位数不少于40张，5年内累计完成妇科内镜手术病例3000例以上，开展四级妇科内镜手术累计300例以上，技术水平在本地区处于领先地位。② 具备满足危重病人救治要求的重症监护室。③ 开展妇科恶性肿瘤相关的四级妇科内镜手术的医疗机构，还应当具备卫生行政部门核准登记的肿瘤化学治疗与放射治疗诊疗科目。④ 具备满足实施四级妇科内镜手术需求的临床辅助科室设备和技术能力。

《妇科内镜诊疗技术管理规范》甚至还在四级妇科内镜手术医师培训方面作了明确规定：“1. 拟从事四级妇科腹腔镜手术的医师，在上级医师指导下，参与完成不少于50例妇科腹腔镜手术，参与四级妇科腹腔镜手术不少于15例，并经考核合格。2. 拟从事四级妇科宫腔镜手术的医师，在上级医师指导下，参与完成不少于30例妇科宫腔镜手术，参与四级妇科宫腔镜手术不少于10例，并经考核合格。3. 在指导医师的指导下，学员应参与对患者全过程的管理，包括术前评价、诊断性检查结果解释、与其他学科共同会诊、妇科内镜诊疗操作、妇科内镜诊疗操作过程记录、围手术期处理、重症监护治疗和手术后随访等。”在国家卫生部颁布的一些规范，如《放射诊疗管理规定》《变性手术技术管理规范(试行)》《肿瘤消融治疗技术管理规范(试行)》等，除了专业技术本身的规则之外，还有一些属于专业准入的规定。这类内容的规定，同样必须遵守。因此，应当引起临床医疗管理者与从业者足够的重视。

【法律常识】

（1）《变性手术技术管理规范（试行）》中有关开诊条件与从业人员的资格是如何规定的?

2009 年月日由卫生部颁布实施的《变性手术技术管理规范（试行）》作为医疗规范，对施行变性手术的医疗机构及其从业人员都作出了原则性的要求。

按照该规范第一条，该医院应当是与其功能、任务相适应的三级甲等综合医院或整形外科医院，并且具有卫生行政部门核准登记的整形外科诊疗科目。医院设有管理规范、运作正常的由医学、法学、伦理学等方面专家组成的变性手术技术临床应用伦理委员会。作为医院的整形外科本身应当符合以下要求：设置整形外科 10 年以上，床位 20 张以上，有较强的整形外科工作基础；能独立完成整形外科各种手术，包括器官再造和组织移植；病房设施便于保护变性手术患者隐私和进行心理治疗等；科内有至少 2 名具备变性手术技术临床应用能力的本院在职医师，有经过变性手术相关知识和技能培训并考核合格的、与开展的变性手术相适应的其他专业技术人员。

该规范第二条对具体从业人员作出了以下原则性要求。首先，手术组由整形外科医师为主组成，必要时可有其他相关科室医师参与。其次，作为手术者本人，应当是取得“医师执业证书”的本院在职医师，执业范围为外科，具有整形外科副主任医师及以上专业技术职务任职资格；从事整形外科临床工作 10 年以上，其中有 5 年以上参与变性手术临床工作的经验，曾独立完成 10 例以上的生殖器再造术。最后，作为手术第一助手的要求，应当是从事整形外科临床工作 5 年以上的外科医师，或者其他相关科室具有整形外科主治医师以上专业技术职务任职资格的医师。

（2）《肿瘤消融治疗技术管理规范（试行）》中有关开诊条件与从业人员的资格是如何规定的?

按照该规范第一条，该医院应当是与其功能、任务相适应的二级甲等及以上医院，并且具有卫生行政部门核准登记的相关诊疗科目。硬件设备方面，必须具备由国家食品药品监督管理局批准用于临床治疗的肿瘤消融设备和材料；具备影像引导的技术设备，如超声、CT 或 MRI 等，并具备用于评估局部疗效的对比增强影像检查技术条件；配备多功能监护仪，在消融过程中能进行心电、呼吸、血压、脉搏、血氧饱和度监测；能够进行心、肺、脑抢救复苏，有氧气通道、麻醉机、除颤器、吸引器等必要的急救设备和药品；开展内镜下肿瘤消融治疗技术，还需要具备内镜检查及治疗设备，具备医学影像图文管理系统；具备存放内镜及配件的专用存放柜，并有专人负责登记保管；开展开放手术中肿瘤消融治疗技术，需具备手术中影像引导的技术设备。此外，还应当具备开展肿瘤手术所需手术室条件，如麻醉监护系统、其他相应的仪器及设备等。硬件环境方面，须具备与开展该技术相应的手术室用房等设施条件，消毒和无菌条件应符合相应管理标准。操作人员方面，有至少2名具有肿瘤消融治疗技术临床应用能力的医师，有经过肿瘤消融治疗相关知识和技术培训并考核合格的其他专业技术人员。

对于操作技术人员的要求，该规范原则性地提出，作为肿瘤消融治疗医师须具备以下条件：第一，应当是取得“医师执业证书”，执业范围为开展本技术应用相关专业的本院在职医师；第二，具有3年以上肿瘤诊疗的临床工作经验，具有主治医师及以上专业技术职务任职资格，并且，还须经过相应的肿瘤消融治疗技术系统培训并考核合格。参与肿瘤消融治疗的其他相关卫生专业技术人员，也需要经过肿瘤消融治疗技术相关专业系统培训并考核合格。

3.5 血液透析与丙肝感染

【医案寻踪】

患者袁某(男性，29岁)患有慢性肾功能不全多年，长期在当地一家中心医院通过血液透析维持生命，几年来都在等待着适合的肾源，准备接受肾移植。2010年5月，劳动节过后，位于省城的甲医院通知袁某，配型符合的肾源已经获得，立即来院手术。当天患者就办理了住院手续。按常规，术前必须再进行一次血液透析，可不巧的是，这家医院的血液透析设备发生故障，于是医院方面就临时将患者转送到附近的另一家乙医院进行血液透析。透析结束后返回甲医院进行肾移植手术。手术进行得很顺利，术后恢复得也很理想。患者不久就痊愈出院了。谁也没有想到的是出院之后不到一个月，患者及其家人突然造访甲医院，先是找个借口复印了住院病历，接着向医院正式提出异议，声称自己感染了丙型肝炎。经甲医院复查，果然如此，袁某的确感染了丙肝！袁某要求该医院就此作出赔偿，甲医院当然不能接受这一投诉，协商无果，袁某一纸诉状将甲医院连同袁某家乡的某中心医院及乙医院一起告上了法庭，要求上述三家医院共同承担赔偿责任。

【医案评说】

患者在上述三家医院进行血液透析或肾移植手术是事实，袁某在此后不久感染丙肝也是事实。但是这几家医院都不愿意接受丙肝感染的原因与他们各自相关，尤其是乙医院。在该案的审理过程中，主审法官详细地审核了各方提供的所有证据，最后发现：原告袁某在当地某中心医院的多份病历之中，从首次透析到接受肾移植手术之前，没有进行过一次肝炎免疫检查；原告在甲医院手术前及手术后，仅仅检查了乙肝病毒感染项目，没有查及丙型肝炎；而在乙医院，仅有的一次血液透析之前，也是同样没有进行丙型肝炎病毒学方面的检查。也就是说，从现有的证据角度查看本案，没有一家医院可以证明其医疗行为与患者后期罹患丙型肝炎无关。与此同时，该案合议庭的一位人民陪审员，恰好是一位从事肾内科专业的人士，对血液净化专业极为了解，于是经过合议庭合议，一审判决三家医院均按等分承担原告的损害责任。判决书中还引用了国家卫生部于 2010 年 3 月 23 日颁布实施的《医疗机构血液透析室管理规范》第三十三条的规定，“血液透析室应当建立严格的接诊制度，对所有初次透析的患者进行乙型肝炎病毒、丙型肝炎病毒、梅毒、艾滋病病毒感染的相关检查，每半年复查 1 次。”显而易见，这三家医院都没有遵守《医疗机构血液透析室管理规范》。

宣判后，这三家医院不服一审判决，均提出上诉。其中乙医院提出，即便三方均应当承担责任，也应当参考三家医院为该患者实施的不同的操作次数，按比例承担责任，但这一主张二审法院没有采纳。二审法院最终驳回了三方的上诉，维持了一审判决。尽管时至今日这几家医院仍然耿耿于怀，但法院判决所确定的事实，已经无法更改了。

抛开前文的具体案件，只针对《医疗机构血液透析室管理规范》进行探讨。这一规范中有许多内容要么在重申教科书上的通说，要么对血液透析的软硬件条件、人员准入进行规定。第二十三条中有关肝炎检查以及其他疾病免疫学、病毒学检查的条款，显得尤为突出。这是该部规范的亮点，从事血液透析专业的医务人员必须熟记在心。试想，如果上述案件之中的乙医院严格按照《医疗机构血液透析室管理规范》，在实施血液透析之前，进行必要的免疫学、病毒学检查，即便患者事后发生丙肝感染，也完全可以举证证明与其无关。就像体育比赛一样，有关规范就是比赛规则，比赛规则既是运动员的赛场之上的行为守则，也是裁判员的裁决标准，而比赛规则必须遵守。不可否认，临床医疗已经迈入了依规范行医的时代。

【法律常识】

（1）医院内开设血液透析室，是否需要审批、登记？医疗机构如何办理设立血液透析室的审批登记手续？

自 2010 年 3 月 2 日开始，《卫生部关于对医疗机构血液透析室实行执业登记管理的通知》（卫医政发〔2010〕32 号）颁布生效，按照该通知，医疗机构血液透析室一律实行执业登记管理制度。该通知第一条规定，“医疗机构设立血液透析室，开展血液透析诊疗活动的，必须经卫生行政部门批准，并进行执业登记”。此外，医疗机构设立血液透析室，必须具有卫生行政部门核准的肾病学专业诊疗科目，并符合《医疗机构血液透析室基本标准（试行）》规定的要件。部分地区和医疗机构确因地域、服务人群和服务需求等因素，设置血液透析机数量达不到标准的，必须经省级卫生行政部门批准同意，方可执业。

医疗机构首次办理设立血液透析室的手续时，应当向其执业登记机关提出书面申请，并提交以下材料：① 医疗机构设置血液透析室申请；②“医疗机构执业许可证”正本复印件及副本原件；③ 从事血液透析工作人员名册及相关资质情况；④ 血液透析室功能区建筑平面图；⑤ 血液透析室仪器设备清单；⑥ 血液透析室工作制度；⑦ 省级卫生行政部门规定的其他材料。

对于本通知发布前已经设立血液透析室的医疗机构，应当按照本通知要求办理登记手续，经卫生行政部门审核合格的，继续执业；经审核不合格的，应当进行整改，整改期间应当保证医疗安全；截止日期内仍达不到要求的，则必定面临关闭的结局。

（2）设立血液透析室应当满足的最低条件是什么？

第一，空间硬件设施。① 每个血液透析单元由一台血液透析机和一张透析床(椅)组成，使用面积不少于3.2平方米；血液透析单元间距能满足医疗救治及医院感染控制的需要。② 透析治疗区内设置护士工作站，便于护士对患者实施观察及护理技术操作。③ 水处理间的使用面积不少于水处理机占地面积1.5倍。④ 治疗室等其他区域面积和设施能够满足正常工作的需要。

第二，仪器设备。① 基本设备：三级医院至少配备10台血液透析机，其他医疗机构至少配备5台血液透析机；配备满足工作需要的水处理设备、供氧装置、负压吸引装置，必要的职业防护物品；开展透析器复用的，应当配备相应的设备。② 急救设备：心脏除颤器、简易呼吸器、抢救车。③ 信息化设备：至少具备1台能够上网的电脑。

第三，技术人员配备。① 至少有2名执业医师，其中至少有1名具有肾脏病学中级以上专业技术职务任职资格。20台血液透析机以上，每增加10台血液透析机至少增加1名执业医师。② 每台血液透析机至少配备0.4名护士。③ 至少有1名技师，该技师应当具备机械和电子学知识以及一定的医疗知识，熟悉血液透析机和水处理设备的性能结构、工作原理和维修技术。④ 医师、护士和技师应具有3个月以上三级医院血液透析工作经历或培训经历。

3.6 十八年前的病人

【医案寻踪】

2009年12月30日正逢年终岁尾，某医院的医务科正忙于筹备参加医院新年晚会的文艺节目，忽然来了一位不速之客。这人自称姓王(男性，41岁)，18年前曾经在该医院做过鼻咽癌手术。据他回忆，术后既没有继续给予化疗，也没有进行放疗，而肿瘤又从来没有复发，所以他怀疑当时的诊断错了，手术也做错了，他要医院给他个说法，要求赔偿。医务科领导认真地接待了这名投诉人员，最后建议他新年后第二个工作日再来医务科。王某离开医院之后，医务科的工作人员按照王某所提线索，从病案室调来了他在1991年2月1日在该院的住院病历，当时的临床诊断为“鼻咽癌，高分化型鳞癌，Ⅰ期”，症状体征以及辅助检查均符合上述诊断，住院期间为该患者实施了手术治疗，彻底清除了尚且局限的肿瘤病灶。术前诊断与术后病理诊断证相符。在出院医嘱中，也有建议其放疗及化疗的内容。情况基本清楚了，该医院当年针对王某所患疾病作出的诊断与治疗均无过失。这样的解释显然令王某极为不满，他又提出了一个新的要求：医院得拿出来他当年的病理切片材料，他要重新进行会诊，证明他当年得的病不是癌症！他的这番言辞引起了医务科的高度重视，很快召开了医院医疗安全专家会议。会上该医院的法律顾问及病理科主任均提出，国家卫生部在2009年3月6日下发了一部病理科规范，即《病理科建设与管理指南(试行)》。这是一部有关病理学专业的卫生法规，该规范第十八条规定，“病理科应当加强对病理档案的保存和管理，其中病理切片、蜡块和阳性涂片保存期限为15年，阴性涂片保存期限为1年，组织标本保存期限为报告发出后2周。”第二十三条还规定，“病理科应当建立质量管理记录，包括标本接收、储存、处理、病理诊断、报告发放以及试剂、耗材、仪器使用和校准，室内质控、室间质评结果等内容。质量管理记录保存期限至少为2年。”根据这部已经生效接近一年的规范，无论是病理切片、蜡块还是有关这次检查的管理记录，都早已超出医院病理科的法定最高保管年限。在其来医院投诉之前医院针对其名下的病理资料，保存义务已经没有了。因此病理科已经找不到王某时隔十八年前的病理资料了。这符合《病理科建设与管理指南(试行)》的规定，符合法律规定。当年的诊疗措施没有瑕疵，作为当时的医生在其出院时也曾明确建议其接受放化疗，至于患者是否继续治疗，只能取决于患者个人了。最终医院正式答复了这名投诉人员。王某不认可，认为连医院的住院病历都得保管30年，管你什么病理规范不规范的，不可能只保管15年！医院一定是在骗他！于是，又起诉至当地法院，可最终他还是没有如愿以偿。

【医案评说】

本例案件涉及的事实非常清楚，从住院病历当中看，当时的术前检查、诊断均细致而完备，针对鼻咽癌及其组织分型的术式选择及手术本身毫无瑕疵，术后及出院时的处理也很得当。正因为如此，才有了患者在此之后的十多年的生命延续，肿瘤可以治愈，而要用治愈的肿瘤这一事实，反过来证明当初的肿瘤诊断是错误的，这真是要多荒唐有多荒唐！本例争议的核心，就是当时手术取得的病理切片，而核心中的核心就是医院应否在18年后还有义务提供这些病理材料——病理材料的保管年限与义务。

该医院按照卫生部颁布的规范——《病理科建设与管理指南(试行)》——赢得这场纠纷。《病理科建设与管理指南(试行)》是病历专业的“法律法规”，立法者确定病历材料与管理记录的保管年限，具有科学的依据。尽管表面上看，时限明显短于住院病历，可是要知道，病理材料包括切片与蜡块，由于在全国范围内其保管环境与保管技术参差不齐，随着时间的延续，大多数材料都有变性的可能，从而影响病理诊断的准确性，失去保留价值。如果要求国内设立病理专业的每一家医院在病理标本保存的环节上都达到最佳的水准，甚至达到博物馆的水准，是完全不现实的。15 年的保管期与追溯期是符合医学科学与实际的。国家卫生部在颁布该部规范的文件(卫办医政发〔2009〕31 号)中指出，“为指导和加强医疗机构病理科的规范化建设和管理，促进病理学科的发展，根据《执业医师法》和《医疗机构管理条例》等有关法律、法规，我部组织制定了《病理科建设与管理指南(试行)》(以下简称《指南》)，现印发给你们。具备条件的医院要按照《指南》要求，加强对病理科的建设和管理，不断提高病理诊断水平。目前条件尚不能达到《指南》要求的医院，要加强对病理科的建设，增加人员，配置设备，改善条件，健全制度，严格管理，逐步建立规范化的病理科。”

因此，针对此事医院医务科的处理，恰当而得体，符合法律法规的规定。不仅如此，我们还注意到，法院在审理本案过程中，对医院提供给法院的国家卫生部的《病理科建设与管理指南(试行)》极为重视，主审法官亲自前往省卫生厅调查、复核、取证，确认了这部医疗卫生规范的真实性与法律效力，并最终依据该规范作出正确判决。

本例又是一例法院适用医疗卫生规范审判的案件，由此透出这样的道理：第一，医疗卫生规范必须遵守；第二，规范不仅是对医务人员实施的医疗行为的调整、规范、约束及限制，也是对严格遵章守则人员的有力保护，本例就是如此。

【法律常识】

(1) 按照《病理科建设与管理指南(试行)》，二级医院是否应当设立病理档案室?

2009 年 3 月 6 日，卫生部办公厅发布了有关《病理科建设与管理指南(试行)》的印发通知(卫办医政发〔2009〕31 号)。该指南第八条规定，“二级综合医院病理科至少应当设置标本检查室、常规技术室、病理诊断室、细胞学制片室和病理档案室。”也就是说，就二级综合医院而言，只要设立病理科，就必须同时在病理科内设置病理档案室。

(2) 从事病理科诊断工作人员应当具备怎样的资质要求? 在特殊情况下，病理技师能否出具病理诊断报告?

《病理科建设与管理指南(试行)》第十条规定，病理科专业技术人员应当具有相应的专业学历，并取得相应专业技术职务任职资格。出具病理诊断报告的医师，应当具有临床执业医师资格并具备初级以上病理学专业技术职务任职资格，经过病理诊断专业知识培训或专科进修学习 1 ~ 3 年。作出快速病理诊断的医师，应当具有中级以上病理学专业技术任职资格，并有 5 年以上病理阅片诊断经历。

至于病理科内的病理技师，只能负责病理技术工作，不得出具病理诊断报告，因为《执业医师法》第二十一条规定，诊断行为，包括病理诊断行为，均属于医疗行为。而没有医师资质，不能从事医疗行为与医疗活动。

3.7 一份惹来麻烦的病历

【医案寻踪】

绍某(女性，78 岁)系一位因晚期肺部肿瘤合并肺内感染入院的患者。该患者于2004 年5 月5 日入院，2004 年5 月30 日死亡。期间经历了多次病情变化，先后组织2 次抢救治疗。可以说为其实施医疗救治的某医院已经尽到义务了。尽管如此，患者死亡后两个月不到，几名患者子女就跑到医院要求赔偿。他们声称，患者仅仅因为患了感冒住到医院病房里，没想到越治越重，最后竟然被医生给害死了。理由竟然是患者生前氯化钾使用的剂量过大!

果真如此吗?

绍某入院时的病情已经很严重，这是一个不争的事实，整个住院期间患者的病情始终没有好转的迹象，相反由于晚期肺癌的原因，各个系统和脏器功能低下，尤其是呼吸系统。针对肺内感染，经治医生采取了多种措施，予以抗感染、平喘、减轻心脏负荷及对症治疗，但是收效甚微。后期出现各脏器衰竭，水、电解质紊乱以及酸碱失衡等变化，住院期间经历了2 次抢救，但是最终死亡的结局无法逆转。患者的死亡诊断是：慢性支气管炎合并肺内感染，肺气肿，心功能三级，右肺中心型鳞癌晚期，冠心病，直接死因系呼吸衰竭、循环衰竭而死亡。至于“氯化钾使用过量”问题，实际上是该医院组织全院内科系统专家会诊时专家们的会诊意见，当时患者的血钾偏高，专家提示经治医生注意调整氯化钾的输入量，当时恰巧患者的一个女儿在场，所以事后抓住这个“问题”不放手!

患者家属不久将本起争议诉至法院，庭审时出人意料地正式提出申请，要求对被告书写的病历进行笔迹鉴定。原告方对病历的许多内容提出了鉴定请求，包括有关“知情同意书”上的患方签名是否伪造；部分病程记录内容；各种化验单上的笔迹；“临时医嘱单”上的护士签字等。问题出来了：多位护士在同一张“临时医嘱单”上的签字竟是同一人的笔迹!原告方得到这一鉴定结论后如获至宝，尽管被告的相关医务人员多次试图解释：“临时医嘱单”是电脑事后一次性打印出来的，时间跨度从一天到几天甚至十几天不等，打印出来的当时许多曾经执行过医嘱的护士均不在场，因此由一位在场护士代签名。但是原告根本不予理睬，相反，抓住一点不及其余，尽其所能向主审法官及法院施加压力。最终被告在不得已的情况下，无奈地接受了法院主持的调解结果，对原告的诉求作了一定程度的让步，给付了补偿金。

【医案评说】

本例之中的相关医务人员看似很无辜，因此对法院处理的这一纠纷案件的结果，始终耿耿于怀，不肯接受。不可否认的是在绍某入院接受治疗的整个医疗活动中，该医院的医疗行为并没有违反诊疗规范之处，但是笔迹鉴定的结果：一张本应由多个护士各自签名的“临时医嘱单”上，我们竟然看到由其中的唯一一名护士代签，并一签到底。这件事情如果发生在十余年前，也许可能说得过去；但是在当今的依法行医的大环境之中，无论如何是行不通的。因为我们现在的医疗行为是在越来越严格的法律制度框架下进行的。国家卫生部早在2002年就颁布了《病历书写基本规范(试行)》，2010年1月22日再次修订了《病历书写基本规范(试行)》，正式颁布《病历书写基本规范》（卫医政发〔2010〕11号）。

结合本例争议的核心，该规范第八条明确规定，“病历应当按照规定的内容书写，并由相应医务人员签名。”无须多言的是，按照该规范第十六条，“住院病历内容包括住院病案首页、入院记录、病程记录、手术同意书、麻醉同意书、输血治疗知情同意书、特殊检查(特殊治疗)同意书、病危(重)通知书、医嘱单、辅助检查报告单、体温单、医学影像检查资料、病理资料等。”显然，“临时医嘱单”属于住院病历的范畴。

再来研读一下该规范第二十八条规定的内容：“医嘱是指医师在医疗活动中下达的医学指令。医嘱单分为长期医嘱单和临时医嘱单。长期医嘱单内容包括患者姓名、科别、住院病历号（或病案号)、页码、起始日期和时间、长期医嘱内容、停止日期和时间、医师签名、执行时间、执行护士签名。临时医嘱单内容包括医嘱时间、临时医嘱内容、医师签名、执行时间、执行护士签名等。医嘱内容及起始、停止时间应当由医师书写。医嘱内容应当准确、清楚，每项医嘱应当只包含一个内容，并注明下达时间，应当具体到分钟。医嘱不得涂改。需要取消时，应当使用红色墨水标注‘取消’字样并签名。一般情况下，医师不得下达口头医嘱。因抢救急危患者需要下达口头医嘱时，护士应当复诵一遍。抢救结束后，医师应当即刻据实补记医嘱。”这就是规矩，而没有规矩，不成方圆。电脑程序如果可能导致违反以上规范，那么该修改的不是规范，而是电脑程序。

我们常常会遇到这类情况：新的规则与我们的日常习惯相抵触。怎么办？我们当中的一些人会选择抱怨，抱怨之后却视而不见，依旧我行我素；然而另外一些人却在别人抱怨之声甚嚣尘上之时，细致研究这些看似不符合习惯的规则，小心翼翼地依照新规则工作了。前者的抱怨并不能算做“忧国忧民”；后者才是善于学习之人，勇于变革之人，也是有心之人，我们都要做这样的有心之人。

【法律常识】

（1）规范病历书写等相关内容的行业规范有哪些？

1982年4月7日由国家卫生部颁布了《医院工作制度》，这是迄今为止一部最全面的与医疗机构展开医疗行为有关的行业规范。

《医院工作制度》第二十五条，特别规定了“病历书写制度”，这是有关住院病历、门诊病历记录与书写的最全面最系统的规范，其中的许多原则都被在此之后的《病历书写规范》所采纳，甚至一些内容都与在后的规范几乎一字不差。

此外，在《医院工作制度》第十七条第2项、第4项中针对急诊工作制度时还提及，对于急诊医生："凡收入观察室的病员，必须开好医嘱，按格式规定及时填写病历，随时记录病情及处理经过。"对于急诊护士："按时进行诊疗护理并及时记录。"

2002年，为了配合《医疗事故处理条例》的颁布，国家卫生部首次以规范的形式发布了《病历书写基本规范(试行)》，对上述《医院工作制度》的内容进行细化规定，具有极高的操作性。

2010年1月22日卫生部在《病历书写基本规范(试行)》的基础上，进行了再次修订。现行的《病历书写基本规范》(卫医政发〔2010〕11号)被正式颁布。

(2) 现行的医疗规范对病历保管的年限有什么规定?

我国境内病历的保管年限被首次明确的时间是1994年，在国务院颁布的《医疗机构管理条例实施细则》第五十三条规定，医疗机构的门诊病历的保存期不得少于十五年；住院病历的保存期不得少于三十年。在此之前卫生部曾经在其1982年颁布的《医院工作制度》的第六条第四项中笼统而模糊地规定，"住院病案原则上应永久保存。"当然，这一"永久性保存"的规定，早已被废止了。

(3) 关于电子签名，法律上是否有明确的规定？电子签名与印章及手写签名的法律效力是否一致?

2005年4月1日颁布实施的《中华人民共和国电子签名法》，对于电子文书的签名问题有着明确的规定。按照该法第十三条的规定，电子签名同时符合下列条件的，视为可靠的电子签名："(一)电子签名制作数据用于电子签名时，属于电子签名人专有；(二)签署时电子签名制作数据仅由电子签名人控制；(三)签署后对电子签名的任何改动能够被发现；(四)签署后对数据电文内容和形式的任何改动能够被发现。"

根据《中华人民共和国电子签名法》第十四条之规定，可靠的电子签名与手写签名或者盖章具有同等的法律效力。

第4章 药事法律系列

——须臾不可分的医与药

从1984年9月20日首次颁布《中华人民共和国药品管理法》(简称《药品管理法》)开始，药事法规先于医疗法规走上了法制之路。在此之后，一系列的药事管理法律法规不断出台，而这部《药品管理法》自颁布之后也曾于2001年2月28日予以修订，并且国务院还随后颁布了《药品管理法实施条例》。2003年10月1日《中医药条例》实施，中药管理也被纳入法制轨道。

2000年7月开始，国家食品药品监督局先后在国内颁布了《药品经营质量管理规范》(GSP)、《药品注册管理办法》、《药物临床试验质量管理规范》(GCP)以及《药品生产质量管理规范》(GMP)，药品生产、经营、临床试验等药品管理的各个环节均有法可依。

国家食品药品监督局于2006年6月颁布的《药品说明书和标签管理规定》、卫生部于2007年10月制定的《处方管理办法》以及《药品不良反应报告和监测管理办法》，则是紧密联系医疗与药学在法律上的纽带。而2010年11月国家食品药品监督局制定的《药物临床试验伦理审查工作指导原则》更是临床医生必须牢记和掌握的药事法规。

至于有关医疗机构的药品采购、药事管理方面，诸如2009年卫生部等六部委制定的《进一步规范医疗机构药品集中采购工作的意见》、2011年3月卫生部颁布的《医疗机构药事管理规定》以及《医疗卫生机构医学装备管理办法》等，更是医界与药界均须遵守的行为准则。

一言以蔽之，医与药，须臾不可分也。

4.1 罗哌卡因的适用范围

【医案寻踪】

患者周某(女性，68岁)因发现阴道脱出物半年，于2009年9月18日入住某医院妇科病房。入院后的诊断为子宫脱垂。9月30日，医院为周某实施阴式子宫切除及阴道前后壁修补手术。手术顺利。但是意想不到的事情还是发生了：术后发现患者双下肢麻木、丧失知觉，双下肢无力，最终在术后6~7个小时，患者的胸腰部以下运动功能完全丧失，出现完全截瘫、大小便失禁。究竟是什么原因，致使患者术后发生截瘫呢？医院事发后曾对该患者进行了包括胸腰椎 CT 等多项检查，可以基本排除外伤致椎管内血管神经组织损害；基本排除椎管内出血的可能。按照医院的解释与分析，患者术后极有可能并发了急性脊髓炎，因此导致截瘫的发生。但是，患者及其家属完全不能接受这一解释，双方因此发生争议。几次交涉无果，患者将医院起诉至当地法院。

庭审调查发现，被告的麻醉方式是腰麻与硬膜外连续麻醉结合的方式进行的，所使用的麻醉药物是罗哌卡因。在主审法官的追问下，被告承认麻醉一开始时的确不够顺利，先后做了四次腰部穿刺。但是被告极力否认这些操作过程所使用的药物以及操作本身与手术后的脊髓截瘫有关。对于这类专业性极强的医疗纠纷案件，法院最终选择了委托专业机构——医学会，进行医疗事故技术鉴定。历时两年先后由当地市及省医学会组织了两次鉴定。尽管对本例是否应当列为医疗事故一事观点不同，但是针对医生选择罗哌卡因为患者实施腰-硬膜外联合麻醉，结论是一致的：认为医方在麻醉过程中所使用药物——罗哌卡因——违反了现行《药典》的规定，属于超越药品使用范围用药。按照最新《药典》的规定以及罗哌卡因的使用批文中的该药品使用范围一节，罗哌卡因只能用于硬膜外连续麻醉。本例之中罗哌卡因用于椎管内麻醉，显然不符合《药典》的规定。

【医案评说】

在研讨这一争议案件时，该医院麻醉科人员对用药之中是否存在瑕疵、患者的截瘫与椎管内使用罗哌卡因是否有关，有着激烈的言词，他们认为，罗哌卡因这种药物，早已经不是什么新的麻醉药物，学术界有很多文章在探讨罗哌卡因的实际用途与用法。一句话，按照一些文章的观点，罗哌卡因完全可以用于椎管内麻醉，即腰麻。事实上该医院就有一些不适于全身麻醉的患者，选择腰-硬膜外联合麻醉，麻醉的过程并没有引起神经系统损伤，导致诸如麻木感、感觉丧失以及运动功能丧失的后果。按照他们的观点，《药典》的规定，略显陈旧，不应作为本案的涉案药物如何使用的法律依据。持这一观点的人员不在少数。

让我们共同回顾一下源自《药品管理法》的药品临床使用的规定。

《药品管理法》第三十二条规定，“药品必须符合国家药品标准。中药饮片依照本法第十条第二款的规定执行。国务院药品监督管理部门颁布的《中华人民共和国药典》和药品标准为国家药品标准。国务院药品监督管理部门组织药典委员会，负责国家药品标准的制定和修订。”这一条款明确了《药典》的法律地位，违反《药典》即违反《药品管理法》。《药品管理法》第四十八条规定，“禁止生产（包括配制，下同）、销售假药。有下列情形之一的，为假药：（一）药品所含成分与国家药品标准规定的成分不符的；……（六）所标明的适应症或者功能主治超出规定范围的。”显然药品的“适应症”与药品的“功能主治范围”均属于《药品管理法》限定于调整的法定范围。超范围用药甚至被上升为“假药”考虑，这不能不引起临床医生的注意。2007年2月14日国家卫生部颁布的《处方管理办法》第六条明确规定，“处方书写应当符合下列规则：……(九)药品用法用量应当按照药品说明书规定的常规用法用量使用，特殊情况需要超剂量使用时，应当注明原因并再次签名。”

实际上，《药典》没有把罗哌卡因列为椎管内使用的药物，还是有其药理学依据的。在硬膜外使用罗哌卡因时，由于该药具有明显的血管收缩作用，尚且不能与肾上腺素合并使用，可想而知，一旦该药物用于椎管内，其明显的血管收缩作用会依旧存在。也就是说椎管内使用罗哌卡因，其安全性无法得到有效保证。

那么，本例在罗哌卡因用药后是否会导致椎管内用药区域血管发生持久性痉挛，最终导致脊髓缺血性损害的发生并促成截瘫呢？

本例患者术后发生截瘫的临床医学原因，不外乎以下几种，其中既包括在术后偶合患有另一种内科疾病，如急性脊髓炎，也包括医疗失误导致的，诸如：①穿刺针或置管不当导致的直接神经组织损伤；②与注入药物的毒性有关；③感染；④缺血性原因；⑤血肿或肿物引起的压迫导致的脊髓损伤等。“偶合性疾病”，最常见的是椎管内肿瘤或转移癌，其次为脊髓结核、椎间盘突出、椎管狭窄、脊髓空洞症、艾滋病等，或者硬膜外腔原有血管瘤，因麻醉穿刺而破裂、形成巨大的硬膜外血肿，导致并发症。令人遗憾的是这些只能作为临床医生鉴别诊断时考虑，明确诊断仍需要来自客观检查的证据。作为医方，既寻找不到发生截瘫的真正原因，又无法证明椎管内使用罗哌卡因的合法性，最终只能由法院来推定民事责任成立、应予赔偿了。

在法院，从审判的角度，由于该医院违反《药品管理法》在先，法官已经无须确认导致截瘫的真正的客观原因，就可以进行裁判了，至于判决结果，当然对该医院不利。

【法律常识】

有关药品适用范围的法律规定有哪些？

《药品管理法》第五十四条规定，“药品包装必须按照规定印有或者贴有标签并附有说明书。标签或者说明书上必须注明药品的通用名称、成分、规格、生产企业、批准文号、产品批号、生产日期、有效期、适应症或者功能主治、用法、用量、禁忌、不良反应和注意事项。”按照这一规定，作为药品，其适应症、功能主治、用法、用量等都是不可随意变更的，否则即为违法——违反了《药品管理法》。

自2006年6月1日起施行的《药品说明书和标签管理规定》第九条规定，“药品说明书应当包含药品安全性、有效性的重要科学数据、结论和信息，用以指导安全、合理使用药品。药品说明书的具体格式、内容和书写要求由国家食品药品监督管理局制定并发布。”也就是说，药品说明书应当经过审批合格之后，方可发布，而且一经发布不得随意改动。对于某些药品的说明书确需修改的，应当向国家药监部门及时提出申请。同时，根据药品不良反应监测、药品再评价结果等信息，国家食品药品监督管理局也可以要求药品生产企业修改某些药品的说明书。药品说明书获准修改后，方可按照要求及时修改药品说明书。这也说明了，药品使用必须严格控制在使用说明书规定的范畴之内。

按照 2007 年 5 月 1 日起施行的《处方管理办法》第六条的规定，处方书写规则之中也包括，药品名称应当使用规范的中文名称书写，没有中文名称的可以使用规范的英文名称书写；医疗机构或者医师、药师不得自行编制药品缩写名称或者使用代号；书写药品名称、剂量、规格、用法、用量要准确规范。

4.2　阿伐斯汀能用于临床吗？

【医案寻踪】

某医院地处城北，是一家大型眼科专科医院。由于邻近当地政府设立的欧盟经贸区，因此经常有一些外籍人士寻医就诊。2009 年 6 月的一天，一位德籍工程师霍夫曼（男性，56 岁）在工作时眼部意外受伤，被紧急送至该医院。经近 2 个星期的积极救治，其眼球结构及视力功能得以保留。病情平稳后，该医院又对患者进行了细致的体检，发现患者存在双眼黄斑变性的病症，建议患者尽早治疗。霍夫曼出院后很感谢医院对他的治疗，对这家医院充满了信任。几个月后霍夫曼再次来到这家医院，说明来意，希望在这治疗双眼的黄斑变性。原来，霍夫曼伤愈后回国休假去了。在回到德国的时间里，霍夫曼多次在德国国内的医院就诊，这些医院对霍夫曼在中国医院的眼外伤救治都给予了高度评价，并且多家医院也均诊断出霍夫曼患有双眼“黄斑变性”疾病。由于这种疾病的治疗周期长，加之霍夫曼在中国的项目时间紧急，霍夫曼决定还是前往中国治疗眼疾。于是，他就回到了身处城北的这家医院。入院后，医院组织专家再次对霍夫曼进行了检查，并制定了完善的诊疗方案。霍夫曼提出能不能使用一种来自德国的药物阿伐斯汀（Avastin），医院很重视患者霍夫曼的意见，很快找到 Avastin 的详细资料，这是一种尚未获得国内进口药品注册的国外药物。但是国内已有见诸专业杂志的科研文章。我们医院能否使用呢？经征求医院的法律顾问，律师给出的意见是不宜使用，理由很简单，根据《药品管理法》，国外药品进入中国必须依法办理药品进口注册，否则即视为假药。如果的确有使用的必要，可以作以下变通：根据《药品管理法》第三十九条的规定，“医疗单位临床急需或者个人自用进口的少量药品，按照国家有关规定办理进口手续。”医院采纳了法律顾问的意见，为霍夫曼使用该药办理了特别手续。余下的时间里，霍夫曼又在该医院度过了一段难忘的时光。经多方努力、综合治疗，他的双眼病情得到了有效的治疗，痊愈出院。

【医案评说】

药物的分子式是没有国界的，但是一旦被称为“药品”并运用于临床患者，它就是有国界、有国籍、有身份的了。前文提到的 Avastin 就是这样一种药物，注意不是“药品”！因为它迄今为止并没有获得中华人民共和国国家药监局的审批与注册，不管它在国外是否获准上市并应用于临床。

那么，能否在我国国内使用这类源自国外的药物呢？

显然，这既不是一个医学探索问题，也不是如何满足某些患者的诊疗需求的问题，而仅仅是一个简单的法律问题。因为早在 2001 年由全国人大常委会制定并颁布的《药品管理法》，对于境外药物就已经作出了极为明确的规定。该法第三十九条规定，“药品进口，须经国务院药品监督管理部门组织审查，经审查确认符合质量标准、安全有效的，方可批准进口，并发给进口药品注册证书”。“医疗单位临床急需或者个人自用进口的少量药品，按照国家有关规定办理进口手续。”在其第四十条之中规定了具备药品身份、作为药品进口的国外药物，“必须从允许药品进口的口岸进口，并由进口药品的企业向口岸所在地药品监督管理部门登记备案。海关凭药品监督管理部门出具的‘进口药品通关单’放行。无进口药品通关单的，海关不得放行。”可见管理之严格。该法第四十八条明确规定，“禁止生产(包括配制，下同)、销售假药。”并且该条款还以分列的形式规定了什么是假药。“有下列情形之一的，为假药：(一)药品所含成分与国家药品标准规定的成分不符的；(二)以非药品冒充药品或者以他种药品冒充此种药品的”。“有下列情形之一的药品，按假药论处：(一)国务院药品监督管理部门规定禁止使用的；(二)依照本法必须批准而未经批准生产、进口，或者依照本法必须检验而未经检验即销售的；(三)变质的；(四)被污染的；(五)使用依照本法必须取得批准文号而未取得批准文号的原料药生产的；(六)所标明的适应症或者功能主治超出规定范围的。”上述条款当中所提及的“依照本法必须批准而未经批准生产、进口，或者依照本法必须检验而未经检验即销售的”，就是指向那些未经批准进口的境外药物。很显然，国家立法的初衷，是为了保护我们的国民免受来自国外的无效甚至有毒、有害药物的侵害，保护人民群众的身体健康。

为了具体实施进口药品的管理国家食品药品监督管理局自 2007 年 7 月颁布的《药品注册管理办法》中第十一条明确规定，“药品注册申请包括新药申请、仿制药申请、进口药品申请及其补充申请和再注册申请。”在该办法第六章，还特别规定了进口药品的申报与审批程序(第八十四条至一百零四条)。按照我国法律规定之中的属地管辖原则，即便是外国人，并且其所在国之中某种药物已经获得了临床使用许可，在中国境内，作为医生依然不能在该患者身上使用该药物。

2010 年秋季在上海市的一些医院，确有一些眼科患者注射国外药物(注意仅仅为国外药物，而非获得准许及注册的“进口药品”)后出现不良反应的事件。

该事件的风波中心就是“阿伐斯汀”。尽管事发后一些利益相关人士极力为该源自国外的药物辩解，声称该药作为试验性药物已经获准在国内的医疗机构用于临床试验；并且，他们还强调，该药物作为治疗直肠癌的抗肿瘤用药，已经获得国家进口药品的审批。但是必须注意到，作为眼科用药，“阿伐斯汀”迄今为止尚未获得许可，作为进口药品应用于临床。一旦发生该药物的不良反应，患者因此发生人身损害的后果，使用该药物的医疗机构将面临严重违反《药品管理法》的情形，并将陷入极为不利的境地。发生在上海的事件已经证明了这一点。

【法律常识】

（1）《药品管理法》等法律规定的“假药”指的是什么？

《药品管理法》规定，禁止生产、配制及销售假药。所谓假药，指的是：“（一）药品所含成分与国家药品标准规定的成分不符的；（二）以非药品冒充药品或者以他种药品冒充此种药品的。”以下六种情形之一，按假药论处：“（一）国务院药品监督管理部门规定禁止使用的；（二）依照本法必须批准而未经批准生产、进口，或者依照本法必须检验而未经检验即销售的；（三）变质的；（四）被污染的；（五）使用依照本法必须取得批准文号而未取得批准文号的原料药生产的；（六）所标明的适应症或者功能主治超出规定范围的。”

（2）我国境内有关进口药物管理的法律制度有哪些？

《药品管理法》第三十八条规定，“禁止进口疗效不确、不良反应大或者其他原因危害人体健康的药品。”这是进口药物的核心原则。有关药品进口的程序，该法规定，进口药品须经国务院药品监督管理部门组织审查，经审查确认符合质量标准、安全有效的，方可批准进口，并发给进口药品注册证书。对于某些医疗单位临时性的临床急需或者个人自用进口的少量药品，按照国家有关规定办理进口手续。按照该法规定，药品必须从允许药品进口的口岸进口，并由进口药品的企业向口岸所在地药品监督管理部门登记备案。海关凭药品监督管理部门出具的“进口药品通关单”放行。无“进口药品通关单”的，海关不得放行。口岸所在地药品监督管理部门应当通知药品检验机构，按照国务院药品监督管理部门的规定，对进口药品进行抽查检验。对于一些特殊的进口药品，该法规定在销售前或者进口时，由指定的药品检验机构进行检验，检验合格获准进口及销售；如检验不合格，则不得销售或者进口：（一）国务院药品监督管理部门规定的生物制品；（二）首次在中国销售的药品；（三）国务院规定的其他药品。还有，对于已经获准生产或者进口的药品，由相关部门组织调查，对疗效不确、不良反应大或者其他原因危害人体健康的药品，撤销批准文号或者进口药品注册证书。那些已被撤销批准文号或者进口药品注册证书的药品，不得生产或者进口、销售和使用，已经生产或者进口的，由当地药品监督管理部门监督销毁或者处理。

(3) 进口药物如何完成申报与审批，成为可以在境内上市的药品?

按照2007年10月1日起施行的《药品注册管理办法》第六章的规定，申请进口的药品，应当获得境外制药厂商所在生产国家或者地区的上市许可；未在生产国家或者地区获得上市许可，但经国家食品药品监督管理局确认该药品安全、有效而且临床需要的，可以批准进口。申请进口的药品，其生产应当符合所在国家或者地区药品生产质量管理规范及我国《药品生产质量管理规范》的要求。申请进口药品注册，应当填写“药品注册申请表”，报送有关资料和样品，提供相关证明文件，向国家食品药品监督管理局提出申请。由国家食品药品监督管理局对申报资料进行形式审查。国家食品药品监督管理局可以组织对其研制和生产情况进行现场检查，并抽取样品。国家食品药品监督管理局药品审评中心应当在规定的时间内组织药学、医学及其他技术人员对申报资料进行审评，必要时可以要求申请人补充资料，并说明理由。国家食品药品监督管理局药品审评中心依据技术审评意见和样品检验结果等，形成综合意见，连同相关资料报送国家食品药品监督管理局，国家食品药品监督管理局依据综合意见，作出审批决定。符合规定的，发给“药物临床试验批件”；不符合规定的，发给“审批意见通知件”，并说明理由。临床试验获得批准后，申请人应当按照有关要求进行试验。临床试验结束后，申请人应当填写“药品注册申请表”，按照规定报送临床试验资料及其他变更和补充的资料，并详细说明依据和理由，提供相关证明文件。国家食品药品监督管理局药品审评中心应当在规定的时间内组织药学、医学及其他技术人员对报送的临床试验等资料进行全面审评，必要时可以要求申请人补充资料，并说明理由。最后，由国家食品药品监督管理局依据综合意见，作出审批决定。符合规定的，发给“进口药品注册证”；不符合要求的，发给“审批意见通知件”，并说明理由。申请进口药品制剂的，还必须提供直接接触药品的包装材料和容器合法来源的证明文件、用于生产该制剂的原料药和辅料合法来源的证明文件。

(4) 国家卫生部对《医疗机构管理条例实施细则》有关“使用假药劣药蒙骗患者”条文解释的复函的具体内容是什么?

国家卫生部确于1999年2月26日针对浙江省绍兴市卫生局的来函，发布批复，具体内容如下：

药品是特殊商品，销售假药、劣药的行为将严重损害患者的生命健康，应该严厉查处。在诊疗活动中，已经知道或应该知道药品为假药、劣药，仍购进、存放的，不管是否已经销售给患者，均应按“使用假药、劣药蒙骗患者”查处。“已经知道”，是指有证据证明行医者故意购销假药、劣药的情形，“应该知道”，是指行医者按照其职责应该且能够鉴别药品为假药、劣药的情形，如未取得批准文号而生产的药品、变质不能药用的药品、被污染不能使用的药品、超过有效期的药品或卫生部规定的其他情形。

4.3　一瓶过期的生理盐水

【医案寻踪】

赵某（男性，51 岁）在一次工伤事件中腹部遭受锐器伤，伤后被紧急送往当地一家医院，经影像学检查发现膈下存在游离气体，初步考虑为“腹部外伤，胃、肠脏器损伤?”医院的普外科医生们决定立即对其进行剖腹探查。果然，手术当中发现患者腹部体表的创口直达胃部，并且几乎贯穿整个胃部。手术医生为患者实施了胃部修补术。慎重起见术者又对腹部进行了细致的探查，未见其他部位损伤，局部冲洗后，关腹，手术结束。患者术后恢复良好。由于系上消化道损伤，患者术后插有胃管，进行胃肠减压。“胃肠减压”，就是利用负压吸引的原理，经鼻腔、咽部食管插入一根胃管，另一端连着负压吸引机，将胃肠道积聚的气体和液体吸出，以降低胃肠道内压力，改善胃肠壁血液循环，有利于炎症的局限，促进伤口的愈合和胃肠功能的恢复。胃肠减压一般手术后持续使用 24 ~ 48 小时。胃肠减压作为一种辅助治疗措施，广泛用于腹部外科，诸如肠梗阻、胃肠穿孔胃肠道手术等。显而易见，胃肠减压中实现负压吸引是目的，而胃管通畅则是关键。护理上，为保证胃管的畅通，维持有效负压，就需要定时冲洗胃管，一般来讲，每隔 2 ~ 4 小时用生理盐水 10 ~ 20 毫升冲洗胃管一次，以保持管道通畅。本例患者赵某术后就是如此。经过血淋淋的意外伤害，又加上急诊手术，赵某已经是心惊胆战了。所以无论是换药还是输液，都非常配合医生和护士的治疗与处置。很快，护士又到了该进行胃管冲洗的时间了。恰巧该病区几天前清理临床用药，有几瓶刚刚过期的生理盐水被换下来。为了避免浪费，护士长嘱咐护士们，这些过期的盐水可以用在外伤伤口冲洗和胃管冲洗上。于是护士穆某就拿着这瓶刚刚过期的生理盐水给患者赵某冲洗胃管。操作完毕将这瓶盐水瓶遗留在患者的床头柜上。这个细节被前来探视的赵某的妹妹发现了，她举着这瓶刚刚用过的生理盐水找到操作护士并大声质问，为什么给病人使用已经过期的药品？这么做会造成患者感染的！难道仅仅因为他是一位普通患者吗？包括那位操作护士、护士长乃至为赵某实施手术科室的主任都感到很不解，差不多都简单地告诉家属：生理盐水即使过期了也不影响冲洗胃管时使用，我们临床一直是这样用的。因为胃管冲洗不需要严格无菌，矿泉水甚至白开水都可以，既不会造成感染也不会有其他问题，你们家属多虑了。总之，谁也没有在意这位陪护人员的责问，而且，谁也不曾料到事件会发展到后来的样子，难以收拾。赵某的妹妹当然不满意这样的答复，恰巧她就是当地电视台食堂里的一名工作人员，自然认识很多记者。她决定做点事情。

第二天，当地电视台一档早间新闻中，一条新闻让这家医院的所有人至今历历在目：某医院违法使用过期药品，即劣药，属于违法行为……

【医案评说】

没想到这么一件小事竟然会被曝光，这让该医院所在科室大惑不解。该科的科主任和护士长向医院领导汇报这件事情时，觉得满腹委屈。不过医院的法律顾问对此却不这么看。法律顾问认为，媒体认定过期生理盐水为“劣药”，这一判断符合法律规定。按照《药品管理法》第四十九条有关劣药的规定，药品一旦超过有效期，其法律上的属性就会发生质的变化——由“药品”演变为“劣药”。在本例中，即便是将过期仅仅数日的生理盐水用做作胃管冲洗，从医学理论层面似乎并无不妥，但是既然《药品管理法》有着明确的规定，无论任何药品，只要过期，即为“劣药”，而劣药又是严格禁止临床使用的。在这里，法律规定是大前提，是谁都不能违反的“红线”，违反法律禁止性规定，即行为过失。医院法律顾问的意见与医院领导的意见不谋而合。科室的几个人本来准备好的一肚子话，只能痛苦地咽回去了。也许，这些长期在临床一线工作的医护人员，真得花点时间去调整原有的思维定势了——依法行医，而不是按照老规矩办。

由于本例患者很快康复，加之事后所在科室医务人员与患者及时、有效的沟通，并对患者住院费用给予了适当减免，所以，尽管住院期间发生了上述媒体曝光事件，最终双方之间的争议还是迅速解决了。

【法律常识】

（1）什么是“劣药”？“劣药”的认定标准是什么？

按照《药品管理法》第四十九条的规定，所谓劣药，指“药品成分的含量不符合国家药品标准的”。“有下列情形之一的药品，按劣药论处：（一）未标明有效期或者更改有效期的；（二）不注明或者更改生产批号的；（三）超过有效期的；（四）直接接触药品的包装材料和容器未经批准的；（五）擅自添加着色剂、防腐剂、香料、矫味剂及辅料的；（六）其他不符合药品标准规定的。”总之，以上列举的任何一项的事实存在，均可被认定为劣药，当然也包括本例案件中的情形。

（2）生产、销售（含临床医生使用）劣药的法律后果与责任是什么？

按照《药品管理法》第七十五条的规定，生产、销售劣药的，没收违法生产、销售的药品和违法所得，并处违法生产、销售药品货值金额一倍以上三倍以下的罚款；情节严重的，责令停产、停业整顿或者撤销药品批准证明文件，吊销“药品生产许可证”、“药品经营许可证”或者“医疗机构制剂许可证”；构成犯罪的，依法追究刑事责任。该法第七十六条还规定，从事生产、销售假药及生产、销售劣药情节严重的企业或者其他单位，其直接负责的主管人员和其他直接责任人员十年内不得从事药品生产、经营活动。甚至，对生产者专门用于生产假药、劣药的原辅材料、包装材料、生产设备，也要予以没收。对于那些知道或者应当知道属于假劣药品而为其提供运输、保管、仓储等便利条件的，没收全部运输、保管、仓储的收入，并处违法收入百分之五十以上三倍以下的罚款；构成犯罪的，依法追究刑事责任。

4.4　非正常渠道进药

【医案寻踪】

患者刘某(女性，61 岁)，系乳腺单纯癌患者，2002 年 10 月 25 日首次被某医院确诊，并开始接受 CAF 方案化疗，后改为 MHP 方案治疗，期间，间断于化疗期住院治疗。2003 年 5 月 12 日为巩固治疗，刘某再次到该医院住院化疗，5 月 22 日化疗结束出院。出院后不久出现恶心、呕吐、腹泻等症状，因此于 5 月 25 日再一次住院。入院后查 WBC，GRAM，HGB，PLA 后，医生给予对症支持治疗，患者症状缓解，但是其白细胞总数则持续下降，急需一种增加白细胞的药品(俗称“升白药”)——白介素-Ⅱ——静脉使用。不巧的是医院原有的库存白蛋白已经用尽，当时医院恰逢非典最为严峻的时期，原有的药品流通渠道由于非典肆虐的原因，不再畅通无阻，各个医药公司都在奉命参与非典防治工作，甚至这家医院也抽调了接近四分之一的医务人员分派到机场、火车站、汽车站以及当地集中设立的非典患者隔离救治中心工作，医院处于突发灾难的应急状态。白介素-Ⅱ在这家医院已经断供一段时间了。患者焦急，患者家属焦急，医生更是着急，适时地补充白蛋白有助于延长患者的生命，至少会支撑患者再存活一段时间。怎么办呢？如果通过医院申请购入，至少得等上好几天，可是患者的病情等不得。经治医生李某突然想到了自己的一位朋友郑某正是一家生产此类药品的药厂工作人员，他还曾经对外推广过这类白介素-Ⅱ制剂，问问他也许可以解决问题。果然，他的朋友回复了一个令人兴奋的消息，某药厂设在当地的药库之中存有这种药品！很快，数支白介素-Ⅱ药剂被药品厂家的工作人员直接送到了病房，送到了患者身边，并且仅仅按照药品的出厂价卖给了患者。患者和患者家属对此千恩万谢，感激之情挂在脸上。不巧的是在用到第三瓶时患者出现输液反应，只得暂时停止了白介素-Ⅱ的用药。几天后，患者病情出现明显恶化，合并肺内感染，尽管医院的医生作出了多方努力，患者还是没有摆脱肺癌的病魔，6 月 2 日，患者死亡。

患者的儿子钱某在病人死后一反常态，对曾经表示过谢意的经治医生李某来了个翻脸不认人，将她投诉到医院。患者儿子钱某声称，正是静脉输入了白介素-Ⅱ才导致患者发热，过敏死亡的。医院必须作出赔偿。经治医生李某拿出这些药品中尚存的几瓶药品，对照外包装和使用说明书，对他进行了细致、耐心的解释，医院也对钱某进行了正式答复。然而解释、答复无效。患者一纸诉状将医院告上法庭。与此同时，他还将医院的用药经过投诉至药监部门，要求药监部门对医院违反程序用药进行处罚。药监局经过核查，针对患者所用之白介素-Ⅱ未按正常渠道进药一事，很快作出了处罚决定。处罚的依据是，该事件中药品生产厂的郑某及经治医生李某违反了《药品管理法》第三十四条及第七十三条的规定，系违规进药。

患者事后拿着这一行政处罚决定连同其他证据，将该医院起诉至当地法院。本案庭审期间历经省、市医学会鉴定，结论均为不构成医疗事故，因此一审在此基础上作出了判决，驳回了原告的诉讼请求。原告没有上诉，一审判决随即生效。

到了2008年初，医院突然接到一审法院再审的通知，十分不解。原来患者儿子钱某，从2007年下半年开始四处上访哭诉，这一次主要上访的对象是原审法院，上访的理由无外乎被告医院已经违反《药品管理法》非法进药、非法使用药品导致患者药物过敏死亡等。于是，法院启动再审程序。再审判决对案件事实没有新的变更，仅仅是突出了被告医院存在白介素-Ⅱ药品违规进药的情形，法院最终作出了由原审被告“一次性给付原审原告经济补偿费××元”的不利于医院的判决。

【医案评说】

对于本例纠纷，当时就有许多知情的医务人员对药监机关的处罚以及法院的再审判决坚决不认可，甚至也想过，要去申诉。大家认为，当时正值非典肆虐、暴发的特殊时期，即便存在由厂家直接销售给患者的情况，看似销售环节违反了《药品管理法》以及《药品经销管理规范》，也应当予以免责。更何况该患者直接死因系呼吸、循环衰竭，而造成这一切的仅仅是患者长时间罹患肺癌，并且已处于晚期。极为明显，药品流通与销售的违规问题，根本不是本例患者死亡的直接原因。

的确，2008年初法院的判决无论从哪一个角度都无法令人接受，患者死亡事件的原因，在本案大量的证据面前，是一件非常清楚的事实——患者死于原发病，与医院的医疗行为无关。按法理说，本应当不构成民事侵权与民事责任。至于进药过程是否违规，药监机关已经对此作出了行政处罚。但是，法院还是基于医院的这一“行为过错”作出了民事赔偿的判决。

医生源于善意的行为，在医院药局断药的情况下，及时寻找到急需的药品，及时用药给患者，而且患者在药品价格上还享受了出厂价格，这难道不是一件小小的善举吗？最终的判决，仅仅是因为患者死在了医院吗？仅仅是患者儿子四处闹访吗？

正因如此，本案才令所有医疗行业内的知情人终生难忘。从知法、懂法、用法、守法角度看，《药品管理法》以及其他药事法律制度，同样是临床医生必须十分了解的法律知识。因为，作为医生，你必须掌握与行医有关的全部法律规则，否则一旦遭遇上述事件中的当事人，只能是欲哭无泪了。

【法律常识】

（1）有关药品的流通方式，法律是如何规定的？

《药品管理法》第二章规定了药品生产企业的权利义务，并且指出药品生产质量管理的具体准则，应当依据《药品生产质量管理规范》的具体细则实施，上述法律法规规定了药品生产企业生产药品必须具备的资质，以及软、硬件条件，药品生产是药品流通的源头。

《药品管理法》第三章规定了药品批发企业的权利义务，并且指出药品经营质量管理的具体准则，应当依据《药品经营质量管理规范》的具体细则实施，与前文对照，上述法律法规规定的是药品经营企业批发、销售药品必须具备的资质以及软、硬件条件，这是药品出厂进入流通领域的核心环节。与医疗紧密相关的是，按照《药品管理法》第十四条的规定，开办药品批发企业，须经企业所在地省、自治区、直辖市人民政府药品监督管理部门批准并发给“药品经营许可证”；开办药品零售企业，须经企业所在地县级以上地方药品监督管理部门批准并发给“药品经营许可证”，凭“药品经营许可证”到工商行政管理部门办理登记注册。无“药品经营许可证”的，不得经营药品。显然药品生产厂不具有药品批发、销售资质，它只能履行并完成将药品批发给药品经营企业的行为。该法第三十四条就此还规定，药品生产企业、药品经营企业、医疗机构必须从具有药品生产、经营资格的企业购进药品。就本例案件，当事医务人员个人以及药厂的工作人员都不具备上述经营与销售许可，因而违规。《药品管理法》在其七十三条之中，还规定了罚则，即“未取得‘药品生产许可证’、‘药品经营许可证’或者‘医疗机构制剂许可证’生产药品、经营药品的，依法予以取缔，没收违法生产、销售的药品和违法所得，并处违法生产、销售的药品(包括已售出的和未售出的药品，下同)货值金额二倍以上五倍以下的罚款；构成犯罪的，依法追究刑事责任。”

（2）有关药品研制、生产、经销领域有哪些现行法律规范？

①《药品临床试验管理规范》，主要是规范药品临床试验全过程的标准规定，其目的在于保证临床试验过程的规范，结果科学可靠，保护受试者的权益并保障其安全。在我国引入、推动和实施《药品临床试验管理规范》已经有近十年的时间。1998 年 3 月 2 日卫生部颁布了《药品临床试验管理规范(试行)》；国家食品药品监督管理局成立后对该规范进行了进一步的讨论和修改，于 2003 年 9 月 1 日起正式实施。《药物临床试验管理规范》是药物临床试验全过程的标准规定，包括方案设计、组织实施、监查、稽查、记录、分析总结和报告。《药品临床试验管理规范》简称 GCP，即英文的 Good Clinical Practice 的缩写。

②《药品生产质量管理规范》是药品生产和质量管理的基本准则，适用于药品制剂生产的全过程和原料药生产中影响成品质量的关键工序。大力推行《药品生产质量管理规范》，是为了最大限度地避免药品生产过程中的污染和交叉污染，

降低各种差错的发生，是提高药品质量的重要措施。《药品生产质量管理规范》简称 GMP，是英文 Good Manufacture Practice 的缩写。

③《药品经营质量管理规范》是指在药品流通过程中，针对计划采购、购进验收、贮存、销售以及售后服务等环节制定的保证药品符合质量标准的一项管理制度。其核心是通过严格的管理制度来约束企业的行为，对药品经营全过程进行质量控制，保证向用户提供优质的药品。《药品经营质量管理规范》简称 GSP，即英文的 Good Supplying Practice 的缩写。

4.5 多用了半瓶药

【医案寻踪】

“三查七对，细致认真”，可以说是挂在所有护士长嘴上的口头禅，即便如此，还是避免不了个别护士忙中出错。有时候一件不起眼的药品使用上的小差错，竟然会带来巨大的烦恼！

2010 年 9 月的一天，某医院的门诊观察室来了一位陈旧性脑血栓患者郭某（女性，68 岁），患者 6 个月前因突发右下肢轻度瘫痪，被诊断为脑血栓，本次住院主诉右下肢症状略感加重，就诊后经脑部 CT 检查与此前的 CT 片相比，梗塞灶没有明显的进展，为慎重起见，医生还是建议她住院治疗。但是，出于经济上的考虑，患者家属及本人均希望在门诊打几天点滴，治一治脑血栓。就这样，医生为患者郭某开具了抗凝剂低分子肝素、中药制剂丹参川芎嗪注射液静滴，并加用口服抗血小板聚集药物阿司匹林等。患者随即在其儿子、女儿轮流陪护下，在门诊打了几天点滴。这天下午患者在其女儿的陪同下，再次来到该医院门诊输液。郭某先滴完了“丹参川芎嗪注射液”，紧接着开始输低分子肝素。下午五点多钟，大约点滴了一个小时，液体快点滴完了，患者呼叫护士处理，接班护士又拿来一瓶“丹参川芎嗪注射液”并给患者再次输上。不久患者下午陪护的女儿从外面回来，这才发现多输了这瓶“丹参川芎嗪注射液”！事后，郭某的女儿立即找来值班护士和医院的值班护士长，要求医院解释为什么给患者错滴了半瓶药！值班护士长、值班医生都对此表达了歉意，并愿意倾听患者有什么要求，家属显得得理不饶人，坚持医院必须为多输进去的这半瓶丹参制剂，写一份保证，今后她母亲发生任何身体变化医院都要负责，否则就在医院住院不走了！当班的医院总值班领导通过电话向几天前给她看病下医嘱的医生了解情况，原来患者坚持不住院而在门诊用药，医生就考虑到了患者的年龄以及输液后离院、不便于观察的情况，药物剂量就略偏低一些，比较保守。即便额外多输进一半的相同药物，也没有超过药品使用说明书载明的剂量最高值，不会对患者造成损害。这样的解释患者及家属根本不接受，当晚就将患者留在了医院。就这样留在医院又过了几天，患者出现发热症状，经查发现患者出现了肺内感染。医院对患者及家属进行了细致的告知，建议他们以疾病治疗为重，又先行邀请当地呼吸内科专家来院会诊，并垫付了所有留在医院发生的费用。患者家属对此不仅无动于衷，反而提出要求医院选派护理人员对患者进行24小时陪护。医院出于慎重考虑回绝了这一无理要求，但是在治疗上则不遗余力。就这样，患者家属让患者留在医院“坚持”了40天左右，最后患者被她的子女折磨得受不了，整天吵闹着要回家。她的儿女们终于向医院提出了一份天价的索赔单。医院始终不卑不亢，在尊重患者医疗利益的前提下，与患者的众多子女协商，双方最终同意由医院免除患者在医院期间发生的全部费用，并从关怀的角度，对患者给予了适当的补助款。

【医案评说】

就是这样一件纠纷，事后在一些医务人员看来，从事情的起因上，似乎算不了什么大事，不就是多输了半瓶丹参吗？只是本例的患者及患者家属抓住这件事小题大做而已。患者家属在与医院交涉时还提到，是药三分毒，所有的药品使用说明书上都标记着用法用量，所以，就像发射“神舟六号”一样，一分一毫都不能差！——这些都不过是患者及其家属强词夺理而已。本例真是一桩不值一提的小事儿吗？

其实并非如此！医疗纠纷无小事，药品使用更无小事！尽管从多输的“丹参川芎嗪注射液”本身的组成成分、药理作用以及临床最大剂量范围上考虑，患者多输进去的药品不会对患者产生实际影响。可是，这起事件中，多输进患者体内的是丹参川芎，这只能说是一种侥幸，如果是低分子肝素怎么办？如果是抗心衰的洋地黄类药品怎么办？如果是别人的药品错输给这位老人，又偏巧患者用药有禁忌，怎么办？作为一名医务人员，单单记住“三查七对”仅仅是知其然，而不知其所以然！

有关医疗常规的内容，本文不再赘述。以下从《药品管理法》等法律层面探讨一下这一事件。先来探讨一下一种药物转变成药品的必须经过与必备资质。按照《药品管理法》第二十九条、第三十条的规定，研制新药，必须按照国务院药品监督管理部门的规定如实报送研制方法、质量指标、药理及毒理试验结果等有关资料和样品，经国务院药品监督管理部门批准后，方可进行临床试验。药物临床试验机构资格的认定办法，由国务院药品监督管理部门、国务院卫生行政部门共同制定。而对于完成临床试验并通过审批的新药，由国务院药品监督管理部门批准，方能发给新药证书。“药物的非临床安全性评价研究机构和临床试验机构必须分别执行药物非临床研究质量管理规范、药物临床试验质量管理规范。”该法第三十一条规定：“生产新药或者已有国家标准的药品的，须经国务院药品监督管理部门批准，并发给药品批准文号；但是，生产没有实施批准文号管理的中药材和中药饮片除外。实施批准文号管理的中药材、中药饮片品种目录由国务院药品监督管理部门会同国务院中医药管理部门制定。”“药品生产企业在取得药品批准文号后，方可生产该药品。”显而易见，既然一种药物在获得药品身份之初，其合成工艺、制备工艺、药理、毒理、动物药代动力学，中药制剂原药材的来源、加工及炮制等方面的研究做了大量的工作，才可以以批文的形式固定下来，那么药品的用法用量，在临床上就应当严格遵守，一丝不苟地执行。至少本例争议之中患者家属所云，“像发射‘神舟六号’一样，一分一毫都不能差”，也不无道理。

所以，本例争议的核心内容是如何严谨、认真地对待工作、对待患者，乃至对待科学、对待法律的问题。这还是一件小事儿吗?

【法律常识】

(1) 有关药品的具体使用剂量，在法律上有什么约束性规定吗?

自2007年5月1日起实施的新的《处方管理办法》，针对药品临床用量问题有着明确的和原则性的规定。

该办法第四条规定，医师开具处方和药师调剂处方应当遵循安全、有效、经济的原则。第六条则具体规定了处方的规则，包括第四项之中的“书写药品名称、剂量、规格、用法、用量要准确规范”，以及第九项的“药品用法用量应当按照药品说明书规定的常规用法用量使用，特殊情况需要超剂量使用时，应当注明原因并再次签名。”除此之外，第三十五条还规定了药师应当对处方用药适宜性进行审核，其中第三项就包括，“剂量、用法的正确性”。该办法第三十七条还规定了药师调剂处方时必须做到的“四查十对”：“查处方，对科别、姓名、年龄；查药品，对药名、剂型、规格、数量；查配伍禁忌，对药品性状、用法用量；查用药合理性，对临床诊断。”凸显用药安全是临床用药的核心考虑。

此外在2006年6月1日由国家药监局颁布的《药品说明书和标签管理规定》当中，对药品说明书所载的药品用量同样有着明确的规定，必须遵守。该规定第三条明确，药品说明书和标签由国家食品药品监督管理局予以核准。药品的标签应当以说明书为依据，其内容不得超出说明书的范围，不得印有暗示疗效、误导使用和不适当宣传产品的文字和标志。在有关文字表述方面，该规定第五条规定，药品说明书和标签的文字表述应当科学、规范、准确。非处方药说明书还应当使用容易理解的文字表述，以便患者自行判断、选择和使用。具体涉及药品说明书的，该规定第九条明确药品说明书应当包含药品安全性、有效性的重要科学数据、结论和信息，用以指导安全、合理使用药品。药品说明书的具体格式、内容和书写要求由国家食品药品监督管理局制定并发布。此外，第十五条规定，“药品说明书核准日期和修改日期应当在说明书中醒目标示。”显然药品说明书中的任何信息与文字都是不能随意变更与修改的。

(2) 为申请药品注册而进行的药物临床前研究都包括哪些项目、内容?

按照2007年10月1日起实施的《药品注册管理办法》，其第二十一条明确例举了为申请药品注册而进行的药物临床前研究的各个项目，其中包括“药物的合成工艺、提取方法、理化性质及纯度、剂型选择、处方筛选、制备工艺、检验方法、质量指标、稳定性、药理、毒理、动物药代动力学研究等。中药制剂还包括原药材的来源、加工及炮制等的研究；生物制品还包括菌毒种、细胞株、生物组织等起始原材料的来源、质量标准、保存条件、生物学特征、遗传稳定性及免疫学的研究等。”

4.6 医院制剂——“解酒康”之乱

【医案寻踪】

厉某(男性，41岁)平素喜欢饮酒，常常喝醉，家人为此经常与其发生矛盾。2005年5月，偶然之间，厉某的妻子陈某在电视上看到了一条广告，某医院自行研制“解酒康”冲剂，饮酒后及时服用，可以解酒保肝。而且，如果平时维持服用一段时间，可以逐渐减轻直至戒除酒瘾。广告播发了一些成功案例，甚至包括，少量饮酒后，如果服用这种制剂，即使使用交警使用的酒精测试装置也可以测不出来喝了酒。这个药如果真的有效，倒可以试一试！于是陈某按照电视广告的提示，瞒着她的丈夫来到某医院，直接从该医院买了一个疗程的药物“解酒康”。回家后介绍给她丈夫厉某。厉某见妻子极力推荐，就开始按照药物外包装上的用法用量每日口服“解酒康”冲剂，由于他的妻子对他的饮酒之事看管得很紧，一个月下来喝的量似乎有些下降。不过厉某始终不敢尝试饮酒后，喝了这个“解酒康”就立马去开车。就这样，厉某已经喝了接近三个疗程，差不多有两个月的时间了。这天早晨起床，陈某突然发现，厉某的两只眼睛肿得很明显。又连着观察了几天，天天如此。到其他医院一看，检查发现肾功能异常，肌酐尿素氮都明显异常——肾功能不全。万幸的是由于治疗还算及时，肾功能幸无器质性损害遗留。经过一系列检查，肾内科的医生们初步怀疑患者的肾功能损害可能与服用了近两个月的“解酒康”有关。厉某夫妇带着不解，又一次来到制售“解酒康”的某医院进行询问，竟然被这家医院粗暴地置于门外。经过请教药师，厉某夫妇了解到，这家医院卖给他们的是一种叫做“医院制剂”的药品；而且，药师还指出，这种药品只能针对医院内的患者使用，不能变相销售。厉某将此事投诉至当地药监局。药监局很快对此事作出了处理决定。原来，某医院在原有的经过审批的医院制剂(一种用于降低转氨酶、保肝护肝的中药制剂)之中，非法大量添加一种叫做“呋喃唑酮”，俗称“痢特灵”的药物，对外宣称“解酒保肝、戒酒护肝”。这样一来，该医院制售的“解酒康”就是一种假药，属违法行为，因此遭到处罚。

厉某在药监局作出上述行政处罚不久，在当地法院起诉了某医院，并最终胜诉。

【医案评说】

如何分析与评价某医院制售“解酒康”的行为，或者说为什么该医院会遭到药监局的严厉处罚呢？

医院制剂是历史形成的一类特殊的药品。若干年之前，国内药品生产的产量极低，大量的药物无法通过为数稀少的药品生产厂生产，以满足众多患者的需求，有些及时加工出来的中药制剂还可以解决中药生产中的加工与保存的问题。所以在《药品管理法》2001年正式出台前，各个医院之中都有院内制剂。从小到一瓶脚气水，大到各种静脉输液制剂等。《药品管理法》实施后，医院制剂不再无法可依。按照该法规定，配制医院制剂须经所在地省、自治区、直辖市人民政府卫生行政部门审核同意，由省、自治区、直辖市人民政府药品监督管理部门批准，发给“医疗机构制剂许可证”。配制医院制剂须具备法律要求的硬件与软件条件；并且对所配制的医院制剂的销售、使用对象也有着严格的限制——只能用于院内患者，不得对外销售。至于某医院擅自在原有的降低转氨酶、保肝护肝的中药制剂(降转护肝冲剂)之中添加“呋喃唑酮”的行为，按照《药品管理法》第四十八条的规定，则属于生产、销售假药的行为，甚至涉嫌故意犯罪了。因为上述“降转护肝冲剂”虽然是一种医院制剂，但是其主成成分也是经过审批明确确定下来的，擅自添加新的化学成分，导致药品所含成分与国家药品标准规定的成分不符的，即为假药。《药品管理法》第二十七条规定，医疗机构的药剂人员调配处方，必须经过核对，对处方所列药品不得擅自更改或者代用。对有配伍禁忌或者超剂量的处方，应当拒绝调配；必要时，经处方医师更正或者重新签字，方可调配。

对于喜欢饮酒的人，世界上，究竟有没有解酒保肝护肝的灵丹妙药？未来也许有，但是至少现在还没有。适量饮酒无害于健康，而酗酒则等同于慢性自杀，这是尽人皆知的道理，就是在这最为简单的道理面前，总是有人心存侥幸，愿意在酒精的直接或间接的刺激与麻醉下，寻找皇帝的新装，并穿在自己的身上。这既是一些不幸的人屡屡遭受欺骗的原因，也是骗子们屡屡得手的原因所在。

【法律常识】

(1) 实现合法配制医院制剂的法律要件有哪些？

《药品管理法》第四章“医疗机构的药剂管理”第二十三条明确规定，医疗机构配制制剂，须经所在地省、自治区、直辖市人民政府卫生行政部门审核同意，由省、自治区、直辖市人民政府药品监督管理部门批准，发给“医疗机构制剂许可证”。无“医疗机构制剂许可证”的，不得配制制剂。“医疗机构制剂许可证”应当标明有效期，到期重新审查发证。该法第二十四条规定，医疗机构配制制剂，必须具有能够保证制剂质量的设施、管理制度、检验仪器和卫生条件。

(2) 对于医院制剂的种类、品种在《药品管理法》上有没有特别说明？在销

售环节有无限制？

《药品管理法》第二十五条规定，医疗机构配制的制剂，应当是本单位临床需要而市场上没有供应的品种，并须经所在地省、自治区、直辖市人民政府药品监督管理部门批准后方可配制。配制的制剂必须按照规定进行质量检验；合格的，凭医师处方在本医疗机构使用。特殊情况下，经国务院或者省、自治区、直辖市人民政府的药品监督管理部门批准，医疗机构配制的制剂可以在指定的医疗机构之间调剂使用。实际工作中医院制剂的外包装上均印有该制剂的批准文号、制剂的标准名称、生产日期及有效期等。

法律规定，“医疗机构配制的制剂，不得在市场销售。”也就说，医院制剂只能用于院内的住院患者或者门急诊当中的就医患者，对外销售即属于违法。

（3）如何甄别源自医院的中药汤剂究竟是一种非法的医院制剂，还是仅仅是帮助特定的患者代煎的一副药汤？

如果该药汤系针对特定患者的病情所开具的中药方煎制的药汤，只适合该患者服用，而不是所有患者的服用，那么这就是代煎的药汤；如果由医院药局取出的中药汤剂，并非依据医生为患者本人开具的处方配置的，而是按照一种统一不变的配方煎制的药汤，那这种中药汤，就有非法医院制剂的可能。

第5章 医疗新技术与医学伦理系列

——己所不欲，勿施于人

几年前，在和朋友们品茶谈天时，曾经聊到一个命题，那就是，“经历了数千年的人类进步了么?”如果不假思索，答案很简单，现代社会的人类已经实现了天上飞，地上跑，海上行，生活日趋便捷、舒适，所占有的物资日益丰富。这不都是进步吗？但是人类的内心与本质进步了么？变得高尚了么？

第二次世界大战刚刚烟消云散，人们从战争的惊恐中醒来，回顾战争中一幕幕医学用于非人道的触目惊心的事实，于是有了1948年的《纽伦堡宣言》。这是一部全人类对人类自身命运第一次思考。在此之后一部更加完善的《赫尔辛基宣言》于1964年公布。该宣言的全称是《世界医师协会赫尔辛基宣言》。也是由于战争期间有人残忍地进行人体医学试验(如用俘虏做活体高空试验、细菌试验、冷冻试验和克隆人试验等)而促成诞生的，这部宣言长期以来一直被看做临床研究伦理道德规范的基石。《赫尔辛基宣言》的基本核心非常简单：任何病人，包括对照组病人，都应当保证给予最佳的诊断和治疗。这部宣言创立后，不断被后来人修改完善。使得宣言承载着人类更多的希望：尊重，有利，无伤害与公正。

仅仅有一部宣言是不够的，医院内的医学伦理委员会因此产生。1987年之后我国开始探索建立医院的医学伦理委员会。现在，国内有许许多多的医院设立了这样的机构。

但是《赫尔辛基宣言》与遍布世界的医学伦理机构并没有有效阻止可怕的医学伤害事件的频频发生。例如，从1959年开始，当时的联邦德国各地出生过手脚异常的畸形婴儿。伦兹博士对这种怪胎进行了调查，于1961年就发表了“畸形的原因是催眠剂反应停”，使人们大为震惊。“反应停”是孕妇为阻止怀孕早期的呕吐症状服用的一种药物，它就是造成畸形婴儿的元凶。但是到了1962年、1963年，在世界各地如联邦德国、美国、荷兰和日本等地，仍然有人继续服用这一药物，并且诞生了12000多名这种形状如海豹一样的可怜婴儿。是什么原因让这样一起人类的灾难，人为地持续了长达4年之久呢?

还有从1935年开始，持续至1972年的美国医学家在南美洲的梅毒研究；世界范围内由黑社会作为幕后操手的人体器官买卖市场；……更多的不是医学科学发展本身带来的泥沙俱下，而是那些以新技术、新药物为名，以医学创新做旗号，行无限贪欲的滚滚阴霾……

在我国，20 世纪 80 年代到 90 年代泛滥于各大医院的药品临床试验，还有，本世纪初的几年里，在我国每年竟然有多达数千种“新药”获得上市批文！如果真是这样，那么我们的身边生存着多少位令人高山仰止的伟大的“药学家”呀！还有，令我们至今还心存惊恐的上海某医院人工心脏事件，所谓人工心脏、所谓自体干细胞移植、所谓的自体肌细胞移植，这些“尖端科技”就发生在 2004 年的上海，离我们并不遥远！

进入 21 世纪以来，在法律制度层面，我国有关新药品、新技术以及人体器官移植法规的构架已经基本形成，其中包括最先颁布的《药物临床试验质量管理规范》《人体器官移植技术临床应用管理暂行规定》《涉及人的生物医学研究伦理审查办法(试行)》《医疗技术临床应用管理办法》《药物临床试验伦理审查工作指导原则》以及相关配套的规章等。法律制度在未来能够保证医学发展不以损害某些人类个体为对价吗？能够以其“尊重、无伤害”，保障人类的基本权利吗？

恍惚间笔者突然想到了古人曾经的一句话，“己所不欲，勿施于人”，不就是这么简单的道理吗？但是做起来却极难。如果医生和患者都视对方为可以尊重、合作与信任的人，而不是追逐财产利益与健康利益的对象；都能够从内心深处约束自我，而不是被动地接受源自外部的法律制约、调整甚至想方设法规避法律制裁，我们就会做得更好。当然实现这一愿景的前提是，首先实现全人类的自我约束。这可能吗？有人说：世界上最广阔的是大海，比大海更广阔的是天空，比天空更广阔的是人的心灵。

再次面对“人类进步了么？”这样的问题，却让我们陷入深深的思索，无言以对。

5.1　新药的临床研究

【医案寻踪】

某医院是辽宁省内一家著名的精神卫生专业医院，院内仅开放病床就多达数千张，各病种的精神—心理疾病患者纷纷就治于该医院。近年来医院的临床水平不断提升，与此相伴的科研与发展课题也越来越多，已经成为医院办公会议的重要内容之一。目前，该医院正在申办国家药品临床试验机构的资质。许多科室都承担过不同品种的新药的临床研究课题。医院的医学伦理委员会的工作也在配合上述新药品、新技术等课题的研究，展开工作。

2009 年 10 月，医院接到了一项抗精神病新药的国际多中心研究项目，药物名称为 P 缓释片。P 缓释片是一种新的单胺能拮抗剂，主要通过拮抗多巴胺 D2 受体和 5 - 羟色胺 2A 受体(5HT2A)，属于非典型抗精神病药物。该药于 2007 年获得中国上市的资格。研究的目的在于评估那些对于其他药品疗效不佳，并且医生认为需要更换为P片的患者，使用该药后的疗效，并对患者的有效性、耐受性、社会功能以及症状改善情况进行评估。对于患者个体而言，一个疗程为期8周。

接受这一研究项目的科室工作人员按照医院预先制定的《医学伦理委员会章程》以及《医学伦理审查工作程序》等相关文件的要求，制订了周密的药品试验方案，并在伦理审查之前提交给该医院的医学伦理委员会。2009年12月，医院召开了P缓释片临床试验研究的伦理审查会议。会议由伦理委员会主任委员主持，参与的伦理委员会成员包括，非研究者所在科室的临床医学专家、法律顾问、社区工作人员，此外还随机邀请了两位前来探视的患者家属列席会议。

会上，伦理委员会成员听取了研究者的药品试验研究报告，并针对他们向会议提交的材料，在各个法律规定的环节上，对本次临床研究进行了细致的审查。其中包括，第一，组织及参与研究的人员的资格材料的提交，以确保此项研究能够如期完成；第二，按照多中心研究方案给药时，新药品在发生各种药物副反应等紧急情况下，可操作性的临床救治预案，以确保受试者从中所获利大于弊；第三，按照符合多中心研究的疾病诊断标准，选择参与新药临床研究的受试者，以确保该项研究的临床的安全性与医学研究的公正性；第四，确定受试者参与研究试验的授权方式与满足条件。由于受试者均为无民事行为能力人或者限制民事行为能力人，因此该环节的工作极为重要，到会的法律顾问特别强调，成为受试者、参与试验研究，必须获得受试者的全体监护人的授权，并且保证退出自由；第五，药品临床试验的全项内容的告知与受试者的知情同意，确保受试者（及其监护人）完整地了解研究内容，并在此基础上不受干扰地作出自主选择；第六，受试者因参与本次新药研究的过程中可能出现的副损伤及其补救方案，确保一旦因本次研究发生副损害之后的补救方案与补偿措施，最终在确保受试者利大于弊的前提下完成试验研究；第七，确保参与临床试验的受试者无偿获得所需P缓释片药品。

2010年1月，P缓释片试验观察与研究如期展开，陆续加入到受试者行列的人员，足以满足该项研究所要求的参与人数。截至2011年6月，医院伦理委员会召开该项目中期跟踪审查会之前，项目实验研究顺利。经审查，共开展了81例临床观察，完成76例，另5位患者确因病情稳定出院，且居住地均在外省市，无法继续参与试验、接受临床观察而退出受试研究。全部参与实验研究的受试者加入手续，均符合伦理审查会的要求。经对受试者进行体检、复查，确认其躯体状态符合用药条件后，按照研究方案中规定的用药剂量给药治疗。经临床观察记录，其中1例出现了深度镇静现象，调整药物剂量后，该药物副作用消失。另有7例患者出现了轻度到中度的椎体外系症状，经使用盐酸苯海索拮抗，症状很快消失，无须停药。此外，尚未发现肝肾功能损害的病例。

2011年5月，该医院所参与的这项国际多中心新药P缓释片试验验观察与研究顺利结束。不久，医院正式将试验的相关数据及结论提交给研究中心。

【医案评说】

新药品临床观察是医疗机构经常开展的科研项目，一些医疗机构还为此申报了国家药品临床试验机构的资质。对于尚未获得药品批准文号正式上市的药物，只有具备“国家药品临床试验机构”资格的医疗机构，才有资格从事该药物的临床试验(即“一期、二期、三期临床”)；否则其性质即为非法使用“假药”。对于已经获得药品批准文号、正式上市的药品的临床追踪与研究(即“四期临床”)，则从事该药品临床研究的医疗机构不区分是否拥有“国家药品临床试验机构”的资格，均可从事临床研究。这是一项非常严肃的科研工作，即便没有法律规定，也更应当受到社会道德与舆论的严格约束。子曰：“子所不欲，勿施于人。”无论中医还是西医，医学总是要创新的，在中医历史上不乏那些遍尝百药的名医，由于他们的自我牺牲精神，为人类的医学发展提供了依据。现代大家名医之中仍有许多前辈效法古人，在自己身体上进行某种新药、新疗法的尝试。这些人类自我牺牲的事迹令人感动，但是在当今医学飞速发展的今天，仅仅靠着这种自我牺牲精神是无法满足科学发展之需的。放眼世界历史，臭名昭著的日本 731 部队、奥斯维辛集中营等，乃至美国在 20 世纪 40 年代在拉丁美洲的某些地区所做的非人道的性病药物治疗试验等，则成为另一种人类自相残害的极端。

基于上述诸多令人发指的以科学的名义实施反人类罪行的历史，为了让历史不再重演，1964 年 6 月，第 18 届世界医学协会联合大会(赫尔辛基，芬兰)通过了《世界医学协会赫尔辛基宣言》。该宣言制定了涉及人体对象医学研究的道德原则和法律原则，特别调整那些以人作为受试对象的生物医学研究的行为与活动。相比第二次世界大战之后最初的针对纳粹德国的《纽伦堡法典》，《赫尔辛基宣言》更加全面、具体和完善，因而被世界各国广泛接受、采用。《赫尔辛基宣言》问世后历经联合大会中多达 8 次的修订，现在已经成为调整医学科学发展与人类权利的最为重要的法典。除此之外，国际法中还包括国际医学科学组织委员会(CIOMS)制定的《人体生物医学研究国际伦理指南》等法律文件。在我国，2003 年 9 月 1 日起陆续实施的《药物临床试验质量管理规范》《涉及人的生物医学研究伦理审查办法(试行)》《药物临床试验伦理审查工作指导原则》等法律规定，即脱胎于《赫尔辛基宣言》及《人体生物医学研究国际伦理指南》。

《赫尔辛基宣言》的核心就是无伤害原则、有利原则、尊重和自愿原则。本例之中受试者为一类特殊群体——精神分裂症患者，这些患者要么是无行为能力人，要么是限制行为能力人，如何在遵守上述法律规定的前提下，组织这些患者进行药物临床试验，是参与药物试验的试验者与伦理委员会面临的一个极为重要的问题。最后的做法是，任何一名即将参与本药物临床观察的患者，必须征得其全体监护人的共同的书面同意，对其进行充分知情同意的告知。并且承诺，在已经开始的临床用药观察之中，只要患者的其中任何一位监护人提出退出试验的要求，则该患者即可退出该临床试验。

按照《赫尔辛基宣言》，任何情况下都不应为了多数人甚至"全人类的利益"去牺牲某些或某个人类个体的利益，否则针对这一个体而言就是残害与残杀。

【法律常识】

(1) 医学伦理委员会的立会宗旨是什么？作为一家医疗机构的法定代表人的院长能否担任该医院内的伦理委员会的主任委员？

按照《赫尔辛基宣言》《人体生物医学研究国际伦理指南》《药物临床试验质量管理规范》《涉及人的生物医学研究伦理审查办法(试行)》《药物临床试验伦理审查工作指导原则》等法律规定，医学伦理委员会的立会宗旨就是独立的、称职的和及时的伦理审查，审查的目的始终是为了保护受试者的利益，即尊重、无伤害与获利。在某些情况下，身为医疗机构的法定代表人，他或她所代表的是医院的整体利益。而作为组织涉及人的生物医学研究的医院，其利益往往与受试者并不一致，冲突时有发生，如果让该单位的法定代表人出任伦理委员会主任委员，他将无法做到利益冲突的双方利益均能顾及。为了充分保证医学伦理委员会的独立与公正，作为医疗机构的法定代表人不适合出任这一职务。

(2) 受试者之中的"脆弱人群"，具体包含哪些人群？如何体现对于那些"脆弱人群"(即丧失或者缺乏能力维护自身权利的受试者)的特别保护？

"脆弱人群"包括，儿童、孕妇、智力低下的智障人士、精神病患者、囚犯，以及经济条件和文化程度很低的人群。这些人群要么不具备正常的判断能力或者感知能力、处于无民事行为能力状态或者限制民事行为能力状态，要么基于某种原因自愿或不自愿的、违背其本意的参与到临床试验之中，如担心不参加临床试验会遭受迫害，如由看守所的管教出面组织的由在押人员参加的药物临床试验，囚犯们不敢不参加；为了得到免费治疗的机会，迫于经济上的压力，参与临床观察之中；甚至在一个相对封闭的集体内部，为避免得罪组织药物临床试验的领导，而违心作出同意担当受试者的角色。而如何甄别这类人员乃至扩展的任何参与其中的普通受试者，到底是不是自愿的、受到充分知情同意告知等尊重的，只能通过履行完备的知情告知程序来保证。当然，这些涉及人的生物医学研究项目，无论是药物研究，还是新器械、新技术研究，还有一个重要措施保障上述尊重与无伤害原则的实现，任何情况下，受试者有权无条件退出试验，并不因此影响其全部利益的实现。

5.2　谜一样的肾源

【医案寻踪】

冯某(男，42岁)，系一名慢性肾功能衰竭患者。他在2010年8月17日接受肾移植手术之前，曾经长期进行透析治疗。长期的血液透析严重扭曲了冯某原有的工作和生活，经过数年漫长时间的等待，终于等来了肾移植的这一天。

为冯某实施手术的这家医院是省内的一家大型医院，尤其以器官移植见长。在冯某入住医院，完成了所有的相关辅助检查，包括ABO血型和人类白细胞抗原（HLA）组织配型检查合格之后，肾移植手术被排上了日程。器官移植手术不同于其他普通手术，按照规定的工作流程，必须在术前预先召开一次由医院的医学伦理委员会委员们参加的医学伦理审查会议。会上，委员们审查了由患者提供的器官捐献者薛某与患者之间的血缘关系的书面证明，审查了捐献者的捐献声明与书面意见，并且分别与捐献人及被捐献人单独面对面地进行了谈话。经委员们确认，本次捐献行为系自愿捐献行为，捐献人与被捐献人之间系三代以内旁系血亲，即表兄与表弟的亲戚关系，属于无偿捐献。这次伦理会议之后，临床科室按计划为患者冯某施行肾移植手术。手术非常顺利，术后恢复得也很好。术区拆线以后不久，患者就出院返回老家了。此后，经冯某随访过程中了解，没有发生排斥反应。

数月后，医院突然被告知，医院在给冯某实施的肾移植手术之中所使用的器官并非源于捐献，而是源于非法买卖！原来患者冯某与那位“捐献者”之间并非“姑舅关系”的三代以内旁系血亲，而是两个毫无血缘关系的人之间的器官买卖关系。这家已经开展器官移植二十余年的医院，连同医院的伦理委员会委员们第一次被拖入一起涉及人体器官买卖的刑事案件的调查之中。半年后，随着侦查结案，澄清了事实，患者及捐献者事先串通，约定了移植器官的价格以及付款方式，并伪造了所在社区、公安派出所等名下的两人之间的全部身份与血缘关系证明，只是事后，捐献人因得到的钱太少而反悔并站出来举报，这样，一起器官买卖案件才浮出水面。而这些犯罪事实均与该医院及其相关人员无关。

【医案评说】

器官移植一直以来就是人类的梦想，通过移植、更新部分器官达到除病健体的目的。在清代文学家蒲松龄的《聊斋志异》中有这样一个故事，陆判发现陵阳书生朱尔旦的心脏毛窍被塞，于是在阴间挑了一枚给他换了。从此朱尔旦文思大进，不久，考中秀才第一名，秋天考举人时又中了。后来当朱尔旦提到妻子面容不美时，陆判又操刀为朱妻换上了一颗美人头……在当时看来，这毫无疑问是古人天马行空的想象，不过到如今，换心、换肝、换肺、换肾等都已经变为现实。由于器官移植是活性移植，要取得成功，技术上有3个难关需要突破。即移植器官的血液供应、离体器官的保存以及克服排斥反应。进入20世纪80年代以来，由于外科技术的进步、保存方法的改进和高速交通的实现，以及新的副作用少但效力强大的免疫抑制剂如环孢素A和单克隆抗体OKT3的应用，器官移植的效果大大提高。在先进国家中，肾移植开始成为良性终末期肾病，如各种原因所致的慢性肾功能衰竭的首选常规疗法。比如，截止到1990年底，全球已施行23万4

千例次，其中中国达5000余次。20余年后，我国每年约有150万患者需要进行器官移植，但是移植器官的缺口则越来越大，据粗略统计，在我国，每年只有1.1万人有幸接受器官移植，每年的人体器官捐献缺口约149万例左右。如此大的需求缺口，必然导致器官移植领域内各种非法器官交易的不法犯罪现象乱象丛生。偷盗器官、谋财害命之事时有发生，一些地方甚至形成了人体器官的黑色“产业链”。为了从法律的源头遏制这一混乱局面，国务院于2007年3月31日颁布《人体器官移植条例》，并于2007年5月1日开始实施。依据该条例的规定，“任何组织或者个人不得以任何形式买卖人体器官，不得从事与买卖人体器官有关的活动。”并且细致规定了人体器官捐献必须遵循的法律原则，即自愿和无偿的原则。《人体器官移植条例》规定，“作为公民享有捐献或者不捐献其人体器官的权利；任何组织或者个人不得强迫、欺骗或者利诱他人捐献人体器官。”为保障上述条款的实施，该条例还规定了实施器官移植手术的医院的相关资质，以及手术之前必须进行的医学伦理审查。

本例患者冯某因不堪肾衰的折磨，又苦于长期无法寻觅组织配型相同的肾源，于是就与私下从事人体器官买卖交易的中间人取得了联系，中间人最终寻到了卖肾人薛某，双方通过中间人谈好了价格。于是对外谎称是三代以内旁系血亲——表兄表弟，并伪造了全部身份关系的社区、派出所的书面证明。就这样骗过了实施手术的医生，完成了肾移植手术。后来中间人私吞了冯某支付的卖肾的余款，薛某遂将此事公开。

对照《人体器官移植条例》可以发现，上述案例之中冯某所接受的移植器官存在非法买卖的违法事实。对于器官买卖行为，已经不仅仅是违反《人体器官移植条例》，而是一种犯罪行为了，按照《刑法修正案(八)》当中第37条第1款，从事人体器官买卖或者变相从事人体器官买卖行为的人，构成“组织出卖人体器官罪”。上述案件之中，由于实施手术的医生遭受欺骗，面对冯某与薛某提供的身份关系证据，没有能力查明其真实情况，所以对该起人体器官买卖案件，不承担法律责任。如果实施器官移植手术的这家医院明知患者的肾源来源于器官买卖，那么相关的医务人员就有可能涉嫌共同犯罪了。尽管如此，该医院还是通过此事，认真汲取了经验和教训，医院的医学伦理委员会委员们针对患方提供的全部身份关系书证，逐一与出具该书证的机关联系，并由该出具书证的机关进行书面回复。在确定复查无疑后，方进入具体器官移植的工作程序。

笔者参与过许多例人体器官、组织移植病例医学伦理讨论会，其中不乏洋溢着人间真情、令人为之感动的时刻。一位27岁的肾衰患者在接受第一次肾移植手术的3年后，发生排斥反应，他年近50岁的母亲为了儿子，毅然作出捐献肾脏的决定。我们单独与这位令人尊敬的母亲谈话时，这位母亲的话语至今萦绕在笔者的耳边：儿子就是我生命的延续，为了儿子，我可以作出任何牺牲，包括生命。

除了这样的例子，还有父亲为儿子捐献肾脏的、捐献骨髓的等，每次在严格核查之余，笔者的心灵也都在接受一次次的洗礼和“透析”。的确，生命意义的最高表现形式，就是奉献，将自己奉献给所爱之人。而用眼睛和心灵记录这一过程的人就是这些原本善良的医务人员。

【法律常识】

（1）关于拟行器官捐献的人士，法律上有什么具体规定？

总体上讲，无论死亡后器官捐献行为，还是活体器官捐献行为，根据《人体器官捐献条例》第八条规定，“捐献人体器官的公民应当具有完全民事行为能力”，即年满 18 岁，意识清楚、思维正常并且排除患有精神疾病的可能的人。该条例还规定，“公民捐献其人体器官应当有书面形式的捐献意愿，对已经表示捐献其人体器官的意愿，有权予以撤销。”

对于死亡后器官捐献行为，《人体器官移植条例》规定，“公民生前表示不同意捐献其人体器官的，任何组织或者个人不得捐献、摘取该公民的人体器官；公民生前未表示不同意捐献其人体器官的，该公民死亡后，其配偶、成年子女、父母可以以书面形式共同表示同意捐献该公民人体器官的意愿。”这体现的是对死者的具体的人身权利的追溯性的保护，也是对死者生前人身自由的尊重与保护。

对于活体器官捐献行为，《人体器官移植条例》第九条还进一步明确和重申，“任何组织或者个人不得摘取未满 18 周岁公民的活体器官用于移植。”不仅如此，在该条例第十条规定了更为严格的条件：“活体器官的接受人限于活体器官捐献人的配偶、直系血亲或者三代以内旁系血亲，或者有证据证明与活体器官捐献人存在因帮扶等形成亲情关系的人员。”即活体器官的提供者与接受者之间必须是家庭成员，或者三代以内旁系血亲，以及拟制血亲。如果无法满足该条例第十条规定的条件，活体器官移植就是违法的。

（2）在人体器官移植手术之前召开的医学伦理会议审查的具体内容是什么？

上述医学伦理会议的全称是，“人体器官移植技术临床应用与伦理委员会”。该委员会负责人体器官移植医学问题的审查工作。下面就以活体器官移植手术的伦理审查为例，说明移植手术之前召开的医学伦理会议审查的具体内容。

按照《人体器官移植条例》第十八条的规定，该会在收到摘取人体器官审查申请后，应当对下列三类事项进行审查，并出具同意或者不同意的书面意见。

①“人体器官捐献人的捐献意愿是否真实。”有关捐献人的真实意愿的审查问题，一般建议伦理委员从对捐献人最大的尊重和爱心的角度出发，采用单独谈话的形式，了解捐献人的真实想法，是否真实自愿，是否受到来自家庭成员、亲戚成员内部的压力，如果因这些压力，不情愿地作出捐献决定，伦理委员会成员将选择诸如“最终组织配型复查不合格”等理由，终止本次捐献活动，且不伤及捐献人与被捐献人之间的人际关系。

②“有无买卖或者变相买卖人体器官的情形。”必须严格审查患者提供的全部资料，采取分别谈话的方式，详细询问捐献人与被捐献人之间所存在的家庭关系、血亲关系以及拟制血亲关系，并进行比对，审查谈话的内容是否一致；对用来证明捐献人及被捐献人的身份证明与身份关系的各种书证，进行细致审查，必要时采取可行的方式进行复查，并记录保存。防止本例这类通过伪造身份关系、瞒天过海实施活体器官移植手术的事件再度发生。

③“人体器官的配型和接受人的适应症是否符合伦理原则和人体器官移植技术管理规范。”医学伦理的最高原则有两项，一是自愿原则，二是无伤害原则。第二条原则显然不适用于人体器官移植。自愿原则就是医学伦理的唯一的最高原则，对于18周岁以下的人、智力残障人士、精神病患者等无法作出真实的意思表示的人士，因为无法确认其本人是否自愿，因而凭此一点，这类人就永远不能成为捐献人。

最后对本次人体器官移植进行无记名投票表决，“经三分之二以上委员同意，人体器官移植技术临床应用与伦理委员会方可出具同意摘取人体器官的书面意见。”

5.3　精神外科手术之殇

【医案寻踪】

黎某(男性，31岁)患偏执性精神分裂10余年。10余年间，其父母尝试了各种可能的治疗方法，均告失败。有时即使在药物控制下，也会出现冲动、易激惹等症状表现，家中所有的一切几乎都被他砸了一遍。其家人已经因为他的病伤透了心。2003年7月，一则精神外科手术方法治疗难治性精神病的科技新闻报道，再一次燃起了黎某父母的希望的火焰，报道中对这一手术治疗方法作了详细的介绍。黎某父母听得似懂非懂，但很快就寻到了这家远在外地的医院。该医院的门诊医生告诉他们，医院采取的是被称为“立体定向脑核团射频热凝毁损术”的手术方式，手术区域定位准确，损伤很小。黎某的父母弄明白了，原来并不是传统意义上的开颅手术。同他们类似，还有许多患者也从四面八方前来就医，他们决定带着儿子试一试。

2003年9月2日，患者黎某入住该医院精神外科，并于一周后接受了立体定向损毁术，损毁的具体区域为两侧大脑的扣带回。术后早期患者的病情恢复良好，原本服用的抗精神病药物，可以明显减量；而且，他的情绪趋于平稳，不再出现易怒等情绪激越状态或情绪亢奋了。就这样，患者黎某不久就出院回家了。大约又过了五六个月左右，患者黎某及其父母再次来到这家医院，向医生反映患者术后出现反复抽搐发作，在当地医院已经被诊断为“癫痫”；而且，患者自从损毁手术之后，智力明显下降，反应迟钝，变得越来越呆傻。医生们的解释工作没有让黎某的父母接受，患者家属转而向医院领导及主管机关投诉，医患之间的纠纷就此形成。在一段时间里，确有一些与黎某类似的精神病患者，在接受立体定向脑核团射频热凝毁损术之后出现迟发癫痫、人格改变、兴趣缺乏、行为障碍等并发症。由于出现的争议较为集中，为此，当地医学会的医疗事故技术鉴定办公室还曾向卫生行政机关发出过正式的函件反映过这一问题与现象。当地卫生行政机关出于临床安全考虑，以行政建议的形式发文，要求开展这类手术治疗的医院高度重视因此产生的副损伤，谨慎开展这项新技术。尽管如此，纠纷仍然时有发生。这种状况一直延续到2009年，国家卫生部颁布了相关的法律规范为止。

【医案评说】

立体定向脑核团射频热凝毁损术治疗难治性精神疾病，从20世纪80年代以来，作为一项精神疾病治疗领域的新的技术、新的尝试，一直是国内部分医疗机构的探索方向。国内一些医学期刊上，也时有这方面开展手术的观察报告。立体定向脑核团射频热凝毁损术起源于20世纪三四十年代，人们最初从对黑猩猩两侧大脑半球的研究之中获得启发，并因此设想，针对精神病患者，施行双侧额叶白质切断手术，有可能缓解精神病患者的激越状态或情绪亢奋。临床实践的最初结果，让当时的医疗界欣喜若狂，有人因此获得了诺贝尔生理学或医学奖。但是，此后不久人们便发现了这一手术的缺点——副作用非常显著，术后病人智能减退、意志消沉、人格改变，甚至完全丧失独立生活能力。随后这一疗法与理论因手术创伤大、死亡率高和并发症多逐渐遭到了排斥和抛弃。期间还有人提出“情绪环路理论”，认为阻断“情绪环路”可治疗精神病的理论，但未见临床效果。70年代之后，在这一理论基础上，精神外科手术引入了影像学的立体定向技术，使手术治疗精神病的方法得到了很大的进步。但是，手术的副损伤却仍然难以防控。

为了克服可能出现的并发症，国内地方及部队的各家大型医院在临床治疗方式的选择上，都将损毁术多作为难治性精神疾病的最后治疗方式，诸如长期正规药物治疗无效的难治性躁狂症、抑郁障碍等严重情感性精神病、偏执性精神分裂、难治性强迫症等，加以选择。而“难治性精神病”指的就是，经常规的精神病疗法如心理、药物、电休克等内科方法治疗效果不好的患者；或者是服药后副作用过于严重，患者无法耐受；或患者的服药依从性非常差，不愿意服药，无法保证药物治疗的系统性。除了上述条件外，还必须满足以下适应症：患者年龄必须在18岁以上；病史在3年以上；接受过系统内科治疗，仍然无效的。与此同时严格掌握手术治疗的禁忌症，即轻型精神病患者；智力和社会功能严重衰退的患者；心脏、肺脏等重要器官有严重疾患的病人；年龄小于18岁的患者及年龄大于70岁、脑萎缩患者等。尽管如此，出于经济利益的考虑，以及新技术开展的诱惑，一些并不具备条件的医院也在跃跃欲试，纷纷尝试开展这一项目。

针对这种情况，国家卫生部于2008年4月17日正式发布了《关于加强神经外科手术治疗精神疾病管理有关问题的通知》（卫办医发〔2008〕70号）。该通知强调，神经外科手术治疗某些精神疾病具有高风险性，其安全性和有效性尚需进一步验证；此类技术属限制性医疗技术，并涉及伦理评价问题，应严格在限定的机构、人员和条件下，有限制的实施。为加强精神疾病的手术治疗管理，保证医疗质量和医疗安全，保护人民群众健康，必须严格神经外科手术治疗精神疾病技术审查管理；必须科学、准确、严格掌握神经外科手术治疗精神疾病的适应症；按照相关法律法规，加强神经外科手术治疗精神疾病临床研究管理。

2009年之前，国家卫生部还曾就泛滥一时的各种“血液疗法”单独作出过规定——《卫生部关于加强“血液疗法”管理的通知》（卫医发〔2005〕92号）。该通知针对国内部分地区的医疗机构通过采集患者血液，进行“补磁”“吸附”“充氧”“射频”“净化”“加药”等处理，或采用物理方法在患者血管内直接处理血液的办法，对患者进行“血液疗法”，作了规定。由于其中大部分疗法的安全性和有效性缺少科学研究和循证医学证据，且可能对人体造成危害。为此卫生部组织专家组对上述治疗方法的安全性和有效性进行了论证，根据专家论证意见，对上述“血液疗法”，分为三种类型。第一，对于已通过国内外基础研究及临床研究评价，证明临床应用安全有效的“血液疗法”，可以在明确适应症的前提下规范应用。第二，对于已通过基础研究，但临床应用的安全性和有效性评价不明确、尚存在争议的“血液疗法”，应当首先经省级以上卫生行政部门批准，在有条件的医疗机构进行科学的、有组织的临床研究，不得作为临床服务项目向患者提供。第三，对于既无基础研究结论，又未经过临床研究的“血液疗法”，一律停止临床应用。这一通知，已经预示着卫生部即将针对临床新技术采取积极的干预措施。本文提到的，2008年卫生部为控制“立体定向脑核团射频热凝毁损术”这一临床新技术在精神外科的泛滥应用，以通知的形式发布限制性规定，也体现出卫生部的整治决心。尽管如此，这类指向特定的限制性规定，对于其他专业领域的“新技术”开展，却没有任何约束力。这种以“新技术”为名，鱼珠混杂、乱象环生的状况，一直处于无法可依的状况。

2009年3月2日，国家卫生部颁布《医疗技术临床应用管理办法》。应当说《医疗技术临床应用管理办法》的出台，至少在法律层面上终结了新技术临床应用的混乱局面，医疗行为自此迈上了更高的法律境界。

回顾医学的发展，回顾科学的进步，无论作为医生还是患者，他们尽管担当着不同的角色，但都为医学科学的进步付出了艰辛的努力与牺牲。作为后人，无论如何都没有权利过多地指责前辈所做的工作与努力，鄙视他们所作出的牺牲。当前面临的迫切任务就是，如何从历史中汲取经验与教训。因为，无可否认的是，当今的人类正是站在先人的肩上，才会站得越来越高，看得越来越远的。

【法律常识】

（1）“医疗技术分类管理”当中，医疗技术具体指的是什么？《医疗技术临床应用管理办法》之中，是如何对医疗技术进行分类的？

按照《医疗技术临床应用管理办法》第二条的规定，医疗技术，指的是医疗机构及其医务人员以诊断和治疗疾病为目的，对疾病作出判断和消除疾病、缓解病情、减轻痛苦、改善功能、延长生命、帮助患者恢复健康而采取的诊断、治疗措施。

该办法规定，医疗技术分为三类。第一类医疗技术是指安全性、有效性确切，医疗机构通过常规管理在临床应用中能确保其安全性、有效性的技术。第二类医疗技术是指安全性、有效性确切，涉及一定伦理问题或者风险较高，卫生行政部门应当加以控制管理的医疗技术。第三类医疗技术是指具有下列情形之一，需要卫生行政部门加以严格控制管理的医疗技术：“（一）涉及重大伦理问题；（二）高风险；（三）安全性、有效性尚需经规范的临床试验研究进一步验证；（四）需要使用稀缺资源；（五）卫生部规定的其他需要特殊管理的医疗技术。”

第一类医疗技术临床应用由医疗机构根据功能、任务、技术能力实施严格管理。

第二类医疗技术目录由省级卫生行政部门根据本辖区情况制定并公布，报卫生部备案。省级卫生行政部门负责第二类医疗技术临床应用管理工作。

第三类医疗技术目录由国家卫生部制定公布，并根据临床应用实际情况，予以调整。并且，由卫生部负责第三类医疗技术的临床应用管理工作。

（2）第三类医疗技术的具体目录是什么？

第一，涉及重大伦理问题，安全性、有效性尚需经规范的临床试验研究进一步验证的医疗技术：克隆治疗技术、自体干细胞和免疫细胞治疗技术、基因治疗技术、中枢神经系统手术戒毒、立体定向手术治疗精神病技术、异基因干细胞移植技术、瘤苗治疗技术等。第二，涉及重大伦理问题，安全性、有效性确切的医疗技术：同种器官移植技术、变性手术等。第三，风险性高，安全性、有效性尚需验证或者安全性、有效性确切的医疗技术：利用粒子发生装置等大型仪器设备实施毁损式治疗技术，放射性粒子植入治疗技术，肿瘤热疗治疗技术，肿瘤冷冻治疗技术，组织、细胞移植技术，人工心脏植入技术，人工智能辅助诊断治疗技术等。第四，其他需要特殊管理的医疗技术：基因芯片诊断和治疗技术，断骨增高手术治疗技术，异种器官移植技术等。

（3）如何进行第三类医疗技术的申报审核工作？

国家卫生部在实施《医疗技术临床应用管理办法》之后，为此专门作出了《卫生部第三类医疗技术临床应用能力技术审核申请及审核流程（试行）》的规定，并为此配发了《第三类医疗技术审批流程图》，并正式以通知（卫办医政函〔2009〕

349 号)的形式，对外公布了卫生部进行第三类医疗技术审核机构名单，该通知提及的五家机构，作为第三类医疗技术审核机构，负责全国第三类医疗技术临床应用能力技术审核工作。针对部分省市提出的有关在第三类技术的申报期间能否先行开展的问题，国家卫生部专门进行了正式答复：根据《医疗技术临床应用管理办法》规定，医疗机构提出第三类医疗技术临床应用能力技术审核申请后，未接到技术审核机构审核意见前，原则上不允许开展此项技术的临床应用。

5.4　肠内营养之惑

【医案寻踪】

李某年逾四十，是某医院胸外科里唯一获得国外医学博士的一名医生。自从来科工作后，分别参与了几个临床研究项目，术后空肠内营养，就是其中之一。2010 年 9 月，临近中秋节的一天，科里收治了一名下段食管癌的患者苟某(女性，68 岁)，诊断明确后，李某协同其他医生为苟某实施了食管肿瘤的根治手术——食管胃吻合术。手术顺利完成。为实施术后空肠内营养支持，还在术中经鼻腔，在空肠内预留了一根鼻胃管。术后，患者苟某的病情很平稳，操作护士从术后 6 小时开始，按照医嘱摆好了患者的体位(床头部抬高约 30°)，经鼻胃管定时给患者灌注鼻饲液。术后第三天，适逢中秋节，上午 9 时左右，患者向值班护士报告，恶心欲吐。护士将情况通报值班医生后，拿来了一支爱茂尔注射液给患者进行了肌肉注射，但患者的症状还是没有确切的缓解。又过了大约一个小时，到了定时灌注鼻饲液的时间了，还是这位护士，按照预先的医嘱对患者进行鼻饲。操作过程中，患者突然发生剧烈呕吐，大量的胃内容物从患者的口腔、鼻腔喷涌而出，患者的脸上、身上，床上、地下，甚至操作护士的工作服上，到处都是呕吐物。淡粉色的鼻饲液混着污浊的胃液，污秽的气味顿时弥漫了整个病房。患者千万不要出现误吸！这位护士立即找来医生和其他帮手清理现场，并帮助患者捶背，还找来吸痰器试图尽可能吸出误吸入气管的胃内容物。安顿好患者后，值班医生电话请示了李某和科主任，按照他们的指示，又给患者加用了一组抗生素，预防可能出现的肺内感染。

不幸的事还是发生了，患者当晚出现高热，体温达 39.9℃，肺部听诊，双肺均可闻及细小湿啰音，后经床边 X 光检查，提示肺内感染。显然，患者肺内感染已经确定无疑，而感染的来源，极有可能就来自呕吐物的误吸。此后的观察证实了这一点，患者所患肺炎果然是吸入性肺炎。余下的时间里，这家医院采取了各种办法，组织了多次院内外会诊，试图寻找救治吸入性肺炎的办法，李某和科里的同事，又逐一地尝试控制肺内感染及其复发的办法，最新、最有效的各种抗生素、抗病毒药物、抗霉菌药物轮番使用，但均告失败。三个月后患者在反复出现肺部感染、全身感染性休克的痛苦之中，离开了人世。家属始终无法接受这样的事实，在患者生前，家属们为了患者的治疗还能极力克制一些，患者一死，家属立即向医院发难，要求医院及医生赔偿。最终尽管双方达成和解一致，但该医院也为此付出了极其高昂的代价。

【医案评说】

肠内营养（enteral nutrition，EN）就是绕过口腔、咽喉、食管及胃部，直接经肠道向机体提供代谢需要的营养物资及其他各种营养素的营养支持方式。肠内营养的概念也不是一个医学前沿概念。据现有的资料记载，早在18世纪末，就有人尝试使用这种方式，到了20世纪40年代，肠内营养制剂Nutramigen问世，用于治疗儿童肠道疾病。五六十年代随着航天科技的发展，无食物残渣的“要素膳”的推出，使得肠内营养越来越具有实用价值。正如当事医生李某所言，在国外，术后的患者很多都在采用这种早期进食方式。较之传统的经静脉途径的营养方式，采用术后肠内营养方式有以下几项优点：① 营养支持效果好，营养素可以直接吸收、利用，符合生理过程；② 给药方便，价格低廉；③ 有助于保护和维持肠道黏膜的生理结构与屏障功能。因而越来越受到外科医生的青睐。患者死亡后该医院慎重起见，针对此事还特地召开了一次包括院外专家在内的研讨会。会上，由当事医生李某首先汇报并陈述诊疗经过。在提及肠内营养时，按照李某所掌握的资料，国外仅胸部手术术后一项，就有万余例患者成功地接受了肠内营养支持治疗，手术恢复效果均满意。出于为实施肠内营养的辩解，李某提出，发生剧烈呕吐与值班人员没有严格按照医嘱执行有关，但呕吐是否直接导致严重的吸入性肺炎则没有客观依据；他还提出，之所以患者最终发生难以控制的反复感染并因此死亡，是由于抗生素滥用，患者体内菌群失调所致。李某的这些观点显然站不住脚。到会的专家有两种观点，一种认为应当慎重采用肠内营养措施，保险起见，还是使用静脉营养的方式，并按照术后传统的常规做法，禁食水，以后根据手术恢复的时间和状况，由进食无渣流食、半流食到逐步恢复正常饮食，静脉营养用药本身也有许多选择，而且，相比肠内营养更为患者接受，也更为安全。另一种观点，则倾向于支持进行肠内营养，但是同时指出，在实施肠内营养的同时，必须加强肠内营养的临床管理，强化安全意识。在患者体位设置、鼻饲导管的管理、日常患者状况临床观察以及肠内营养制剂单次给药量方面，工作必须环环紧扣，细致入微。本例在上述环节上均有过失，如果医护人员重视患者的体位管理，医生始终注意预先考虑到是否会有鼻导管退出空肠脱落至胃内的可能；如果医生、护士注意临床观察，至少在患者报告存在恶心呕吐的一个小时的时间里联想到胃内存留物相对过多的可能；如果发现了上述情况，我们会有很多措施和办法阻止患者发生剧烈呕吐，并发生误吸致吸入性肺炎。但是每一个环节都没有把握住。与会的专家一致认为，一项新的临床医学技术，必须在保证医疗安全的情况下进行，离开医疗安全，即患者的诊疗安全，空谈新技术的开展，势必面临巨大的风险。为此，在开展新技术或者相对新的技术之前，应当经过论证。而且，除了技术操作本身之外，尤其是各种并发症、副损伤、副作用，甚至因本技术的临床运用可能遭致的意外事件，都要预先考虑。只有预料到了，才有可能在发生后及时、有效地应对。

上述专家的意见与有关医疗新技术管理的法律规定不谋而合。国家卫生部2009年3月2日颁布实施的《医疗技术临床应用管理办法》（卫医政发〔2009〕18号），其立法衷旨就是在保障医疗安全，提高医疗质量的前提下，促进医学科学发展和医疗技术进步。该办法为确保医疗技术临床应用的管理效果，在我国首次建立了医疗技术准入和管理制度。专家们有关新技术开展的观点在该办法之中均有所体现。按照该办法，医疗新技术分为三类，其中第三类新技术是指需要卫生行政部门加以严格控制管理的医疗技术。该办法规定，卫生部负责第三类医疗技术的临床应用管理工作；省级卫生行政部门负责第二类医疗技术临床应用管理工作；只有第一类医疗技术临床应用由各个具体的医疗机构根据功能、任务、技术能力实施管理。除了新技术分类之外，该办法规定，新的医疗技术，包括一、二、三类技术首次应用于临床前，必须经过对应管理部门、机构组织的安全性、有效性临床试验研究、论证及伦理审查，开展医疗技术临床应用的能力技术审核。该办法还规定，技术审核机构专家库成员应当由医学、法学、伦理学、管理学等方面的人员组成。这无疑给所有医疗机构一个提示，无论即将开展的技术操作是否符合“新技术”的标准，只要是在院内从未开展的技术，就应当比照这一规定，有针对性地进行论证。需要研讨与论证的至少包括以下内容：该项医疗技术的基本概况，包括国内外应用情况、适应症、禁忌症、不良反应、技术路线、质量控制措施、疗效判定标准、评估方法，与其他医疗技术诊疗同种疾病的风险、疗效、费用及疗程比较等。

针对本例案件，对于案发的医院，上述评说意见不失为亡羊补牢的措施。而对于其他医疗机构，则是未雨绸缪的考虑。应当不是杞人忧天吧。

【法律常识】

（1）《医疗技术临床应用管理办法》之中针对第一类医疗技术由谁负责管理？如何管理？

该办法第七条规定，第一类医疗技术是指安全性、有效性确切，医疗机构通过常规管理在临床应用中能确保其安全性、有效性的技术。按照本办法第十条规定，第一类医疗技术临床应用由医疗机构根据功能、任务、技术能力实施严格管理。

该办法明确，医疗机构应当有专门的部门负责医疗技术临床应用管理和第一类医疗技术临床应用能力技术审核工作。与此同时，该办法第三十七条还细化了具体的管理内容，包括“医疗机构应当建立医疗技术分级管理制度和保障医疗技术临床应用质量、安全的规章制度，建立医疗技术档案，对医疗技术定期进行安全性、有效性和合理应用情况的评估”等。

（2）何谓手术分级管理制度？这一制度是否与《医疗技术临床应用管理办法》中的三类医疗技术相对应？针对不同级别手术，术者是否有限定？

手术分级管理源于该办法第三十八条的规定。按照该条款，“医疗机构应当建立手术分级管理制度。根据风险性和难易程度不同，手术分为四级。”

“一级手术是指风险较低、过程简单、技术难度低的普通手术；

二级手术是指有一定风险、过程复杂程度一般、有一定技术难度的手术；

三级手术是指风险较高、过程较复杂、难度较大的手术；

四级手术是指风险高、过程复杂、难度大的重大手术。”

上述规定的四级手术与三级医疗技术没有对照关系，四级手术均属于第一类医疗技术的范畴。

该办法第三十九条规定，“医疗机构应当对具有不同专业技术职务任职资格的医师开展不同级别的手术进行限定，并对其专业能力进行审核后授予相应的手术权限。”实际工作中，由各个医院结合院内实际工作，在当地卫生行政机关的指导下，在法律原则下，灵活掌握。

5.5　第三类医疗技术

【医案寻踪】

作为一种疾病，肿瘤留给人类太多的辛酸与痛苦。无数的人最终被这类疾病夺走了生命。经过当前的治疗手段，如手术、化学治疗、放射治疗，也使得大量的已经接受治疗的患者，或因丧失组织器官而留下终身残疾，或因化疗与放疗丧失健康。随着人类对自身免疫学研究的深入，一项针对恶性肿瘤的新的治疗方法浮出水面——肿瘤的生物治疗。“肿瘤的生物治疗”，就是指使用一些生物反应调节剂，直接或间接地调整肿瘤患者(宿主)与肿瘤之间的生物学关系，从而改变宿主对肿瘤的生物学应答，使之有利于宿主，而不利于肿瘤细胞生长的一种治疗方法。国外20世纪90年代的研究发现，一种被称为杀伤细胞的淋巴细胞CIK(Cytokine-induced Killer Cells)，可以直接杀伤肿瘤细胞，并调节和增强机体的免疫功能。这种具有高增殖力和高细胞毒性的由细胞膜因子激活产生的CIK，被人们誉为继手术、放疗、化疗之后的第四代肿瘤治疗方法。按照免疫学分类，这一疗法属于被动免疫治疗，也叫过继免疫治疗。

这一自体CIK生物疗法的主要过程是，依靠已经建立的生物实验室，对取自患者自身的血液中的有形成分——白细胞——进行分离、培养，并在其中加入IL-

2，大约十五六天时间。再对这一已经培养了十余日的细胞悬液进行反复洗涤，最后回输至患者自身血管中。

某医院是当地一家大型专科医疗机构，展开床位千余张，每天都有来自各地的患者就诊、会诊、住院接受治疗。因为在此之前已经有了多家医院的开展肿瘤生物治疗的报道，所以，开展自体 CIK 生物疗法也是大势所趋。由于该医院实施肿瘤生物治疗的时间较晚，由国家卫生部颁布的《医疗技术临床应用管理办法》已经生效，按照该法规的相应的配套规定《第三类医疗技术目录》，该疗法属于第三类技术，而开展第三类技术必须获得卫生部审批。于是该医院按照《医疗技术临床应用管理办法》以及卫生部的《第三类医疗技术临床应用能力技术审核申请及审核流程(试行)》，向国家卫生部指定的第三类医疗技术审核机构，提出了开展该项临床技术的申请。

申报科室在医院伦理委员会的指导下，按照相关规定组织了申报材料。全部申请资料之中除了按要求填写制式申请书之外，还包括一份与该项目直接相关的一系列的文字说明，包括该医疗机构的基本情况，项目参与人员、主要技术人员、项目负责人的自然情况；项目所在科室的专用设备、设施、工作基础与相关科室的软、硬件环境；开展自体 CIK 项目的目的、意义与实施方案；该项目在院外已经开展的实际情况的全面介绍；最后，还有该医院伦理委员会的合议意见，与整份资料的真实性声明。除此之外，还附有该医院的医疗机构执业许可证诊疗范围复印件、医院概况、与成立医院伦理委员会有关的文件复印件，生物治疗研究室管理制度、质量控制规范、该项目的风险评估与应急预案，以及开展自体 CIK 细胞治疗的针对患者的知情同意书等。在资料的最后，附有交由院外专业建筑设计院设计，并已竣工的该项目实验室的建筑平面图。

申报材料于 2009 年 10 月底发出，数月后获得批准。该医院按照既定的临床方案实施该类新技术。这也是《医疗技术临床应用管理办法》实施以来，该医院首次开展的第三类临床医疗技术。现在这项新技术已经在 3019 人次的患者身上得以应用，相对于未进行该项生物疗法的患者，接受自体 CIK 生物疗法的患者治愈率更高。

2011 年 5 月，该疗法接受了医院伦理委员会的首次项目实施中期审核，经审查，该项目开展正常，没有出现违反医学伦理、违反相关法律法规的情况。

【医案评说】

许多年以来，医生们就担负着医学创新这一使命：面对着渴望健康、渴望治愈的患者，如何根治、控制某一种疾病，几乎成为每一位医生的天然使命，在几乎所有的医学杂志之中，对于新技术的探索和研究都始终占有重要的篇幅。但是，一种医学临床技术的诞生往往历经曲折，除了成功的荣耀和经验之外，还有大量的尝试面临失败的结局，而这种失败往往伴随着无辜的患者的损害，甚至致残、致死，其中的实例不胜枚举。笔者毕业于1990年，在早年从事临床医疗的经历中曾经接触过一些在当时看来的“创新技术”，而现在这些“创新技术”早已被淘汰。而之所以被淘汰，无一例外的都是，要么发生了一系列不可避免的严重的并发症，要么出现严重的副损伤，要么毫无疗效。诸如20世纪80年代开展的“断指延长术”，经过延长的截肢部位的手术往往毫无功能，甚至还会妨碍原有的手指功能，成为新的废指。尽管如此，到了90年代，竟然还有人将该技术疗法应用于脊髓灰质炎后遗症(俗称“小儿麻痹症后遗症”)患者身上：对单侧甚至双侧因早年神经损毁而发育异常、萎缩的肢体进行所谓下肢延长术，即人为地截断患者的胫、腓骨，使用外用金属架固定、支撑并逐步撑开两端已经离断的胫腓骨，实施胫、腓骨延长。这对绝大多数患者都是雪上加霜，很少获得确切的疗效。要么在截骨延长“治疗”的早期出现血管神经牵张反应，因为无法忍受的痛苦而中断治疗，要么最终发生骨不连，即便有一部分成功实现了延长，也会出现膝关节、踝关节功能障碍，或者本体感觉不适、负重困难等副损伤。在开展这类手术的任何阶段，没有技术论证，没有医院的整体意见，更没有细致的知情同意，自然也就谈不上来自独立的医学伦理审查了。时隔多年，医学美容的风声乍起，又有人想到了所谓断肢身高延长术，与上述方式大同小异，人为截断那些寻求身体增高的正常人的胫腓骨，采用相同的方式，试图逐步延长胫腓骨，均告失败，而失败的结局是接受手术之人的终身残废。到了21世纪初，这些打着“新技术”旗号、行鱼龙混杂之事的“医学创新”，更是到了不可收拾的程度。于是国家卫生部出台了《医疗技术临床应用管理办法》，以及一系列配套的法律法规，包括《第三类医疗技术目录》《第三类医疗技术临床应用能力技术审核申请及审核流程(试行)》《第三类技术审批流程图》《卫生部办公厅关于公布第三类医疗技术审核机构名单的通知》等。

前述自体CIK生物疗法之所以向第三类医疗技术审核机构提出技术开展的书面申请，并获得批准，正是基于《医疗技术临床应用管理办法》的法律规定。该办法第七条第三款规定，“第三类医疗技术是指具有下列情形之一，需要卫生行政部门加以严格控制管理的医疗技术：(一)涉及重大伦理问题；(二)高风险；(三)安全性、有效性尚需经规范的临床试验研究进一步验证；(四)需要使用稀缺资源；(五)卫生部规定的其他需要特殊管理的医疗技术”，自体CIK生物疗法符合卫生部随后公布的《第三类医疗技术目录》第一条之中“涉及重大伦理问题，安全性、有效性尚需经规范的临床试验研究进一步验证的医疗技术：克隆治疗技术、自体干细胞和免疫细胞治疗技术”。至于断指、断肢延长术，按照该办法第七条第三款以及《第三类医疗技术目录》第三条的规定，“风险性高，安全性、有效性尚需验证”，因此必须接受第三类医疗技术审核机构的严格审核。至于是否能够获得批准，则不再取决于广告宣传，而是取决于它是否真正具有安全性与有效性了。

【法律常识】

（1）某医院正在申报一项血液疾病治疗的新技术，现在材料已经送交有关机构，临床上能否先行开展这一新技术？

针对这一问题，2011 年 5 月 11 日国家卫生部在针对上海市卫生局请示函的一份批复中已经进行了确切的说明："根据《医疗技术临床应用管理办法》规定，医疗机构提出第三类医疗技术临床应用能力技术审核申请后，未接到技术审核机构审核意见前，原则上不允许开展此项技术的临床应用。"

该批复的内容详见《卫生部关于〈医疗技术临床应用管理办法〉实施中有关问题的批复》（卫医政〔2011〕126 号）。

（2）国家卫生部指定的第三类医疗技术审核机构具体指的是哪几家机构？

按照《医疗技术临床应用管理办法》第十六条的规定，由卫生部指定或者组建的机构、组织（以下简称技术审核机构）负责第三类医疗技术临床应用能力技术审核工作。2009 年 5 月，卫生部办公厅对外发布了《关于公布第三类医疗技术审核机构名单的通知》（卫办医政函〔2009〕349 号），文件规定以下 5 家机构作为首批卫生部指定的第三类医疗技术审核机构，具体期限为 2009 年 5 月 1 日至 2011 年 5 月 1 日。其中包括中国医学科学院；中华医学会；中国医院协会；中国医师协会；中华口腔医学会。2011 年 5 月 1 日之后，上述五家审核机构仍具有审批资格。

5.6 脱落在体内的导丝

【医案寻踪】

曲某（男性，55 岁）系某建筑工地的工人。2010 年 10 月中旬的一天，曲某所在工地发生脚手架坍塌事故，3 名在脚手架上的工人当即死亡，曲某事发时正在地面上，看到脚手架倒塌后，本能地向外奔逃，跌倒摔伤。事故发生后，曲某和另一名伤情相对较轻的伤员被送往某医学院附属临床医院。急诊接诊的值班医生姓黄，是一位高年资的主治医师，对这两位患者进行了简要问诊和体检后，安排患者做了头、胸、腹、盆腔以及肢体受伤部位等多个部位的 CT 或 CR 片检查。不久结果回报，均未见异常。按照一般性的工作流程，这两位患者可以在病情交代清楚之后暂时离院，也可以收治入院进行进一步的观察，因为没有紧急情形，所以这两名患者在急诊科已无进一步处置的必要。但医生黄某出于某种考虑，还是下达医嘱，决定对这两位患者进行中心静脉置管。曲某被排在另外一名工友的后面，不过很快就轮到了他。此时黄医生在打电话，所以值班护士就安排曲某仰卧在操作床上，做标记，选择穿刺部位，扎止血带，常规皮肤消毒。曲某木然地在护士的指令下躺在床上，回想起刚刚发生的脚手架倒塌的惊心动魄的一幕，幸亏他……冰冷的液体涂在曲某身上，令他回到现实，再次让他不寒而栗。此时医生黄某还在不紧不慢地打着电话。曲某长到这个年纪，还从来没有到过医院，长时间的等待让他心里发毛。他甚至想跟身旁的护士说，我不想治了，但是他的魂像被吸走一样，僵硬地躺着，身体动也不敢动。黄某终于打完了电话。洗手消毒后，开始了中心静脉置管操作。电话铃又响了，黄某不耐烦地皱了皱眉头，继续着他的操作。忽然黄某一阵紧张，小声和一旁的护士说，坏了，导丝落到血管里了！曲某听到医生这样的话，吓得尿了出来。置管术后，患者曲某被收到神经外科病房，诊断为头外伤，头皮擦伤，头皮下血肿。此外，又加上了一个“中心静脉置管导丝脱落”的诊断：经 X 线摄片，脱落的导丝停在了位于患者下肢的股静脉内。

导丝脱落事件发生后，很快报告给了医院领导。医院高度重视这一事件的处理，指示由普外科、心血管内科、神经内科、影像科等科室共同商议，研究最佳治疗方案，防止已经脱落于下肢的导丝形成大的静脉血栓，防止这样的血栓脱落，发生不可挽救的肺栓塞。最后决定，尽快实施导丝取出术。曲某是幸运的，术前、术中、术后都很平稳，没有意外发生。

事后，医院为曲某支付了一笔钱，双方达成和解。至于那位医生黄某，医院作出了令其承担全部赔偿款，停止其申报晋升高级专业职称三年的决定。

【医案评说】

经外周静脉穿刺中心静脉置管（PICC 置管），不是一项可以称得上“高端”或者“创新”的临床技术，具体操作非常简单：通常在病人肘窝部的贵要静脉、肘正中静脉或头静脉中任选一条，切开皮肤，分离插管静脉，将导管经由上述静脉直接插入到上腔静脉即可。操作时仅仅需要注意，选择弹性及显露性好的血管。当然，作为置管操作的必经程序，必须在导管插入腔静脉后及时回抽导丝。黄某多次从事 PICC 置管，究竟是什么原因令他将本来不该脱落的导丝，落在患者的体内呢？黄某没有说清楚，其实，除了黄某本人，只有当时一旁的护士明白，黄某当时刚刚接完电话，正处于心不在焉的状态！

接触到这一医案的人都会有一个问题不禁要问，这样轻微的头皮外伤也需要中心静脉置管吗？是不是有点大炮打蚊子的感觉？的确，按照经外周静脉穿刺中心静脉置管（PICC 置管）的适应症，PICC 适用于那些病情较为复杂甚至严重的患者。诸如：①需要长期静脉输液，但外周浅静脉条件差，不易穿刺成功者；②需反复输入刺激性药物，如化疗药物；③长期输入高渗透性或黏稠度较高的药物，如高糖、脂肪乳、氨基酸等；④需要使用压力或加压泵快速输液者，如输液泵；⑤需要反复输入血液制品，如全血、血浆、血小板等；⑤需要每日多次静脉抽血检查者。对于这些适应症，患者曲某竟然一条都够不上。人们不禁要问，医生黄某的眼中究竟看到了什么呢？病人在你的心目中被置于什么地位呢？究竟什么事情如此重要，让一名急诊值班医生如此疏忽大意、心不在焉地将导丝落到患者体内呢?

按照中心静脉置管的理论研究与实践，PICC 置管时因穿刺点在外周表浅静脉，不会出现血气胸、大血管穿孔、感染、空气栓塞等威胁生命的并发症，且血管的选择范围较大，穿刺成功率高，穿刺部位肢体的活动不受限制。可减少因反复静脉穿刺给患者带来的痛苦，操作方法简捷易行，不受时间地点限制，可直接在病房操作。PICC 导管材料由特殊聚胺酯制成，有良好的组织相容性和顺应性，导管非常柔软，不宜折断，在体内可留置6~12个月，置管后的患者生活习惯基本不会受到影响。因导管可直接进入上腔静脉，此处血流量大，可迅速降低液体渗透压或化疗药物造成的局部组织疼痛、坏死、静脉炎等。早期进行置管的患者在化疗过程中基本不会出现静脉损伤，确保化疗过程中能有良好的静脉通道，顺利完成化疗。目前已成为危重病和化疗患者长期静脉营养支持及用药的一条方便、安全、快捷、有效的静脉通路。但是，所有这一切，与仅仅是头皮轻微擦伤的患者曲某有关系吗? 即便没有黄某的渎职，没有导丝不慎脱落，曲某就应该接受这样的治疗措施吗? 曲某就可以从中获益吗?

很多情况下，摆在医师面前的就是一本良心账，或者说医学伦理。所谓新技术、新方法，往往更容易经由厂商、经销商的策划，从而异化为追逐利益的工具。因为人们对这些以“新技术”名义出现的临床操作，缺乏了解，这种了解的缺乏甚至在行内也是如此。由于缺乏了解，随之而来的就是技术的专控与缺乏监督，这样就必然导致患者的权益成为可以随意切割的蛋糕。一个原本可以采用石膏外固定处理的骨折，却偏偏安排进行手术内固定。而且，这样的带有倾向性的操作还有医学理论上的支持——越来越多的医学文献甚至权威文献都不同程度地受到为数众多的内固定器材生产厂商、经销商的影响，抒发他们的观点了。难怪原本疗效优良、价格低廉的中医小夹板治疗骨折的时代几乎就要宣布结束了。这是一个时代的特征吗?

没有任何一部法律能够约束人的内心世界、约束人类的心灵。而道德是一个人内心深处的自我反省。所以在国际上才有了《赫尔辛基宣言》。作为一名合格的医生，应当逐一理解其中的每一条、每一款，至少这样一句不应被遗弃：“促进和保护患者的健康，包括那些参与医学研究的患者，是医生的责任。医生的知识和良心奉献于实现这一责任”。

【法律常识】

（1）希波克拉底誓言的内容是什么?

“我以阿波罗及诸神的名义宣誓：我要恪守誓约，矢忠不渝。对传授我医术的老师，我要像父母一样敬重。对我的儿子、老师的儿子以及我的门徒，我要悉心传授医学知识。我要竭尽全力，采取我认为有利于病人的医疗措施，不给病人带来痛苦与危害。我不把毒药给任何人，也决不授意别人使用它。我要清清白白地行医和生活。无论进入谁家，只是为了治病，不为所欲为，不接受贿赂，不勾引异性。对看到或听到不应外传的私生活，我决不泄露。如果我违反了上述誓言，请神给我以相应的处罚。”

这是古代西方医生在开业时宣读的一份有关医务道德的誓言。它的主要内容，取自古希腊一位医师的誓言。这位医生名叫希波克拉底，在西方被人们尊为“医师之父”。这段誓言就叫“希波克拉底誓言”。

（2）《日内瓦宣言》的具体内容是什么？

1948 年召开的世界医协大会对希波克拉底誓言加以修改，定名为《日内瓦宣言》。以下为全部译文：

准许我进入医业时，我郑重地保证自己要奉献一切为人类服务。我将要给我的师长应有的崇敬及感激；我将要凭我的良心和尊严从事医业；病人的健康应为我的首要的顾念；我将要尊重所寄托给我的秘密；我将要尽我的力量维护医业的荣誉和高尚的传统；我的同业应视为我的手足；我将不允许有任何宗教，国籍，种族，政见或者地位的考虑介入我的职责和病人之间；我将要尽可能地维护人的生命，自从受胎时起；即使在威胁之下，我将不运用我的医学知识去违反人道。我郑重地，自主地并且以我的人格宣誓以上的约定。

第6章 院内感染系列

——医者，父母心

据2011年7月世界卫生组织对外发布的报告，世界范围内上一个统计年度中，因医院内操作不当至感染而死的患者逾百万人之多。世界卫生组织指出，每100位住院患者中，由于护理不当导致的感染人数，在发达国家和发展中国家分别为7人和10人。在世界上，无数名医生在极其平凡的日常医疗工作中，凭借着内心的良知，无意识地操控着这一切。《院内感染管理办法》所规定的内容，与其说是明晰的条款，毋宁说是对医生内心良知的约束。许许多多条款的执行者就是医生本人，而监督者几乎也是医生本人，即便扩大范围，也至多是医生群体本身的内部监督。一句话，这是一份“良心活儿”。

医院感染的危害主要是增加病人痛苦，增加医疗费用，影响医院效率，影响医院声誉，甚至造成行业恐慌。从下面的数据可见我国医院感染管理面临的形势。

据2003年全国医院感染监控网调查结果：医院感染例次现患率平均为4.95%。现患率为6.00%以上的医院为31所，而其中的最高现患率为11.55%。按照感染部位的不同，排在前5位的医院感染分别是皮肤软组织、胃肠道、手术部位、泌尿道、呼吸道(包括下、上呼吸道)。按照科室的不同，综合ICU的感染率较高，为27.7%，主要是下呼吸道感染和泌尿道感染。内科专业中血液科和神经内科较高，分别为10.58%和7.00%。外科专业中烧伤科和神经外科较高，为9.77%和8.53%。儿科专业中新生儿科较高，为5.00%，主要是呼吸道感染。上述数据与世界卫生组织公布的数据相比，大致相仿。

1991年11月，某医院发生新生儿鼠伤寒沙门氏菌暴发流行，55人发病，23名死亡；

1992年9月，某医院发生志贺氏痢疾杆菌暴发，26人感染，10名死亡；

1993年3月，某市医院14名新生儿柯萨奇B型病毒感染，10名死亡；

1998年6月，某市妇女儿童医院发生166名住院病人手术切口的龟型分支杆菌感染；

2001年，某医院儿科心脏手术后发生18例肺炎克雷伯氏杆菌血液感染；

2005年12月，某市立医院发生10例接受白内障手术治疗的患者眼球医源性感染，其中9名患者单侧眼球被摘除——“宿州眼球事件”；

…………

一位20世纪的诺贝尔医学奖获得者曾经说过，只有那些道德高尚的人才适合从事医生的职业。现实生活中，医务人员在手术前的每一次洗手，每一次无菌操作的流程，每一次医疗用品与器械的消毒，每一个操作细节，都是责任心的体现。在这些细致入微的操作之中，每一项操作所依据的不是具体的法律法规，甚至于医学规范，而是源自内心的约束。所谓，医者父母心，古今中外，莫不如此。

本章相关法律法规名录如下：

1979年5月21日卫生部《解剖尸体规则》；

2002年7月1日卫生部《消毒管理办法》；

2003年6月3日国务院《医疗废物处理条例》；

2003年10月10日卫生部《医疗废物分类目录》；

2005年3月31日《卫生部关于产妇分娩后胎盘处理问题的批复》；

2005年9月1日卫生部《传染病病人或疑似传染病病人尸体解剖查验规定》；

2006年9月1日国务院《医院感染管理办法》；

2009年1月16日《卫生部关于消毒产品法律适用问题的批复》。

以下为与医院感染直接相关的医疗规范，由国家卫生部于2010年11月29日发布：

《外科手术部位感染预防和控制技术指南(试行)》；

《导管相关血流感染预防与控制技术指南(试行)》；

《导尿管相关尿路感染预防与控制技术指南(试行)》。

6.1 柯萨奇A型病毒感染

【医案寻踪】

2006年3月11日，预产期临近了，艾某(女，30岁)在家人的陪伴下来到了当地一家妇产医院并住院待产。第二天就分娩了一个健康的女婴，一家人别提有多高兴了。本来在医院观察几天就可以回家了，可是麻烦的事儿来了，新生儿突然出现拉肚子、周身皮疹，伴体温增高，没办法只得在医院继续治疗、观察，产妇的家人陆续来到医院探望。细心的产妇妹妹发现，周围还有10来个新生儿也几乎同时出现了拉肚子的病情。对此，医生的解释是，患儿的感染源自产妇宫腔，与自然分娩有关。可是别的产妇不是自然分娩而是剖宫产，怎么也发生了新生儿腹泻呢？于是几张病床的家属找到科室主任要求给予正式的解释。科主任回答得很诚恳：我们医院也发现了这一情况，正在组织调查，请放心，我们会采取一切措施防止这些孩子的病情恶化的。这一消息很快惊动了媒体，当地卫生行政机关以及疾病控制机构也介入了此事的调查以及新生儿疾病的处理。几天后，患儿的病情均有明显好转，10余名患儿的病情均稳定下来。不久就陆续出院了。一周之后调查报告被放在了当地卫生局局长的桌子上，经提取全部感染的新生儿的粪便、尿液以及部分新生儿的血液样本。经检验，证实为柯萨奇A型病毒感染。什么环节导致新生儿集体感染柯萨奇病毒呢？待产室、接产室、产后病房、实施剖宫产的手术室、术后病房，科内的医务人员甚至麻醉科等与产妇有接触科室的人员，近期也没有感冒的，其他环节也未发现柯萨奇病毒感染源。调查的范围逐步扩大，最终感染源锁定为每天在各个产后病房活动的保洁人员丁某。从事发当时的病区内监控录像上看，丁某每次进出病房均不戴口罩，在各个病房停留时间在3～5分钟。而据个别产妇家属回忆，每天都来的保洁员大姐，人很热心，经常在擦完病房的地面后与产妇聊上几句，都是和养育孩子有关的内容，有时候还会走到孩子床边看上几眼……巧合的是，在这期间丁某得过一场感冒，而现在尚未痊愈，提取包括丁某在内全科工作人员的血清样本以及各个新生儿的血清样本，实验室结果证实只有丁某的血清之中存在柯萨奇病毒抗体，并且双份血清抗体效价增高超过4倍，感染源确为丁某。这些新生儿幸无大碍，幸无不堪回首的后果。

【医案评说】

这是一起非常危险的院内感染事件，即便没有造成严重后果，院内各个硬件环节均未发现感染源，在岗的医务人员没有发现违反消毒与医院感染防控措施工作程序的情形，该医院还是因此受到了行政机关的严厉处罚。疾控机构与卫生监督机关认为，对于保洁人员的消毒制度的培训与医院内感染预防知识的培训同样是预防院内感染的环节之一，虽然该医院的保洁工作由院外一家物业公司承揽，但是医院对从事院内保洁工作的工作人员的管理不能因此放弃。

此次新生儿集中感染的柯萨奇病毒，与埃可病毒以及脊髓灰质炎病毒统称为肠道病毒。柯萨奇病毒感染致病多于夏秋高发，传染源为患者隐性感染及带毒者，主要感染人群为新生儿与小儿，且预后有轻有重。本起群体事件的感染源幸为柯萨奇A型病毒，若为柯萨奇B型病毒甚至埃可病毒感染，轻则致残，重则会发生新生儿死亡，国内十年前已经有过这类事件发生！该病毒可通过呼吸道和消化道传播，日常生活接触经口感染，是主要传播途径。亦可通过饮水食物及呼吸道传播。而孕妇感染后，可通过胎盘传播给胎儿，引起胎儿畸形甚至死胎。因此，对这类病毒的防控，已经是妇产专科医院的院内感染防控工作的重中之重。

认知微生物感染是人类医学发展的一个里程碑，尽管几千年来人类文明进程中，人类对干净与肮脏，清洁与龌龊有着标签性的认识，甚至包括明代李时珍在《本草纲目》中也存在着有关消毒的记载，但是，没有人揭开这层窗纱。直到19世纪中期出现的产褥热导致大批产妇死亡，医院因此被称为“产妇死亡之地”之际，塞姆尔韦斯通过对产褥热的研究，于1861年发表了“产褥热的病原学观点和预防”，而成为医院感染研究的先驱。Nightingale通过改善卫生条件，采取对感染患者进行隔离、病房通风、戴手套等措施，仅用了4个月的时间，使伤病员的死亡率从42%下降到2.2%。1867年，英国外科医生李斯特提出感染是在人与人之间通过手、医疗器械、敷料进行传播，并最早提出了“消毒”的观点，使手术感染率从45.7%降到15%。这是医学史上的一次飞跃，其意义超越人类首次踏上月球，自此人类的寿命大为延长，尽管在这一百多年的时间里人类面临过一次又一次的未知的传染病的威胁与袭击，但是人类凭借着针对感染性疾病防控的基础知识成功地逾越这些难关。

我国自2000年起实施《医院感染管理办法(试行)》，时隔6年，到了2006年9月1日，新的《医院感染管理办法》正式实施。通览这部卫生法规，我们没有发现一处量化性的规定。规定最细致的第十二条，也仅仅提及医疗机构应当按照《消毒管理办法》，严格执行医疗器械、器具的消毒工作技术规范。至于应当达到的标准也还是原则性的：如“进入人体组织、无菌器官的医疗器械、器具和物品必须达到灭菌水平；接触皮肤、黏膜的医疗器械、器具和物品必须达到消毒水平；各种用于注射、穿刺、采血等有创操作的医疗器具必须一用一灭菌”；“医疗机构使用的消毒药械、一次性医疗器械和器具应当符合国家有关规定。一次性使用的医疗器械、器具不得重复使用。”该办法之中除了第三章提及感染事件报告制度与第六章罚则之外，差不多整个法规的通篇都是非量化的原则性规定。而之所以如此，并非立法者本身对感染防控的认知模糊，而是感染与防控感染本身就是现代医学的核心内容，医生仅仅是凭着对医学知识的了解与掌握，凭着良知与信念再细心工作而已。对于一个称职的医生，这些工作与患者是否熟识无关，与是否接受红包无关，与是否遭受患者的误解与偏见无关。手术前外科医生的手如何准备，教科书上有标准，但是真正发挥作用的是他内心深处永远不会泯灭的良知。

【法律常识】

(1)《医院感染管理办法》中对医院内部设立防控院内感染的组织机构是如何规定的？该机构应承担何种职责？

《医院感染管理办法》第六条规定，住院床位总数在100张以上的医院应当设立医院感染管理委员会和独立的医院感染管理部门。住院床位总数在100张以下的医院，应当指定分管医院感染管理工作的部门。其他医疗机构应当有医院感染管理专(兼)职人员。

住院床位总数在100张以上的医院，依照《医院感染管理办法》设立的医院感染管理委员会，由医院感染管理部门、医务部门、护理部门、临床科室、消毒供应室、手术室、临床检验部门、药事管理部门、设备管理部门、后勤管理部门及其他有关部门的主要负责人组成，主任委员由医院院长或者主管医疗工作的副院长担任。

医院感染管理委员会的职责包括，贯彻医院感染管理方面的法律法规及技术规范、标准，制定本医院预防和控制医院感染的规章制度、医院感染诊断标准并监督实施；根据预防医院感染要求，对本医院的硬件环境与工作流程进行审查并提出意见；研究并确定本医院的医院感染管理工作计划，并对计划的实施进行考核和评价；研究并确定本医院的医院感染重点部门、重点环节、重点流程、危险因素以及采取的干预措施，明确各有关部门、人员在预防和控制医院感染工作中的责任；研究并制定本医院发生医院感染暴发及出现不明原因传染性疾病或者特殊病原体感染病例等事件时的控制预案；建立会议制度，定期研究、协调和解决有关医院感染管理方面的问题；根据本医院病原体特点和耐药现状，配合药事管理委员会提出合理使用抗菌药物的指导意见等。

（2）医疗机构发生院内感染事件的报告制度的具体内容是什么？

《医院感染管理办法》第十八条规定，“医疗机构经调查证实发生以下情形时，应当于12小时内向所在地的县级地方人民政府卫生行政部门报告，并同时向所在地疾病预防控制机构报告。所在地的县级地方人民政府卫生行政部门确认后，应当于24小时内逐级上报至省级人民政府卫生行政部门。省级人民政府卫生行政部门审核后，应当在24小时内上报至卫生部：(一)5例以上医院感染暴发；(二)由于医院感染暴发直接导致患者死亡；(三)由于医院感染暴发导致3人以上人身损害后果。”

《医院感染管理办法》第十九条规定，“医疗机构发生以下情形时应当按照《国家突发公共卫生事件相关信息报告管理工作规范(试行)》的要求进行报告：(一)10例以上的医院感染暴发事件；(二)发生特殊病原体或者新发病原体的医院感染；(三)可能造成重大公共影响或者严重后果的医院感染。”

此外，《医院感染管理办法》第二十条还规定，发生的医院感染属于法定传染病的，医疗机构应当按照《中华人民共和国传染病防治法》(简称《传染病防治法》)和2006年2月26日颁布的《国家突发公共卫生事件应急预案》的规定进行报告和处理。

（3）针对一次性医疗用品法律上有什么明确规定？

自2002年7月1日起施行的《消毒管理办法》第六条明确规定，医疗卫生机构使用的进入人体组织或无菌器官的医疗用品必须达到灭菌要求。各种注射、穿刺、采血器具应当一人一用一灭菌。凡接触皮肤、黏膜的器械和用品必须达到消毒要求。上述医疗用品之中当然包括一次性医疗用品。而且，医疗卫生机构使用的一次性医疗用品用后应当及时进行无害化处理，即及时按照规定细则予以销毁并回收处理。

此外，《消毒管理办法》还规定，一次性使用医疗用品的生产企业应当取得所在地省级卫生行政部门发放的卫生许可证后，方可从事消毒产品的生产。一次性使用医疗用品在投放市场前应当向省级卫生行政部门备案。备案时按照卫生部制定的一次性使用医疗用品备案管理规定的要求提交资料。

第7章　医疗废物处理系列

7.1　截掉的肢体

【医案寻踪】

2009年6月的一天，周医生第一次遇到这样的事情——一名身患胫骨骨肉瘤的中年患者竟然在术后提出要求，希望将截掉的肢体交由自己保留。周医生再三询问这位患者，患者仍然坚持要回截掉的小腿。这么做是否违反医院的规定呢？此时那个手术已经截掉的半条腿就存放在手术室的污物间里，按照工作常规，被截去的肢体属于医疗废物，应直接交由相关部门进行火化等无害化处理，患者提出要回自己的肢体，这还是头一遭。周医生立即去通告了他的科主任。主任是一个很细心的人，他再次找到患者，了解患者的心愿，患者的想法很简单也非常恳切，希望自己找地方把这条腿火化了，保留骨灰，留待百年后合于一处，有一个完整的结局……主任见无法说服这名患者放弃他的想法，就将此事汇报给医院的医务科，医务科就此请来医院的法律顾问，研究应该如何处理这条截掉的小腿，如何答复患者的这一要求。法律顾问的观点大致如下：针对手术切除物，现行成文的法律规定，主要是《医疗废物处理条例》及其配套规章《医疗废物分类目录》，按照上述法规，手术截掉的小腿属于“病理性废物”，应当按照医疗废物处理，这就与患者的要求产生了矛盾，如何做到既符合法律规定，又能以人为本、解决患者的实际需求呢？法律上可供参照的与本例类似的是关于产妇胎盘的归属与处理的《卫生部关于产妇分娩后胎盘处理问题的批复》，可能具有一定参照意义。该批复规定，“产妇分娩后胎盘应当归产妇所有。产妇放弃或者捐献胎盘的，可以由医疗机构进行处置。”而根据民法法理，很显然患者的身体器官的所有权属于患者本人，照此，即使离体的肢体也应当归属于患者，这里的关键就是能否确定并排除该离体肢体是否构成法定传染性疾病的传染源。如果仅仅是罹患肿瘤，没有致病可能，医院就可以将这一截掉的小腿交给患者。但是必须书面告知患者及其家属一定参照尸体处理的方式妥善处理好。为慎重起见，这位法律顾问提出，最好的方法是，在患者的委托人全程在场的情况下，按照常规单独对这一离体肢体进行火化，形成的骨灰由患者委托人直接取走。最终，医方与患者之间在进行了书面交流与承诺之后，按照上述做法实现了患者的愿望，并由患者自行承担了单独处理离体肢体的全部费用。

【医案评说】

按照国人数千年的传统，毛发、肌肤、身体均受之于父母，只是因为疾病不得不截掉，死了之后如果尸身不完整，可能会波及“来世”，所以希望自行处理截掉的小腿，这是有理由的。类似的事例甚至还有，终止早孕的孕妇向医院索取吸下来的胚胎组织，出于对患者隐私权的尊重，个中原因不宜过问。但是无论如何，现代医学科学以及医疗卫生法规却与这些观点与主张有着深刻的冲突，如何协调传统习惯、民俗乃至个人的欲求与现代医学及法律原则，在法律框架之下，做到以人为本，的确是经常出现在医生面前的众多困惑之一。因为如果处理不好，就可能引起医患纠纷。仅仅机械地按照规定处理，患者不满意；但是一味遵从患者的要求，一旦出现问题，又是好人难做。这其中的关键点在哪里呢?

关键之处就在于是否真正了解和掌握全面的法律规定；在于是否深层次领悟立法宗旨；在于能否在此基础上灵活运用法律规定，在其框架下，最终实施合法的行为。

国务院于 2003 年 6 月 4 日颁布实施了《医疗废物管理条例》，这是我国首次针对医疗废物出台的行政法规。其立法宗旨是针对医疗行为所产生的医用垃圾实施无害化处理，从而保护患者及周围正常人群的利益，防止感染性疾病病原的扩散以及放射性物质等有毒有害废弃物污染环境。在此之前卫生部颁布的《消毒管理办法》第八条也有相似的规定。该办法要求，医疗卫生机构的环境、物品应当符合国家有关规范、标准和规定。排放废弃的污水、污物应当按照国家有关规定进行无害化处理。运送传染病病人及其污染物品的车辆、工具必须随时进行消毒处理。而按照卫生部的《医疗废弃物分类目录》，医院排放的废物有着明确的指向，其中就包含诸如手术切除的肢体，即病理性废弃物。

有关手术切除物的所有权归属，毫无疑问地应当归属于患者本人，只是通常情况下，没有人愿意认领这样被医生切掉的组织器官乃至肢体而已。但是对于某些仍然附有一定的价值的手术取出物则不然，比如产妇分娩后随着新生儿一同分娩出来的胎盘，由于胎盘本身的医用与营养价值，所以卫生部曾就胎盘的归属，以批复的形式特别加以说明。在处理这类手术切除物当中必须注意，切除物是否达到无害化，即确保其为非感染性疾病的病原，以及确保没有有毒有害附带其上。否则一旦出现问题，当事医院及其当事医生难脱《医用废物处理条例》乃至《消毒管理办法》所罗列的法律责任，形成“好心办坏事”的结局。

【法律常识】

(1) 卫生部有关产妇胎盘处理的批复的原文内容是什么?

国家卫生部于 2005 年 3 月 31 日颁布了卫政法发〔2005〕123 号文件，即

《卫生部关于产妇分娩后胎盘处理问题的批复》，其具体内容如下：产妇分娩后胎盘应当归产妇所有。产妇放弃或者捐献胎盘的，可以由医疗机构进行处置。任何单位和个人不得买卖胎盘。如果胎盘可能造成传染病传播的，医疗机构应当及时告知产妇，按照《传染病防治法》《医疗废物管理条例》的有关规定进行消毒处理，并按照医疗废物进行处置。

（2）按照《医疗废物处理条例》及其配套规章《医疗废弃物分类目录》，医疗废弃物共有哪几类？并举例说明。

按照卫生部2003年10月10日发布的《医疗废弃物分类目录》，医疗废弃物共分5大类。其中，第一类为感染性废弃物，携带病原微生物具有引发感染性疾病传播危险的医疗废物。如与病人血液、体液接触过的卫生材料及一次性医疗用品等6种。第二类为病理性废弃物，诊疗过程中产生的人体废弃物和医学实验动物尸体等。如术后切除的病理器官组织等3种。第三类为损伤性废弃物，能够刺伤或者割伤人体的废弃的医用锐器。如缝合针、手术刀等医用锐器3种。第四类为药物性废弃物，过期、淘汰、变质或者被污染的废弃的药品。分为一般性药物与毒性药物以及疫苗与血液制品等废弃物3种。第五类为化学性废弃物，具有毒性、腐蚀性、易燃易爆性的废弃的化学物品，如医学影像室、实验室废弃的化学试剂等3种。

上述废弃物均应当视其不同种类，妥善进行无害化处理。

第8章 尸体处理系列

——死者为大

8.1 无法移动的尸体?

【医案寻踪】

患者贺某(男性，63岁)因间断性血便，于2010年8月20日在某医院被确诊为结肠癌，并于当日住院治疗。经细致的术前检查与术前准备，于8月24日该医院为贺某实施了结肠癌根治术。手术顺利，术中及术后病理均证实贺某所患疾病确为恶性肿瘤。术后一般情况良好，切口愈合正常。9月2日，患者自觉胸闷、心前区疼痛，急查心电图，提示心肌缺血，结合心肌酶检查，并请心内科医生会诊，贺某被诊断为不稳定性心绞痛，急性心梗待除外。按照会诊意见，对贺某实施床边心电监护，加用了扩张冠状动脉、减低心脏负荷以及对症止痛治疗，患者病情一度平稳。9月3日晚，患者在床边大便时，突然倒地死亡。患者死亡后家属聚集在医院病房，七嘴八舌提出了各种各样的要求，无一例外地认为，患者的心脏病发作与医院的手术治疗有关，医院应当对此作出赔偿。最后患者的女儿向医院宣称，如果医院不能满足死者家属的要求，死者的尸体就留在病房！医院组织院内各个相关部门与死者家属进行磋商，死者家属不为所动。最后，到了9月4日凌晨，全体家属除了那个死者的女儿之外，都撤离了病房。9月5日上午，医院无奈之下向当地派出所报警，警察很快到达现场。经他们耐心说服，死者女儿的态度有所松动，口头同意通知家人处理尸体。警察随即离开了医院。不久医院的门卫传来消息，死者家属不知从哪里运来了一车冰块，要往停尸的病房里边弄，医院的门卫等人一边阻止他们，一边通知医院领导，并再次报警。警察第二次赶到现场，阻止了事态的扩大，这一次警方向死者家属明确宣布，患方的行为已经构成对公共秩序的妨碍，继续下去，警方将按照《中华人民共和国治安管理处罚法》(简称《治安管理处罚法》)予以处理，同时将强制性地将尸体运往该市的停尸中心。家属都散去了，包括死者女儿在内，没有一个人留下来。在警方的指挥下，医院找来殡葬服务车，将死者尸体运离了医院，随即警方将尸体的存放地点正式告知了死者家属，此事方告一段落。后期的围绕患者死因的医患纠纷，双方通过诉讼得以解决。最终，医院以不构成医疗事故以及无民事责任了结了这场纷争。

【医案评说】

医患纠纷，患方认为患者死得冤屈，死因不明，最常用的方式就是停尸于病房；医方认为，无论如何死者家属不应当这么做，这只能是用尸体做要挟，拿死人压活人。死者为大，客观地讲患方家属的这一做法无外乎希望或以此表达一种对于医院的愤怒与不满，或以此增加医院的外部压力，如医院内部其他患者的压力、上级管理机关的压力、媒体舆论的压力等，形成轰动效应。总之，这是一种最原始的争议解决方式。尽管“原始”，但也的确令一些作为公共场所之一的医院陷入麻烦之中。而之所以一些死者家属每每尝试以这种方式表达诉求，一种普遍的观点，认为我国现行法律几乎对尸体的及时处理缺乏可操作性的、强制性的法律制度，换句话说无法可依。但是细致研究这方面的法律规定，我们发现，公安机关等执法部门是有法可依的。

以下是与此有关的法律法规部门与地方规章。①《解剖尸体规则》，这是卫生部于1979年发布的目前最早的一部规章，但是对尸体的强制性处理，没有规定。②2005年由卫生部发布的《传染病病人或疑似传染病病人尸体解剖查验规定》，当中的第六条仅仅提及疾病预防控制机构有权“对在医疗机构外死亡、具有传染病特征的病人尸体应当采取消毒隔离措施”，而没有直接指向院内死亡病人的尸体。③《医疗废物处理条例》及其配套规章《医疗废弃物分类目录》，由于法规题目的制约，对感染性废物——组织器官，作出了规定，但对于同样属于感染源的尸体没有提及。④《传染病防治法》，与本文最为相关的条款是该法第二十七条，“对被传染病病原体污染的污水、污物、场所和物品，有关单位和个人必须在疾病预防控制机构的指导下或者按照其提出的卫生要求，进行严格消毒处理；拒绝消毒处理的，由当地卫生行政部门或者疾病预防控制机构进行强制消毒处理。”第四十六条规定，“患甲类传染病、炭疽死亡的，应当将尸体立即进行卫生处理，就近火化。患其他传染病死亡的，必要时，应当将尸体进行卫生处理后火化或者按照规定深埋。为了查找传染病病因，医疗机构在必要时可以按照国务院卫生行政部门的规定，对传染病病人尸体或者疑似传染病病人尸体进行解剖查验，并应当告知死者家属。”可以理解死于或疑似死于传染病的病人尸体符合该条款的规定，但是也没有确切指明如何处理尸体以及尸体处理的时限。⑤《医疗事故处理条例》，该条例第十九条明确规定，“患者在医疗机构内死亡的，尸体应当立即移放太平间。死者尸体存放时间一般不得超过2周。逾期不处理的尸体，经医疗机构所在地卫生行政部门批准，并报经同级公安部门备案后，由医疗机构按照规定进行处理。”上述5部法律法规与规章说明，尽管与尸体处理有关的法律法规散见于多个法律法规之中，但是无论法律执行得如何，我们并不真地缺乏尸体处理的法律，缺的是一种法律信仰与普通民众对法律的基本的尊重。

最后，研究卫生法规之外的与尸体处理有关的法律规定。2006年3月1日实施的《治安管理处罚法》源自此前的《治安管理处罚条例》。有关医疗机构的秩序管理，该法第二十三条规定，"有下列行为之一的，处警告或者二百元以下罚款；情节较重的，处五日以上十日以下拘留，可以并处五百元以下罚款：（一）扰乱机关、团体、企业、事业单位秩序，致使工作、生产、营业、医疗、教学、科研不能正常进行，尚未造成严重损失的……"该法第六十五条规定，"在公共场所停放尸体或者因停放尸体影响他人正常生活、工作秩序，不听劝阻的，"可以处五日以上十日以下拘留；情节严重的，处十日以上十五日以下拘留，可以并处一千元以下罚款。应当说这一规定已经很明确了，但是司法实践中由于缺乏死亡后尸体可以在病房内的停留的最长时限，缺乏对公安机关处理超时限停放尸体的明确法律职权，所以如何判断什么情况下才构成"停放尸体"，以及由谁来处理超时限的"停放尸体"，仍然缺乏明确的法律依据，缺乏操作性。此外还有一部分执法人员对医疗机构是否属于"公共场所"缺乏正确认知，往往将患方的"尸体停放"行为与"医患纠纷"牵扯到一起，以"不能插手医患纠纷"为由拒绝执法。事实上，该法的规定并没有区分停尸的原因，即不问原因，只要停尸于公共场所就违反了《治安管理处罚法》，应予惩处。关于这一点，是现行法律需要进一步明确，还是执法人员需要提高对法律的认知与掌握呢？《侵权责任法》第六十四条规定，"医疗机构及其医务人员的合法权益受法律保护。干扰医疗秩序，妨害医务人员工作、生活的，应当依法承担法律责任。"难道这一条款仅仅停留在纸上么？维护医疗机构的公共秩序，并非仅仅理解为维护了所在医院的权益，其实质是维护了更为广大的患者的利益。因为，尽管个别情况下一些医疗机构会发生医疗纠纷甚至医疗损害，但医疗机构终归是广大患者不可或缺的、社会生活不可或缺的救死扶伤的场所。

【法律常识】

（1）2002 年《医疗事故处理条例》生效之前，有没有对待患者尸体处理方面的具体的法律规定？

1987 年 6 月 29 日，国务院首次在全国范围内发布了《医疗事故处理办法》。该办法第十九条规定，"病员在医疗单位死亡后，尸体应立即移放太平间。死者尸体存放时间一般不得超过一周。逾期不处理的尸体，经当地卫生行政部门批准，并报公安部门备案后，由医疗单位处理，火化后的骨灰应通知家属领回。"这一规定与在此之后的 2002 年《医疗事故处理条例》第十九条规定的内容基本一致，所不同的是保管尸体的时间由一周延长到两周。由明确授权医疗机构可以直接"火化后的骨灰应通知家属领回"，到"按照规定进行处理"。字里行间规定的语气缓和了许多，时限妥协了许多，对医疗机构处理尸体的授权范围则更加模糊了。

至于 1987 年之前，由于没有全国范围内的统一的医疗纠纷处理标准，针对死者尸体处理的规定，则散见于各省、市、自治区的地方性法规与规章里。例如，

1983 年 8 月 22 日辽宁省政府曾经以政府文件的形式颁布了《辽宁省医疗事故处理试行规定》（辽政发〔1983〕225 号文件），其中第十四条规定了尸体存放在医院的最长时限不超过 48 小时，逾期不处理的，在一番程序之后，“医院有权进行火化或埋葬”。

（2）按照《治安管理处罚法》的罚则，公安机关在接到医疗机构报警后出现消极不作为的情形时，应当承担何种法律责任？

《治安管理处罚法》第一百一十六条规定，人民警察办理治安案件，有以下行为之一的，依法给予行政处分；构成犯罪的，依法追究刑事责任：“接到要求制止违反治安管理行为的报警后，不及时出警的”；“有徇私舞弊、滥用职权，不依法履行法定职责的其他情形的”。

第 9 章　献血法系列

——投之以木桃，报之以琼瑶？

输血作为一种重要的临床治疗方法，其开展的历史还不到一个世纪，然而人类认识血液与输血，却经历了漫长的道路。远古时代，古罗马的角斗场里，得胜的角斗士会将对方的血喝下去，以获得勇气和力量。到 1817 年，英国生理学家和产科医生 Blundell 将人血输给了严重大出血的产妇，获得救治成功。1900 年，Landsteiner 发现了人类 ABO 血型。1914 年抗凝剂的问世，才使得输血治疗走向正轨，开辟了人类输血治疗的新纪元。

使用鲜血作为疾病治疗的措施时，无论医者还是献血者都抱着仁爱之心，而受血者则抱着感恩之心。供血者与受血者真可以用诗经上的一句诗词形容："投之以木桃，报之以琼瑶"。但是，自从医学进入商业时代以后，一切都变得可以估价，包括来自人类自身的血液。输血商业化不仅触及了原有的伦理关系，更主要的是，血液本身可以传播许多感染性疾病，因而商业模式下的供血与输血日益成为各种感染性疾病滋生的培养基。为了有效控制这一局面，国家先后出台多项规则，包括在 1993 年颁布血站基本标准并成立血站；成功将单采血浆站采集血浆与献血采集完全区分开来。1997 年底通过《中华人民共和国献血法》（简称《献血法》），并于 1998 年实施无偿献血制度，试图以此完全终结鲜血的买卖行为，2000 年 11 月 28 日颁发《单采血浆站标准》规范单采血浆站，2006 年 3 月实施《血站管理办法》，2006 年 5 月颁布卫生部规章，完成单采血浆站转制，2008 年 3 月 1 日实施《单采血浆站管理办法》……

也许仅有制度是不够的，那些远在大山里边的村民们依旧翻山越岭，往返 100 余里出卖自己的血浆；某省"艾滋村"的村民们的呻吟声还不绝于耳；医疗纠纷中由输血及血液制品感染引发的医疗纠纷，也在接连不断地出现。在很多情况下，献血、献血浆已经完全变成了一种买卖行为，"投之以木桃"，还能得到"琼瑶"之报吗？

其实商业社会、市场经济最推崇规则。之所以出现供血与血液制品的乱象，之所以"投之以木桃"，却得不到"琼瑶"，仅仅因为我们并没有遵守规则，尊重科学。

9.1 抢救工友老张

【医案寻踪】

1984 年夏季的一天，正在铁矿矿山上班的维修技师张师傅（男性，时年 43 岁）接到了一个紧急通知，采矿场的一台洗矿机出现故障，停运了。很快张师傅来到现场，并开始拆卸出故障的机器，修着修着突然头顶上的一个沉重的钢制部件从上方脱落，张师傅躲闪不及，钢件重重地砸在他的左腿上，献血顿时涌了出来。一旁的工友们迅速将重物移走，将张师傅运到了附近的矿山医院。这里远离都市，距最近的县城也要有百十里地，再加上山路难走，只能就地抢救了。经 X 线检查，张师傅的左腿股骨粉碎性骨折，并且是开放性骨折。由于伤情严重，失血量大，很快患者出现了休克症状。医院里医生们忙着实施抢救。失血这么多，没有血怎么办？医生把这一情况向矿山的领导作了通报，张师傅的工友们纷纷伸出胳膊，愿意为了救活张师傅献出自己的鲜血。医院的医生很动容，迅速作着输血前的所有准备。这边在给血型相符的献血的师傅们抽血验血型、交叉配血等，那边张师傅失血情况在急剧恶化，几乎要等不及了！医生们开始取鲜血，将 4 位工友大约 1200 毫升鲜活、温暖的血液缓缓地注入了张师傅的血管内……休克症状缓解了，张师傅在随后的抢救中得救了。半年以后，尽管左腿短了一截，张师傅还是能够下地行走了。恰在此时，张师傅在一次例行体检中发现，肝功能异常，转氨酶增高，再次复查还是如此，医生告诉他可能得了肝炎了。辗转二百余里路，他来到了省城的大医院，检查乙型肝炎表面抗原和抗体，结果均呈阳性。这真是祸不单行，他又住进了省城医院的肝炎病房。出院后，张师傅曾向矿山医院提出过是不是与前一次骨折后输血有关，因为他在省城医院住院时，经治医生们查房时曾经说过这些内容，他一一记下来了。矿山医院将这一情况汇报给张师傅的所在单位，并转给单位解决。矿里并没有认为得了肝炎就是输血引起的，但是，考虑到他刚刚受过重伤，就顺水推舟地揽过来，承诺为他报销所有的医疗费。

1997 年 9 月，在省城一家医院的一次工伤会诊时，张师傅被第一次确诊为丙型肝炎。2005 年，张师傅不幸出现了肝硬化。2010 年 4 月，又被发现患了原发性肝癌。2010 年 9 月 2 日，张师傅最终死于肝癌。

2010 年 11 月，该矿山医院收到了当地法院的民事诉状和传票，时隔第一次工伤 25 年后，张师傅的老伴儿一纸诉状将该医院告上法庭。诉讼的事实与理由是，20 多年前的输血导致张师傅得上了肝炎，以后肝炎又恶化成肝硬化，最后肝硬化又演变成了无可救药的原发性肝癌……10 个月后诉讼结束了，面对距今发生时间颇为遥远的民事侵权案件，年轻的法官们作出了谨慎而恰当的判决。

【医案评说】

20 世纪六七十时年代出生的人都记得童年时看过的电影，当战友负伤急需输血抢救时，会有许多人伸出胳膊，争着，喊着，“我是 O 型血，输我的！输我的！”这一幕曾经深深地镌刻在这一代人的心中，以至于 1993 年成立血站以及 1997 年《献血法》颁布后，骨子里始终无法接受上述这样的情景，竟然是一种有可能构成违反法律的非法采血、非法用血行为！而除外非法采血的条件就是该法第十五条的规定，即“为保证应急用血，医疗机构可以临时采集血液，但应当依照本法规定，确保采血用血安全。”一句话，非因紧急情况医疗机构不得采血。究竟是什么原因，使得国家作出如此的规定呢？

尽管电影中英雄人物的形象非常完美，但这毕竟只是电影作品，现实世界并不总是像文艺作品中那样光鲜。在 1997 年之前，我国境内临床用血，还是处于一种有偿供血、有偿用血的状态。到了 20 世纪 70 年代后期，随着国家经济的复苏，血源也频频告急，一些地方出现了专门靠卖血为生的人，他们由其中的“血头”组织起来，四处卖血，并且已经到了威胁用血安全的地步。与供血—输血有关的法律法规以及规范，就是在这些迫切需要的情况下逐步出台并日臻完善的。

1978 年 11 月 24 日，国务院发布〔1978〕242 号文件，即《国务院批转卫生部关于加强输血工作的请示报告》。这是我国首次就献血与输血所进行的常识性的规定。该报告对当时血液供应的混乱状况实事求是地进行了分析，并提出了结束卖血，打击血头血霸，加强血液检测，提倡公民义务献血，建立独立的输血站等方针、政策。这一规范性文件为在此之后陆续颁布的几乎所有与血液相关的法律法规，确立了立法的初衷与原则。

1984 年 10 月 11 日，国家卫生部发布了《献血体格检查参考标准》（卫医司字〔1984〕第 79 号）。这是我国境内迄今为止首部明确献血人员的体检标准和化验标准的规定。在该标准涉及的血液检验项目内，包含了转氨酶和乙肝表面抗原。本例之中，由于事发时间在 1984 年夏天，卫生部的这份规章尚未出台，因而对本例所涉及的这家矿山医院一方，并无约束力。即不能藉此评价与判断其当时的医疗行为（即供—输血行为）是否存在瑕疵。

1988 年 1 月 14 日，国家卫生部、外交部、公安部、国家教育委员会、国家旅游局、中国民用航空局、国家外国专家局七部委联合发布了《艾滋病监测管理的若干规定》。

1991 年首次颁布的《传染病防治法》中也包含有防治因输血传播的感染性疾病的规定内容。

1993 年 3 月 20 日，国家卫生部颁布了《采供血机构和血液管理办法》《血站基本标准》《供血者健康检查标准》，并均于同年 7 月 1 日起施行，这是《献血法》即将奏响的序曲。从此规定了血液传染病项目的检测项目，增加了梅毒试验、丙型肝炎病毒抗体以及艾滋病病毒抗体（在高危人群中）的检测的内容。有关丙型肝炎病毒的检测规定，恰与上述案例有关。

《献血法》于1998年10月1日开始实施。

在此之后，卫生部又先后颁布了《血站管理办法(暂行)》《医疗机构临床用血管理办法(试行)》《临床输血技术规范》，这些规章与规范，随着医学科学的发展，陆续实施。

从以上的法律法规的颁发时间可以看出，我国血液管理的法律法规是逐步完善、细致与深入的，因为人类对血液传染病的认知就是逐步深入的。对血液传染病检测项目的设置，是根据对疾病的认识程度，以及科技发展水平和检测技术的提高而逐步增加的，不可能超越当时特定的现实条件和科学技术水平。丙型肝炎病毒发现于1989年，在此之前，人类所做的工作只是猜测、推理与寻找。

本例案件的审判结局没有什么悬念，法官认定1984年实施供血—输血行为时，并无任何法律甚至规章、规范存在，医疗行为只遵从医疗常规；作为本例患者的核心的输血感染事实——丙型肝炎病毒感染，迟迟于1989年才被发现并被命名。而诸如本例这样的超乎现代科学范畴的医疗行为，本身就符合《医疗事故处理条例》及《侵权责任法》规定的免责的情形。法院正是基于上述原因，判决驳回原告的全部诉求。

但是本案从另一个角度留给我们极为深刻的印迹，就是本案的当事人双方，都试图从成文的医疗法规与医疗规范甚至临床标准中，找寻与供血—输血相关的规定，以此判断1984年当时的医生的医疗行为是否存在过失。也就是说，衡量本案医疗行为是否存在过失的唯一标准，就是由国家卫生部等颁布的行为准则——卫生法规，即广义上的法律规定。注意这一标准不再是医疗常规与习惯，也不再是医学鉴定专家的鉴定结论，而是法律规则。

【法律常识】

（1）《献血法》对献血人员都有什么基本要求？

第一，年龄上，要求18岁以上，55岁以下，无性别差异。

第二，献血者每次采集血液量一般为200毫升，最多不得超过400毫升，两次采集间隔期不少于6个月。

第三，献血者必须体检合格，符合1998年“献血者健康检查标准”。

第四，献血者必须是其本人，且“自愿、无偿献血”的意识表示真实而自愿。

排除那些为了非经济利益而寻找、雇佣替身，由他人顶替献血的“自愿、无偿献血”。

（2）《献血法》公布之后，医疗机构还能继续采血吗？

不可以。《献血法》第八条规定，只有血站是采集、提供临床用血的机构，是不以营利为目的的公益性组织。设立血站向公民采集血液，必须经国务院卫生行政部门或者省、自治区、直辖市人民政府卫生行政部门批准。血站应当为献血者提供各种安全、卫生、便利的条件。

例外的情形是，该法第十五条第二款规定在紧急情况下，为保证应急用血，医疗机构可以临时采集血液，但应当依照本法规定，确保采血用血安全。

一般而言，在“紧急情况下”，许多医疗法律均有规定：可以采取非常措施。诸如紧急情况下，可以抛开执业地点，抛开执业范围，甚至抛开执业资格，实施医疗抢救而不违反《执业医师法》；可以径行采血、输血（但是采、供血的标准不变），而不违反《献血法》，这些就是救死扶伤、施行人道主义的立法宗旨的体现。

第10章 精神卫生法律系列
——老吾老，以及人之老

本章的几个案例，都将探讨与即将颁布的《精神卫生法》有关的话题。抛开这些即将出台的逐条罗列的繁杂的条款，我们认为，该项法律应当更多地关注普通精神病患者的权益，更多地关注如何通过制度保障和实现精神病患者的基本权益。诸如，其基本生存条件的保障制度，特别设计的而不是粗放的监护人制度，其名下的财产保护制度，因精神疾患以及非精神疾患就医的权利，人格尊严与其他人身权利，等等。其中对于基本物权的享有和保障，是精神病患者人格尊严的基础，是保障他们人格尊严的最低要求。从这个意义上讲，从立法角度应当给予医务人员恰如其分的维护和尊重，而不是怀疑与否定(如在精神疾病的诊断行为上，预防“被精神病”的情形)。让那些为广大精神疾病患者提供医疗服务，甚至终身医疗服务的医务人员得到法律的尊重，使得他们以及全社会都感到他们所从事的事业的高尚与价值，也是全社会应当承担的责任。

孟子曾经发出这样的感慨，“老吾老，以及人之老；幼吾幼，以及人之幼，天下可运于掌。”他认为，如果我们都能善待我们自己的老幼亲人，推而广之，就可以善待别人的老幼。现在，如果作为近亲属的法定监护人放弃履行其监护义务，原本有能力却不愿意做到“老吾老”，即孟子所云“是不为也，非不能也”的情形，国家宪法的职责就必须体现出来。相关政府机关此时必须站出来，以快速有效的行政手段而不是漫长低效的司法途径，径行剥夺该监护人的监护权，降低其社会信用等级，维护同样作为国家公民的精神病患者的人格尊严。对他人合法权益的维护，就是对自身的尊严与威信的维护，这绝不仅仅只是针对某个个体而言的。

相信经过若干年的努力，最终会实现孟子的理想，“老者衣帛食肉，黎民不饥不寒。”结合本章的话题，高水平地实现精神病患者老有所养，病有所医。

我们期待着一部真正保障精神病患者群体权益的《精神卫生法》的诞生。

10.1 办理住院

【医案寻踪】

叶某(女性，43岁)系市郊某大型企业的员工，因离异多年且子女不在身边，平素住在单位宿舍内，性格孤僻，喜欢独处，几乎从不与人交往，也几乎没有亲属往来。2007年12月底，在宿舍内发生轻度煤气中毒，被送往附近医院，经抢救治疗，病情稳定。不料在一次接受高压氧治疗时，高压氧舱舱门开启发生微小故障，耽误了1~2分钟的时间，叶某受此惊吓，变得行为异常，她先是对此事反复找到医院领导讨要说法，在得到医院领导的解决承诺之后，依然不依不饶，提出种种离奇的要求，得不到满足后，她竟然当众脱下裤子，在医院的办公室内排泄粪便，并用手将粪便到处抛洒，四处涂抹。医院报警后，警察最终控制住了她，将她带离现场。事后鉴于她的行为超乎正常，在作出行政处罚前，公安机关决定对她进行精神司法鉴定，鉴定结果为，叶某存在偏执型精神分裂症。由于无法继续控制叶某的行为，难以保证其本人不出现伤人与自伤的情况，一时之间又无法联系到叶某的近亲属，公安机关决定将她送往精神专科医院接受治疗。

元旦过后，一位自称是叶某姐姐的妇女找到这家医院，要求见患者叶某并接走叶某。原来叶某单位找到了一位比较了解叶某的职工，通过她了解到叶某姐姐的联系方式，这才在元旦期间联系到了叶某的姐姐。医院无法证实叶某姐姐的身份，于是拒绝了她的要求，建议她提供身份证明以及与患者叶某之间的身份关系，并且通告当地公安机关，征得他们的同意。叶某的姐姐提出，她的家远在外地，希望医院能变通一下，比如说让叶某的单位同事作证，证明她和叶某之间的姐妹关系，医院认为这样不妥，必须为患者本人的安全利益负责。叶某姐姐无奈，只能按照医院的要求去做，而住在医院里的叶某见到她的姐姐时，非常木然，没有表现出明显的欢喜与兴奋。

叶某姐姐的全部手续都办好了，还按照医院的要求，特别通告了当地公安机关，公安机关书面同意患者经由其近亲属接走。就这样，叶某于2008年1月初由她姐姐办理了出院手续，被她的姐姐接走了。

【医案评说】

这是每一家精神卫生专科医院常常经历的一幕。围绕着既往已经明确诊断的精神病患者，以及首次入院就诊的疑似精神病患者，总得有人将患者送到医院。那么谁有资格将患者送往精神专科医院住院治疗呢？这是完全的法律问题，而我国迄今为止，颁布了如此众多的部门法律，却依然缺失一部可以在全国范围内施行的精神卫生法律或者法规。在由谁可以将患者送至医院住院的问题上，依照民法法理，无明确限制，民事行为不受制约。医疗行为就属于上述民事行为中的一种。而精神病患者住院问题等涉及精神卫生专业的医疗行为，则同样是医疗行为当中的一种，没有限制性规定，医疗行为自然不受约束与限制。实际工作中，通常精神卫生专科医院往往遵循着由患者监护人或者近亲属决定患者是否住院的行业习惯。

我们注意到，自2001年以来国内先后有上海、宁波、北京等7个不同级别的城市颁布了区域性的《精神卫生条例》。在决定患者住院的环节上以及明确规定出院接回患者义务的内容上，上海、宁波、无锡以及杭州四地的地方性法规有着明确的规定，其中尤以江苏无锡市的《无锡市精神卫生条例》全面而具体。该条例第三十四条明确规定了精神疾病患者的监护人应当履行的各项责任，其中就包括看管、照顾义务；协助医疗义务，为需要住院治疗的患者办理住院手续；为经诊断可以出院的精神疾病患者办理出院手续等与医疗相关的义务。此外该条例第二十八条、第三十条、第三十六条，也相继规定了监护人的其他权利与义务。上述这些有关监护人的权利义务等内容，在其他地区的法规之中，也有相同或相似的规定。

对于出现本例这样的精神疾病患者或者疑似精神疾病患者有伤害自身、危害他人或者危害社会行为的，上述地方法规，如《上海市精神卫生条例》还规定了，“其监护人、近亲属、所在单位、住所地居民委员会、村民委员会或者事发地公安部门应当将其送至精神卫生医疗机构；其他单位和个人发现的，应当向其住所地居民委员会、村民委员会或者事发地公安部门报告。”因此，尽管国内的大部分地区目前还没有与精神卫生有关的法律法规，但可以参照上述规定，在接受患者住院这一环节上，做好上述护送人员的身份核查工作。至少接诊医生应当查清护送人员的真实身份，以及他或她与患者之间的身份关系。这样做，就可以避免日后可能出现的不必要的麻烦。

当然能否住院的核心问题在于，诊断是否构成精神疾病，并且其病情是否应当接受住院治疗。对此内容将在下一个案例中加以探讨。

【法律常识】

（1）借鉴部分地区的精神卫生法规，对于原本应当住院治疗的患者，其监护人拒绝办理住院手续的，或者病情尚不稳定、不具备出院条件，而患者监护人执意要求出院的，医生该怎么办？

以《武汉市精神卫生条例》为例，对于原本应当住院治疗的患者，其监护人拒绝办理住院手续的情形，该条例第二十八条规定，精神科执业医师认为不能辨认或者不能控制自己行为的精神障碍者必须住院治疗的，应当提出医疗保护性住院治疗的医学建议。监护人不同意精神障碍者住院治疗的，应当向医疗机构说明理由后签字确认，并由医疗机构在其病历中记录。

还是以《武汉市精神卫生条例》为例，对于病情尚不稳定、不具备出院条件，而患者监护人执意要求出院的情形，该条例第三十条规定，医疗保护性住院治疗的精神障碍者经具有主治医师以上职称的精神科执业医师诊断，认定可以出院的，由精神障碍者的监护人或者近亲属办理出院手续；认定不宜出院的，应当向其监护人或者近亲属说明理由，由其监护人或者近亲属决定是否出院并签字确认后，由医疗机构在其病历中记录。

至于那些有严重危害公共安全、他人人身安全行为的患者或疑似患者，该法规还规定了，应当由事发地公安机关依法委托有资质的鉴定机构对其进行精神障碍鉴定；经鉴定，其事发当时不能辨认或者不能控制自己行为的，依法作出强制医疗的决定，将其送往指定的精神卫生医疗机构实施强制医疗，并及时通知其监护人。

（2）如何稳妥地实施保护性约束措施？

以《武汉精神卫生条例》为例。该条例第四十一条原则性地规定："禁止利用保护性约束措施惩罚精神障碍者。"同时，为区分正常的保护性治疗措施，该条款又规定了以下内容：因治疗需要或者防止发生伤害自身、危害他人等意外，需要对住院治疗的精神障碍者暂时采取保护性约束措施的，应当由两名精神科执业医师决定，在病历中记载和说明理由，并按照相应的操作规范执行；精神障碍者病情稳定后，应当及时解除保护性约束措施。上述规定值得其他地区的精神卫生专业的医生借鉴。

10.2 真假精神病

【医案寻踪】

郭某(女性，49岁)系某画院的兼职画家，因其早年丧夫，身边只有一个儿子相伴。儿子成年并结婚后，两代人曾经共同生活了一段时间，但郭某无法同其儿媳相处。郭某每次因为鸡毛蒜皮的小事，唠叨起儿子、儿媳来，都会喋喋不休，没有三四个小时甚至一个晚上，都不能罢休。儿子、儿媳因为无法忍受，只得搬出来，暂住在儿媳的娘家。时间长了郭某就会不断给儿子打电话要求儿子回来。郭某的儿子感到这样下去总不是个事儿，两口子就商量怎么另外购买一套新房居住。因为这是一件大事，必须和郭某商量一下。郭某一听勃然大怒，坚决反对。从此，郭某只要见到儿媳就会恶语相加，什么难听骂什么，中心议题就是儿子被儿媳勾引得失掉了魂灵，不要她这个妈妈了！因此这个儿媳妇就是狐狸精，而且儿子的岳母也不是个好东西，也帮着她女儿勾引她唯一的儿子，是个老狐狸精！不仅如此，郭某还跑到儿媳的单位谩骂她，完全失去了一名文化人的水准；她还多次在下班的时间段到儿子的单位等着儿子出来，要儿子听她的话、跟她走。郭某把自己偌大的一个家，也弄得乱七八糟，包括儿子儿媳房间里挂在墙上的结婚照等，几乎所有与儿媳有关的东西，都被她砸了好几遍。并且整日里都在忙着写材料，说是要寄给齐白石老先生。儿子自己偷偷地咨询过心理医生，他母亲的状态还算正常吗？心理医生建议他带着郭某及时到专科医院就诊。可是这怎么可能呢？儿子想到了娘舅，可是这话刚一出口，就被娘舅骂了个狗血喷头，娘舅认为是这个外甥脑子有了病了。

看着这个家几乎快被母亲亲手毁掉了，儿子无奈之下拨打了110电话，请求帮助。警察建议他将郭某送至精神专科医院接受鉴定，以确诊是不是得了精神病。在警察的协助下，将郭某送到了专科医院。专科医院的医生经过细致询问病史，体检，以及复杂的专科辅助检查，初步诊断为精神分裂症。在郭某唯一的监护人——儿子——的要求下，暂收入心理专科，住院期间继续观察病情变化并完善诊断。入院后经细致观察与辅助检查，确定诊断为精神分裂症。

经过2个月的治疗，包括心理疏导与必要的药物控制，治疗效果非常好。患者痊愈出院。

10个月后，患者郭某及其兄弟，领着两位自称是记者的人来到医院，要求复印她自己的住院病历。两位记者还提出了采访经治医生的要求。由于经治医生值班休息，所以采访只得作罢。过了几天，当地媒体果然刊载了这样的内容：《一名优秀的人民艺术家被无端送进疯人院》，这样赫然的题目冲击着广大受众者的视野。医院很快将所掌握的事实真相提交给该媒体以及该媒体的主管部门，事实最终得以澄清，这一无端报道才不再继续跟风炒作了。不久，法院寄来了一纸诉状，郭某将医院连同其子一道告上了法庭。接下来几个月的时间，主审法官担当起了心理医生的角色，对郭某疏导、调解。最后母子言归于好，郭某也不再迁怒于这家专科医院，息诉宁事了。

【医案评说】

循着当初媒体记者的疑问，郭某真的有精神病吗？这个问题让医生如何回答呢？

首先，必须确认无疑的是，针对精神疾病的诊断是一种医疗行为，也只能是一种医疗行为。从法律层面理解，这一内涵，就是只有执业医师，才有资格为某一疑似精神疾病的患者作出肯定与否定的诊断结论。除此之外，社会公众没有诊断权，媒体没有，司法机关也没有。因为针对患者的疾病诊断，仅仅是一个医学专业问题。至于这一诊断的正确与否，则应当由行业专家加以确定。像确定某人的胃病究竟是慢性胃炎还是恶性肿瘤一样，诊断作出后，作得对与错，在法律上最终要靠鉴定结论加以确定。

现实生活中，除了上述精神专科医院的医生，精神司法鉴定机构也可以作出是否患有精神疾患的诊断与判断。这并不是法律制度的例外情形，因为所有从事上述精神司法鉴定的鉴定人，也同时是拥有精神科执业医师资格的人员。

由于精神疾病诊断可能产生对患者的社会生存状态与社会评价的深刻的影响，针对这一疾病的特殊性，国内部分地区颁布的《精神卫生条例》均对此作了特别的诊断复核制度设计。以《武汉市精神卫生条例》为例，该条例第二十六条规定，从事精神障碍诊断、治疗的人员应当具有精神科执业医师资格；重性精神障碍的诊断应当由具有两年以上精神障碍诊断、治疗工作经验的精神科医师作出。该条例在第二十七条设计了一项诊断复核制度："被诊断为精神障碍者本人或者其监护人对诊断结论有异议的，可以向作出诊断的医疗机构申请诊断复核。医疗机构应当在收到申请之日起一个月内，组织两名具有副主任医师以上职称的精神科执业医师进行诊断复核，并作出复核结论。"并且规定，那些与精神障碍者有亲属关系或者其他利害关系的精神科执业医师，不得为其进行诊断和诊断复核。还有，在本次复核之前已经对精神障碍者进行过诊断活动的精神科执业医师，不得为同一精神障碍者进行诊断复核。这在其他几个地区已经颁布生效的《精神卫生条例》当中，也都有类似的制度设计。例如有的地区法规当中，规定须有3位副主任医师以上职称的医师参与诊断复核；医疗机构作出复核的时限从2个月至6个月不等。

近期媒体在频繁报道"被精神病"事件，一时间仿佛全国的精神卫生专科医疗机构都成了迫害政治犯的"疯人院"，甚至成了"看守所"，这是媒体有意无意地误导广大受众。精神卫生专科医疗机构在更多的情况下承担着其他医疗机构难以想象的社会责任与压力。这些医院里收治的不是"被精神病"的人士，而是患病多年、贫病交加的无人过问甚至被变相遗弃的精神疾患的残疾人。他们无人关注，有许多患者原本已经治愈、康复，可以回归社会，过正常人的生活，但却没有近亲属愿意接他们出院回家。有的患者出院后身无分文，无亲无故，无房无钱，无家可归。而医院往往成为他们度过余生的最后居所。对于这些患者，媒体是否有兴趣关注呢？

慎重起见，我们建议针对所有首诊的疑似精神病患者，作出诊断之前务必极为慎重，作出住院的决定就要更慎重了。不仅要考虑到病情本身，还要顾及并充分尊重患者的每一位监护人的意愿。

已经实施的几部《精神卫生条例》公认，"精神障碍者有获得精神卫生服务的权利，其合法权益受法律保护。"这才是精神卫生立法的主题与主线。请不要让"被精神病"问题继续伤害广大基层精神专科医生的心。

【法律常识】

（1）心理咨询机构属于医疗机构吗？心理咨询师可以作出精神疾病的诊断吗？

心理咨询机构不属于医疗机构。以《北京市精神卫生条例》为例，该条例第二十二条规定，设立营利性心理咨询机构应当向工商行政管理部门依法登记，领取营业执照；设立非营利性心理咨询机构应当向民政部门登记，取得"民办非企业单位登记证书"。

既然不是医疗机构，根据《医疗机构管理条例》的有关规定，心理咨询机构就没有资格从事精神疾病的诊断、治疗。即使拥有精神科执业医师资格的人员受聘于心理咨询机构，依据《执业医师法》，也不能在该机构内实施诸如诊断与治疗等医疗行为，否则即为非法行医。

（2）在精神卫生专科医院中开展药品的临床试验有哪些应当注意的方面？

依据《药物注册管理办法》《药物临床试验质量管理规范》《医疗技术临床应用管理办法》《药物临床试验伦理审查工作指导原则》等法律规定，结合精神卫生专业的实际，在精神卫生专科医院开展临床新技术与药物临床试验，必须符合以下要求，即拟开展的新技术只能用于精神疾病专科，并且精神病患者可以因此获得利益。精神专科医院不得接受适用于其他临床医疗专科的技术与药物，而将精神病患者作为单纯的药物与技术实验对象，使得精神病患者从中仅仅承担风险，却无利可获。

此外，需要精神障碍者参与医学科研活动或者接受新药、新治疗方法的临床试验时，医疗机构或科研机构还应当按照有关法律法规规定办理相关手续，并向精神障碍者或者其监护人说明医学科研、临床试验的目的、方法以及可能产生的后果。对有民事行为能力的精神障碍者，应当书面告知其本人，取得其书面同意；对无民事行为能力或者限制民事行为能力的精神障碍者，应当书面告知其监护人，取得监护人的书面同意。

10.3 谁是监护人？

【医案寻踪】

毕某（男性，65 岁）患有精神分裂症近 40 年，在某精神卫生专科医院住院治疗也已经三十七八年了，除了他的两个远在外埠的弟弟之外，已经没有什么亲人了。早年的工作单位，也在 20 年前就破产了，留下他孤零零一个人在医院。没有人供给他生活费用，全部住院费用以及生活费都来自民政局的最低保障金。至于他的两个弟弟，只有其中的一个弟弟偶尔会来医院看看他，其余的什么也不管。毕某的精神疾患早已稳定，生活完全自理，按照他目前的病情，如果有家的话完全可以回家康复。

2010 年 3 月 19 日早晨，毕某起床时突然跌倒在床旁，护理人员赶来时发现毕某的一侧肢体用不上劲了，医生检查发现毕某右侧上、下肢体的肌力接近 0 级，初步判断发生了脑血管意外，限于专科医院的医疗条件限制，值班医生立即拨打了 120 前来急救，很快毕某被送至附近的三级医院，经查为急性脑血栓，须住院治疗。该专科医院立即着手通知毕某的两个弟弟。电话拨通了，可是人却迟迟没有来，反复多次催促，毕某的两个弟弟终于在毕某转院第五天来到现场。看得出来，两个弟弟的经济状况非常普通，两人也都没有意愿出钱供他们的这位兄长治病。两家医院的工作人员各自以不同的内容对这二位进行了细致告知，两人分别在告知书上签了字，离开了医院。此后便杳无音讯了。毕某的脑血栓病情稳定后，所在医院就急着让转送病人的专科医院将病人尽快接走，理由很简单，哪个患者愿意同精神病人一个病房？专科医院接回病人，但是脑血栓的继续治疗就成了问题。由于医疗技术不具备，药品设备缺乏及诊疗范围无法涵盖内科专业，专科医院请示卫生行政机关后，同意继续收留毕某。医院定期联系外院内科医生来院会诊，提供诊疗意见。至于医疗费以及护理费等生活费用，超出的部分只能由医院承担。但是问题不是都解决了：现在毕某的两个弟弟都联系不上了，从法律上讲，他们还是毕某的监护人；而且因为有他们的存在，社区与民政均无法以毕某的监护人身份出现，一旦患者病情变化怎么办？一旦出现需要监护人决定的事件怎么办？此时将由谁作出选择与决定呢？如果没有事先告知毕某的两位兄弟，一旦其监护人事后来到医院，没有告知的事实，同样属于违反有关知情同意的法律规定，也同样要承担法律后果。为了保留证据，在医院法律顾问的指导下，医院先后采取发送短信、特快专递等方式向毕某远在外地的两位监护人发出了病危通知……

【医案评说】

这样的事情在精神专科医院经常发生，许多患者在住院多年之后，尽管病情已经稳定，完全可以回归社会，但是他们却无家可归。医院就成了这部分人的归宿。而只有真正没有任何近亲属、没有法定监护人的患者，社区才能实实在在地担当其监护人，承担起看护病人的责任。尽管《中华人民共和国民法通则》（简称《民法通则》）在监护人制度设置上体现了监护人的设立应当有利于被监护人，但是实际社会生活中，谁来监督监护人针对被监护人的监护责任履行状况？甚至在出现监护人作出伤害或遗弃被监护人的行为时，由谁拥有请求法院变更监护人的诉权？精神病患者的权利恰恰就体现在这细小的环节之中。

未来的《精神卫生法》是否应当将立法的中心确立在如何维护精神病患者的实际权利上，而不是泛泛的所谓住院治疗的精神障碍者享有人身自由权、通讯权、受探视的权利，请不要误将病房当做限制自由的“看守所”。

曾经有许多类似的情形，精神病患者在罹患其他躯体性疾病之后，比如本例患者所患疾病，普通医疗机构一听这是一位精神病患者，就毫无理由地拒绝患者就诊，拒绝患者住院治疗，往往硬性地要求患者家属尽快带着患者离开，仿佛驱除瘟疫一般。至于这样的患者最后去哪里看病，只得去精神专科医院的综合病房了。

《中华人民共和国宪法》（简称《宪法》）第四十五条规定，“中华人民共和国公民在年老、疾病或者丧失劳动能力的情况下，有从国家和社会获得物资帮助的权利。国家发展为公民享受这些权利所需要的社会保险、社会救济和医疗卫生事业。国家和社会帮助安排盲、聋、哑和其他有残疾的公民的劳动、生活和教育。”帮助精神残疾人士，也是《宪法》赋予国家与社会的职责与义务。因此，社区、村委会与民政帮助精神病患者，这是源于《宪法》的义务。

【法律常识】

（1）现行法律有关精神病患者的监护人是怎样规定的？

《民法通则》第十七条规定，“无民事行为能力或者限制民事行为能力的精神病人，由下列人员担任监护人：（一）配偶；（二）父母；（三）成年子女；（四）其他近亲属；（五）关系密切的其他亲属、朋友愿意承担监护责任，经精神病人的所在单位或者住所地的居民委员会、村民委员会同意的。”这里的“其他近亲属”指的是“兄、弟、姐、妹，祖父、母，外祖父、母，孙子、孙女，外孙子、外孙女”。

（2）监护人是“终身制”吗？法律有没有规定变更监护人的程序？

《民法通则》第十七条第二款规定，“对担任监护人有争议的，由精神病人的所在单位或者住所地的居民委员会、村民委员会在近亲属中指定。对指定不服提起诉讼的，由人民法院裁决。”这一内容，应当是针对“争着抢着去当监护人”的情形，对于精神病患者而言，他的法定监护人不是争着去担当，而是避之不及，换句话说就是：“谁担当我都没意见，我反正是不当的。”这种情况怎么办呢？早在1986年制定《民法通则》时，立法者让精神病患者所在单位或居委会（现在称为“社区”）、村委会担当指定其中某一人去出任“监护人”的责任，这在现实生活中少有操作性。因为“清官难断家务事”，按照中国人的传统，这种家庭内部的事，外人没法掺和。结合第十七条第三款的规定，“没有第一款规定的监护人的，由精神病人的所在单位或者住所地的居民委员会、村民委员会或者民政部门担任监护人。”也就是说，只有在精神病患者不存在监护人时，“精神病人的所在单位或者住所地的居民委员会、村民委员会或者民政部门”才能担任监护人，这样一来那些原本存在“法定监护人”的患者，而这些“法定监护人”偏偏不愿意担当、怠于履行监护义务的，上述这四类单位就无法介入其中了，这一制度设计显然不利于精神病患者。

尽管《民法通则》第十八条规定了监护人的法定义务，并且还规定了“监护人不履行监护职责或者侵害被监护人的合法权益的，应当承担责任；给被监护人造成财产损失的，应当赔偿损失。人民法院可以根据有关人员或者有关单位的申请，撤销监护人的资格。”这个“有关人员或者有关单位”究竟指向何方？具体落实到哪些人头上呢？我们不得而知。譬如本例之中的患者毕某，其两个兄弟事实上均不再履行其法定监护义务，或因能力不济或因缺乏爱心，但是由谁担当这个可以提出撤销申请的“有关人员”或者“有关单位”呢？可以是感触最深的专科医院的医护人员吗？也许这一监护人法律制度上的缺陷，只能等到这一制度进行调整的时候了。

附：精神病患者入院协议

精神卫生中心住院协议书

住院号：______

甲方（医院）：______精神卫生中心

乙方（患者）：姓名______ 性别 ____ 年龄____ 身份证号______________

住址 ：______________________________

患者监护人（即法定代理人）：姓名______ 性别____ 年龄____

与患者身份关系 ：_______ 身份证号________________

详细住址：______________________________ 工作单位 __________

联系电话：手机 ______ / 宅电 ______

鉴于患者(患有/可疑患有)精神卫生疾患，需要住院诊疗，患者监护人自愿为其申请在甲方医院住院诊疗，经甲方门诊急诊检查，认为存在住院诊疗指征，可以住院。为此，双方在平等、自愿、充分知情、意思表示真实的基础上，达成如下住院协议。

一、经乙方监护人陈述，患者自____ 年____ 月开始，在入院前的____ 时间内，出现以下临床症状：

1. 谵妄综合症
2. 科萨柯夫综合症
3. 幻觉—妄想综合症
4. 精神自动综合症
5. 紧张症性综合症
6. 情感综合症
7. 疑病综合症
8. 强迫综合症
9. 其他

并伴有(自残/自杀/伤人/毁物)的倾向及表现。

对于上述陈述，乙方监护人承诺与事实完全相符。

乙方患者的近亲属______ 作为患者本人的监护人，同意接受建议，接受住院治疗。

二、乙方患者本人在办理住院手续，入住病房后，享有住院患者的一般性权利，包括获得病情告知的权利；获得体格检查、辅助检查以及临床观察的权利；获得诊断的权利；获得系统治疗的权利。

甲方有义务履行上述职责，但是甲方上述职责的履行，应当得到乙方患者本人及患者监护人的配合。

三、乙方享有与疾病相关的隐私权，甲方在住院期间以及治疗终结后，始终尊重乙方的隐私权，住院期间在患者的探视人员之中，如有需要特殊回避的，监护人应预先提出书面申请。

四、乙方入院后，患者本人及监护人均应当严格遵守甲方的相关住院制度与规定。

乙方监护人应当保障全天24小时内，保持与甲方及其医务人员的通讯联系。在甲方认为已经发生了需要向乙方患者履行告知义务之时，诸如针对病情、手术、特殊检查、治疗等，以及发生一切甲方认为需要告知的事宜时，如果甲方无法按照乙方在本协议上记载的电话号码，及时有效地向乙方履行告知义务，导致诊疗被延误，则乙方应当承担因此发生的一切责任。

五、乙方监护人在办理入院手续的同时，以及住院期间，始终有义务为乙方患者本人支付所需的全部医疗费，以及住院期间所必需的各类生活费用。

甲方有权按照相关规定，预先收取医疗费，并随时督促乙方监护人及时交纳医疗费。如发生医疗费用余额不足______元情况，经催告____日内，仍未能按照甲方的催告及时补交医疗费，甲方有权立即终止治疗，直接为乙方患者办理出院手续，并通知乙方监护人立即接回患者，如逾期不接，因此发生的新的费用由乙方监护人承担。

乙方监护人应当及时为乙方患者本人提供住院所需的生活费用，拖延或者拒绝支付生活费，致使患者无法正常住院接受治疗乃至继续生活的，经甲方医务人员催告后，______日内仍然没有为患者支付生活费用的，甲方有权利立即终止治疗，通知乙方监护人立即办理出院手续，并离开医院。

如乙方监护人自接到甲方上述通告之日起逾期____日，始终拒绝为乙方患者办理出院手续、离开医院，则甲方有权利直接按照乙方监护人的住址，将乙方患者直接送至其监护人住所处，并由乙方承担因此发生的一切费用。

乙方因病情好转、稳定，而治疗终结，甲方可以通告乙方监护人，按期来医院办理出院手续，如乙方自接到甲方通告之日起逾期____日，始终拒绝为乙方患者办理出院手续、离开医院，则甲方有权利直接按照乙方监护人的住址，将乙方患者直接送至其监护人住所处，并由乙方承担因此发生的一切费用。

六、按照法律规定，乙方监护人既是其法定监护人，同时也是其法定代理人，因此在决定住院、住院期间以及治疗终结后办理出院、离院手续任何环节，甲方对于其代理人的在上述期间内的意思表示与行为，完全视为乙方患者的真实意思表示与行为；且乙方监护人的上述民事行为具备法律效力，并应当承担相应的法律责任。

乙方监护人有权代理患者本人享有知情权，选择诊疗方式与措施的权利，享有决定住院、出院的权利。

七、精神卫生疾患作为临床医学中的一类专科病种，乙方患者监护人同意在住院之后可能根据病情的需要，接受甲方医务人员的专科医疗措施。包括药物治疗、心理治疗以及物理治疗等。其中特殊治疗措施，甲方将另行告知。

八、因为精神疾病患者，多拒绝承认自身患病，拒绝接受抗精神病治疗，并且按照其原有疾病临床表现，存在自杀、自残、伤人、毁物，行为无法控制的特点，出于治疗与患者本人及周边人士安全的考虑，在整个住院期间患者本人的行为自由会受到不同程度的限制；必要时还需要对其进行强制性治疗，以及采取保护性约束措施。还有可能在实施上述措施时有可能遭致乙方患者本人的抵抗。甲方上述行为是正常医疗活动的一部分，在任何情况下，均不视为对乙方患者人身权利的侵犯，乙方监护人同意甲方的上述行为可以完全免责。

九、乙方患者住院治疗过程中，甲方可能会依据乙方患者的病情特点，使用一种或多种抗精神病药物以及其他药物，上述药物均有可能发生不可预见的不良反应，诸如代谢综合症、病理性骨折、猝死等，由于已知的和不可预见的原因，无法保证药物的疗效。并且，每一个患者对于药物的耐受性与敏感性不同，个体差异大，在正常治疗期间甚至会出现无法预见及无法避免的意外情形与后果。

甲方将严格依据精神医学医疗技术操作常规、药典规定以及临床医学通说使用药物，实施治疗。

十、由于乙方患者本人原有疾病的特点，存在自杀、自残、伤人、毁物，行为无法控制的临床表现，并且治疗过程中病情与心理变化均可能诱导患者出现上述病态的异常行为，即意外事件。尽管甲方医务人员已经尽到了医疗护理义务，但是仍然难以避免，甲方对此意外事件及其后果，无法律责任。

十一、依据精神卫生疾患的临床医学理论与实践，绝大多数精神疾病具有反复发作的特点，虽经系统治疗，但是有时会发生病情迁延不愈、反复发作，加重乃至恶化的预后。部分患者则可以达到临床治愈或基本治愈以及好转的状态。乙方患者监护人对此表示认同。

十二、乙方患者本人若因自身的原因，擅自离院出走，则甲方工作人员立即通告患者监护人，双方有义务共同合力寻找出走的乙方患者。上述情形依据法律，在甲方已经尽到了应尽的法定义务之后，仍然发生乙方患者出走的事件，可以免责。

十三、任何原因，乙方患者经其监护人接离院期间，在离开医院期间所发生的任何意外伤害事件、出走事件以及其他事件，均与甲方无关；上述事件导致的任何结果，其法律责任均应由乙方本人及其监护人承担。

十四、乙方患者本人及其监护人在乙方在住院期间，发生损坏医院及其他人员财物，损害第三人身体，造成财务损失与人身损害的，应当由乙方患者本人及其监护人承担损害赔偿责任。

十五、乙方患者住院期间随身携带的物品，包括住院初及探视期间为患者携带的物品，均应当预先告知甲方，并经过甲方相关工作人员的细致检查，以排除可以造成不定伤害的各类危险物品。乙方对此项检查工作，应当全力配合。因乙方拒绝配合甲方的检查，导致危险物品留存于乙方患者手中或者留存在乙方可控制区域，因此发生任何意外事件，均应当由乙方监护人承担责任。

十六、乙方患者在住院期间，有发生各类躯体疾病的可能，或者原有躯体性疾病复发的可能。甲方视乙方患者的综合病情状态与甲方实际临床业务范围，对上述非精神专业疾病，可以选择建议乙方监护人转院，也可以选择继续留院对症治疗。

乙方患者在住院期间，对于突发严重躯体疾病等急症，乙方监护人未及时来院或者拒绝配合医疗的，甲方视病情情况，有权作出先行救治或转院的处理，由此发生的一切后果及相关费用，均由乙方承担。

乙方患者入院时除患精神疾患外还合并躯体疾病，并要求住院治疗的，乙方及乙方监护人应当提供患者在其他医疗机构就诊时，其他医院因乙方患者本人合并精神疾患拒绝接诊拒绝收治入院的证据。若甲方现有的技术水平可以满足乙方要求，则甲方可以收留乙方住院治疗；如病情复杂、危重，超出甲方的临床医疗技术水平，则出于对乙方患者的健康负责的考虑，甲方可以暂不收治入院。如乙方执意要求住院，住院后发生一切后果由乙方及乙方监护人负责。

十七、乙方监护人非经甲方准许，不得转、委托第三人作为乙方患者的代理人，代替乙方监护人履行代理义务与监护权利义务。

十八、乙方住院期间形成的某项诊疗的知情同意文书等，视为本协议的有效补充。

十九、本协议经双方（医院方代表以及患者的监护人）签字后，立即生效。

甲方：　　　　精神卫生中心　　　　乙方：

签约代表：　　　　　　　　　　　　法定监护人：

签约时间：　　年　　月　　日　　　签约时间：　　年　　月　　日

第11章 计划生育法律系列

——璋瓦之乐

《诗经》中有："乃生男子，载寝之床，载衣之裳，载弄之璋。乃生女子，载寝之地，载衣之裼，载弄之瓦。"重男轻女与多子多福，一直是数千年来作为农业立国的传统，而且根深蒂固。计划生育政策较之于宏观，是当今我们国家层面的法律制度；较之于微观，涉及每一个家庭，需要面对的则是数千年以来形成的传统观念。娶妻生子，传宗接代渗透进每一个中国人内心，所以，中国的人口才得以如此庞大。但是，有限的资源与空间，决定了人口必须控制在合理的数额之内。所以，如何以恰当的方式、以法律制度的形式干预生育，干预人口发展，我国的立法机关已经为此探索了数十年。

现在与人口及计划生育相关的法律制度已经初步形成体系，而且，计划生育政策的落脚点越来越倾向于优生优育以及尊重妇女生育权利，而不仅仅是人口控制了。

以下是现行的法律法规以及部分地方法规：《中华人民共和国妇女权益保障法》（简称《妇女权益保障法》，1992年12月1日实施），《中华人民共和国母婴保健法》（1995年6月1日实施），《中华人民共和国人口与计划生育法》（简称《计划生育法》，2002年9月1日实施）、《计划生育技术服务管理条例》（2001年颁布实施，2004年修改）、《计划生育技术服务管理条例实施细则》（2001年实施），《计划生育技术服务机构执业管理办法》（2001年实施），《社会抚养费征收管理办法》（2002年9月1日实施），《流动人口计划生育工作条例》（2009年实施）。除上述法律法规及国家计生委颁布的规章之外，卫生部近年来也先后颁布与生育及计划生育有关的规章、规范，包括《人类辅助生殖技术管理办法》《产前诊断技术管理办法》《卫生部关于产妇分娩后胎盘处理问题的批复》《妇幼保健机构管理办法》《关于加强孕产期保健，对助产技术进行考核的通知》等。此外在笔者所处区域——辽宁省，还有一些地方的法规、规章乃至规范性文件存在，诸如《辽宁省禁止选择胎儿性别终止妊娠规定》《辽宁省人口与计划生育条例》《辽宁省母婴保健条例》《辽宁省医疗保健机构开展产前诊断技术服务及产前诊断技术人员资格许可办法（试行）》《辽宁省助产技术服务机构基本标准（试行）》。

有理由相信，通过越来越完善的法律法规的构建，既可以实现对人口的有效控制与优生优育，也可以保障各方的权益，尤其是妇女与儿童的权益。

11.1 性别检查

【医案寻踪】

肇某（女性，27 岁）系某县农村的一位孕龄妇女。由于第一胎已经生了个女儿，夫家都对她不满意。第二胎怀孕后，她变得诚惶诚恐，生怕再生一个女儿。怀孕四五个月，婆婆黄某费尽周折打听到县医院里面有一位远房亲戚，而且恰好是做 B 超的。何不求求他，让他预先给看看这次怀上的是男孩还是女孩。如果是男孩就生下来，如果还是女孩就得打胎。因为怀第一胎时也曾问过当时的超声医生，但是医生回绝了他们，因为医院不允许给胎儿作性别鉴定。这次总算找到认识的人了。就这样又过了一个月，婆婆黄某领着肇某去了县医院，找到了她们的这位远房亲戚胡医生。由于预先已经通过亲戚联系过了，这位胡医生显得格外热情。很快肇某就被带进超声室，胡医生细致地为肇某做了产科超声的检查，还捎带查看了腹部其他脏器，肇某小声问医生，能不能看出怀的是男孩还是女孩，胡医生迟疑了一会儿，告诉她，胎儿在宫内发育得很好，你把孩子生下来吧，这孩子你们一定会喜欢的。肇某以为这位医生告诉她怀上了儿子，心理别提多高兴了。作过检查，婆婆黄某也上来询问胡医生，胡医生的答复也是如此，当婆婆的别提有多高兴了，满心欢喜地要把带来的礼物留给这位远房亲戚，不过被这位亲戚婉言拒绝了。在此之后，胡医生又为肇某作了一两次产前检查。

预产期到了，肇某即将临产。一家人万分小心地将她提前送到了县医院待产。分娩过程非常顺利，只不过生的还是个女娃。肇某的婆婆黄某一听就急了，立马找到产科的医生："不对呀，我们在怀孕 6 个月时做了超声了，大夫说是个男孩呀，怎么现在就变成女孩了呢？是不是你们给抱错了？"医生跟她说："我们在孩子一出生的时候就抱给孩子的母亲了，这个不会抱错，生的就是女孩。"绝望之余，黄某一下想到了那位在超声室的远房亲戚，一定是他没有给我们看准！她立马找到正在做超声检查的胡医生，对他当面质问。胡医生开始耐心地向她进行解释，告诉她作为超声医生预先告知胎儿的性别是违法的，任何人，不管是亲戚也好，什么人也好，作为医生都不能这么做。婆婆黄某当然咽不下这口气，径直找到了医院的领导投诉，声称胡医生当初故意欺骗他们。医院领导弄清情况之后，又对黄某作了细致的说明，黄某无奈地离开了医院。后来黄某去当地卫生局投诉，对于她的投诉，当地卫生局的接待人员送给她一本计划生育法规宣传册，她只得悻悻地离开了。

【医案评说】

生男生女本是一种最自然不过的事情，现在尽管我们掌握了预先经过相应检查了解胎儿的性别，但是如果这一项技术导致的不是通向健康福祉，而是随心所欲的人工性别选择，人类在自然界的平衡就会发生倾斜，性别比例失调同样是一种灾难性的结局。传统的观念放在历史的角度，可以理解，但是处于当今社会则必须予以抛弃，这是对现代科学的尊重。

禁止胎儿性别鉴定与维护性别平衡以及保护妇女权益密切相关，早在1992年4月颁布的《妇女权益保障法》第二条就明确规定，“实行男女平等是国家的基本国策。”“禁止歧视、虐待、遗弃、残害妇女。”在该法第三十八条之中，进一步明确了“妇女的生命健康权不受侵犯。禁止溺、弃、残害女婴；禁止歧视、虐待生育女婴的妇女和不育的妇女”等。在此之后，于1995年6月1日颁布的《母婴保健法》第三十二条首次作出了严禁采用技术手段对胎儿进行性别鉴定的法律规定，并为此规定了对违反者，予以“行政处分乃至取消执业资格”的处罚。2002年9月1日实施的《计划生育法》当中，再一次针对胎儿性别鉴定作出了禁止性规定，并且规定了严厉的惩治措施。

因此，本例之中的医生胡某，没有被人情所干扰，没有放弃医学科学原则、放弃法律职责，守住了作为医生的科学操守和法律底线。他的做法是正确的，是值得推崇的，同时也是对一名无辜的胎儿的默默的保护。尽管当初在孕妇肇某及其婆婆面前没有明示，但是这完全是一种善意的谎言。在这里，根本不存在任何“欺诈”。

【法律常识】

（1）有关胎儿性别鉴定问题我国法律是如何规定的？这类行为按照现行法律规定应当受到何种处罚？

1995年6月1日颁布的《母婴保健法》第三十二条首次规定，医疗保健机构依照本法规定开展婚前医学检查、遗传病诊断、产前诊断以及施行结扎手术和终止妊娠手术的，必须符合国务院卫生行政部门规定的条件和技术标准，并经县级以上地方人民政府卫生行政部门许可。严禁采用技术手段对胎儿进行性别鉴定，但医学上确有需要的除外。

2002年9月1日实施的《计划生育法》第三十五条再次明确规定，“严禁利用超声技术和其他技术手段进行非医学需要的胎儿性别鉴定；严禁非医学需要的选择性别的人工终止妊娠。”

2001年由国务院颁布的《计划生育技术服务管理条例》第十八条也明确规定了，任何机构和个人不得进行非医学需要的胎儿性别鉴定或者选择性别的人工终止妊娠。

针对上述违法行为的处罚，《母婴保健法》当中仅仅作了“由医疗保健机构或者卫生行政部门根据情节给予行政处分；情节严重的，依法取消执业资格”宽泛、笼统的规定，到了2002年的《计划生育法》，有关这一违法行为的法律责任变得更加严厉而明确，在其第三十六条当中规定了，对于“利用超声技术和其他技术手段为他人进行非医学需要的胎儿性别鉴定或者选择性别的人工终止妊娠的”行为，“由计划生育行政部门或者卫生行政部门依据职权责令改正，给予警告，没收违法所得；违法所得一万元以上的，处违法所得二倍以上六倍以下的罚款；没有违法所得或者违法所得不足一万元的，处一万元以上三万元以下的罚款；情节严重的，由原发证机关吊销执业证书；构成犯罪的，依法追究刑事责任。”

(2)《母婴保健法》第三十二条规定的“严禁采用技术手段对胎儿进行性别鉴定，但医学上确有需要的除外。”这其中“医学上确有需要”的情形是否明确有所指向？都有哪些情形？

2010年12月29日国家计划生育委员会颁布的《计划生育技术服务管理条例实施细则》第十八条第二款规定，“因生育病残儿经鉴定获准再生育者，怀疑胎儿可能为伴性遗传病需进行性别鉴定的，由省级病残儿医学鉴定组确定，到指定的机构按照有关规定进行鉴定；鉴定确诊后，要求人工终止妊娠的，应出具省级病残儿医学鉴定组的鉴定意见和处理意见。”

此外一些地方性法规，如1999年6月1日生效的《辽宁省禁止选择胎儿性别终止妊娠规定》第五条规定，除医学上确有需要外，严禁任何单位和个人采用技术手段鉴定胎儿性别。“医学上确有需要”是指已诊断为伴性遗传病需要鉴定胎儿性别的。在该规定第六条明确了，“诊断伴性遗传病和需要鉴定胎儿性别的，应当在省卫生行政部门指定的开展遗传性疾病诊断的医疗保健机构进行。”

11.2　妊娠中期引产

【医案寻踪】

绍某(女性，28岁)系辽南某市一怀孕32周左右的孕妇，几天前丈夫黄某刚刚因恶性肿瘤去世。绍某也是两个月前才确切地知道，她的丈夫患上了恶性肿瘤，而且是一种叫做“霍奇金氏病”的疾病。在此之前，她也知道丈夫的身体不好，但是由于丈夫是从事地矿勘探的，具体工作地点在外地，丈夫总是同自己讲工作非常忙，从怀孕到知道他得病已经有五六个月没有回来了。加上她自己由于怀孕，身体不便，也就打消了远赴外地前去探望的念头，一心一意准备生下他们的“结晶”。两个月前，公公婆婆告诉她，丈夫患了“急性淋巴瘤”，这让她感到眼前一片漆黑，她爱她的丈夫，想不通为什么自己的爱人会得上这种无法救治的疾病，她期望着奇迹出现，抬着丈夫去了好几家医院，得到的答复是除了化疗，没有更有效的对策。两个月后丈夫去世，在整理丈夫的病历等遗物时，绍某发现了一个从不知晓的“秘密”，丈夫和他的家人竟然一直在蒙骗她！原来丈夫早在与她相识之前就已经得了淋巴瘤，只是处于治疗缓解期而已。这样算下来，黄某的病史至少2年左右，而不是两个月。而怀孕前后的黄某正在化疗药物维持之中！再去了解黄某的原单位的同事，黄某这半年来从未去外地执行探矿任务，甚至连工作单位都没有去，一直在瞒着她在某家医院住院治疗。

面对这一切，绍某不再感到丈夫去世的痛苦，最担心的关注点转到了自己腹中的胎儿之上。要知道腹内的胎儿在受孕时丈夫正长期服用着化疗药物，如何保证胎儿没有任何影响呢？一种恐惧感袭来，如果生下来的孩子先天畸形或者……绍某原本痛下决心，一定要生下这个孩子，并将孩子抚养成人，现在她彻底打消了这个念头。她不能不为她的后代的健康负责，不能不为自己的一生负责。绍某决定堕胎。于是她先后去过多家医院，可没有一家医院同意直接为她实施堕胎，理由要么是这家医院没有资格引产，要么是由于她拿不出由计划生育机关出具的中期引产证明。她找到计划生育机关，得到的答复是必须持证办理相关手续。而办理相关手续则必须持有相关的全部证件，等她回到家中寻找这些证件，才发现除了自己的身份证之外，一无所获。她明白了，是公婆把她的这些证件藏起来了，原来他们时刻在防范着她。可是从表面上，公婆对她的关怀却“无微不至”，依旧是周到的一日三餐的饮食和从不间断的干果、水果。公婆热切地希望她能把孩子生下来，甚至连孩子的房子，都筹划好了。但是她已经不想今后同黄家的人再有什么瓜葛，堕胎的决心已经不可动摇了。有一个问题横在面前，正常办好所有手续，胎儿也就出生了。怎么办呢？

她找到在外地居住的一位当医生的远房表姐，希望通过这位表姐的关系，可以在表姐所在的医院进行引产手术。这位表姐所在的医院在当地是一家大型综合医院，但却不具备按照计生政策指定的中期引产手术资格。经过表姐的努力，并将与自己有关的全部资料留作证据，如丈夫死亡证明(这还是绍某无意中作为纪念物留存下来的)、无法办理中期引产证明的原因说明，以及本人要求终止晚期怀孕的声明等一并交给了该医院。就这样，在她已经怀孕接近9个月时做了引产术，术后绍某平安无事。

但是，绍某的公婆找到了为她做中期引产的医院，大吵大闹，声称医生杀了他们的孙子，要医院还他们的孙子，并且还找来一位谙熟计划生育政策的人士，提出医院违反计划生育政策、非法堕胎，要求医院给予正式答复，并提出复印引产孕妇的病历，由医院对他们进行赔偿，等等。医院为此紧急召开会议，并特别邀请法律顾问参加。

一场因引产引发的纠纷就此展开。

【医案评说】

客观地讲，绍某在其丈夫死亡之后，她与其夫的父母的姻亲关系就此结束。双方之间已经不存在亲属关系了，患者亡夫的父母无权干预患者本人的生育行为。对于医院来讲，只有患者绍某本人才与医院够得上医疗服务合同法律关系，即医患关系，而绍某的公婆不是患方中的一员。只要未经患者绍某允许或授权，医院就有权拒绝其公婆复印病历，甚至有权拒绝回答其公婆的所有责问。这既是对患者隐私权的尊重，也是在履行医师针对患者隐私的保护义务。所以，医院有理由拒绝回复其公婆，并有理由拒绝提供绍某的病历复印件。

不久，医院接到了市计划生育委员会发来的函。原来，绍某的公婆竟然来到市计生委上访告状，举报为其原儿媳妇实施引产的医院以及医生违反计划生育政策，非法实施引产术。提出的理由是该医院不是省政府指定的中期引产特别机构。该医院在没有中期引产资质的情况下，为怀孕 8 个月的孕妇实施引产，违反法律规定。市计生委在来函中指出，所有医院均应严格依照《计划生育技术服务管理条例》以及《辽宁省禁止选择胎儿性别终止妊娠规定》开展计划生育工作。市计生委要求该医院就此作出解释，尽快以书面形式作出说明。医院接到这封函件之后，很快进行了回复。医院认为，尽管国务院颁布的《计划生育技术服务管理条例》第二十一、第二十二条当中规定了医疗机构从事计划生育服务须依批准项目实施，并且不得超范围从事计生工作，而且《辽宁省禁止选择胎儿性别终止妊娠规定》还具体规定了计划内与计划外妊娠的妇女实施引产须符合的法定条件，但是，这些规定均出自一个立法初衷，那就是禁止进行性别选择。防止借助现代医学检验与影像学技术的发展，人工选择男性胎儿出生的情形出现，以维护新生儿性别比例的平衡。而本例的妊娠妇女，并非在对胎儿进行性别选择，而且医院仅仅是尊重其意愿，终止妊娠，这与性别选择无关。一句话，孕妇只是在行使其不生育的权利。《妇女权益保障法》第五十一条规定，“妇女有按照国家有关规定生育子女的权利，也有不生育的自由。”生育与不生育的权利，是女性的根本权利之一。而该医院之所以对该孕妇施行引产终止妊娠，正是基于法律所规定的这一基本的妇女权益。按照法律无论绍某其夫是否在世，她都有独立的生育权与不生育权，在其夫死亡后，她的生育权与不生育权的实施，同样不受干扰与妨碍，也就是说她完全有权利决定腹中的胎儿“生还是不生”。

市计生委收到这封答复后，针对此事没有另行行文。而绍某公婆由于四处造访无果，最终放弃了上访行为，偃旗息鼓了。

【法律常识】

（1）《计划生育技术服务管理条例》有关实施计划生育措施的医疗机构及其医师，在诊疗范围与技术开展上有无明确规定？

《计划生育技术服务管理条例》于 2001 年颁布，在该条例第三十条之中明确规定，“计划生育技术服务人员必须按照批准的服务范围、服务项目、手术术种从事计划生育技术服务，遵守与执业有关的法律、法规、规章、技术常规、职业道德规范和管理制度。”

在条例第三十九条还就此规定了罚则，即“从事计划生育技术服务的机构违反本条例的规定，未经批准擅自扩大计划生育技术服务项目的，由原发证部门责令改正，给予警告，没收违法所得；违法所得5000元以上的，并处违法所得2倍以上5倍以下的罚款；没有违法所得或者违法所得不足5000元的，并处5000元以上2万元以下的罚款；情节严重的，并由原发证部门吊销计划生育技术服务的执业资格。”

（2）地方性法规，如《辽宁省禁止选择胎儿性别终止妊娠规定》针对各类妊娠中期引产有什么具体规定？

1999年颁布的《辽宁省禁止选择胎儿性别终止妊娠规定》规定，除有法律规定的情形，即胎儿患严重遗传性疾病，或者胎儿有严重缺陷，或者因孕妇患有严重疾病，继续妊娠可能危及孕妇生命安全或者严重危害孕妇健康等，否则不得终止中期以上妊娠。其中上述三种因病引产的，必须由县以上卫生行政部门依据省卫生行政部门指定的医疗保健机构出具的医学诊断结果和医学意见，根据上述医嘱与意见实施中期引产。

对于市以上计划生育行政部门认为可以批准的其他情形，即非因病引产的，须由县以上计划生育行政部门依据市以上计划生育行政部门认为可以批准的其他理由，出具批准施行终止中期以上妊娠的证明。

至于计划外妊娠妇女，则须在乡（镇）人民政府、街道办事处办理“批准终止中期以上妊娠证明”。而县以上计划生育或者卫生行政部门指定的计划生育技术服务机构、医疗保健机构在施行终止中期以上妊娠手术时，必须查验“批准终止中期以上妊娠证明”，并同手术病志一起存档。

《辽宁省禁止选择胎儿性别终止妊娠规定》第十二条还规定，“经县以上计划生育或者卫生行政部门指定的计划生育技术服务机构、医疗保健机构（即具备合法资质的医疗机构内）的工作人员施行终止中期以上妊娠手术不查验‘批准终止中期以上妊娠证明’的，由县以上卫生行政部门依法责令暂停六个月以上一年以下执业活动；情节严重的，依法取消执业资格。构成犯罪的，依法追究刑事责任。并由县以上计划生育或者卫生行政部门按照各自职责，对其所在单位负责人给予行政处分。”

未经县以上计划生育或者卫生行政部门指定的单位和个人，即不具有中期引产资质的医疗机构或者个人，施行终止妊娠手术的，“由县以上计划生育或者卫生行政部门按照各自职责，对责任者每例处以3000元以上5000元以下罚款，情节严重的，由县以上卫生行政部门依法取消执业资格；并对单位每例处以5000元以上2万元以下罚款。构成犯罪的，依法追究刑事责任。”

（3）普通医疗机构开展早孕人工流产，是否需要具备一定的资质？

早孕人工流产项目属于计划生育技术服务范畴。2001年由国务院颁布的《计划生育技术服务管理条例》第二十条规定，“从事计划生育技术服务的机构，必须符合国务院计划生育行政部门规定的设置标准。”第二十二条规定，从事计划生育技术服务的医疗、保健机构，由县级以上地方人民政府卫生行政部门审查批准，在其“医疗机构执业许可证”上注明获准开展的计划生育技术服务项目，并向同级计划生育行政部门通报。此外，从事计划生育技术服务的机构还应当按照批准的业务范围和服务项目执业，并遵守有关法律、行政法规和国务院卫生行政部门制定的医疗技术常规和抢救与转诊制度。

第12章 侵权责任法

——律者，所以定分止争也

2009年12月26日，受到广泛关注的《中华人民共和国侵权责任法》终于颁布，并于2010年7月1日生效实施。毋庸置疑，《侵权责任法》解决的就是民事权利的权限与民事权利被侵犯时的民事责任。

民事权利对于民事主体而言，与生俱来。在中国古代，法家管子曾在其《管子·七臣七主》一书说："法者，所以兴功惧暴也；律者，所以定分止争也。"古代中国的法家们认为，"分"是指"名分、职分"，侧重指一种财产所有关系、财产权利关系。法家主张只有以法律来确定君臣上下的等级关系，确定人与人之间明确的权利关系，使人们各守其职，各就其位，才能使整个社会"复合为一体"，才能长治久安。

因此，《侵权责任法》立法的本旨在于定纷止争，化干戈为玉帛，恢复原本安宁、和谐的社会秩序，这是司法的本质，也是司法核心价值的体现。

对于"定分"的解释，简单的理解就是确定权利界限。战国时期法家代表慎到有一个形象的比喻，"一兔走街，百人追之，分未定也；积兔满市，过而不顾，非不欲兔，分定不可争也"。这无疑恰当地指明权利明晰后的"止争"效果。而2010年7月1日生效的《侵权责任法》的主旨，就是"定分"而"止争"。

应当说《侵权责任法》第七章与其他章节比较，并没有更新更多的内容。在其十一个条款中，仅仅在其第五十五条规定之中，强化了医生的告知义务与法律责任；在第五十六条之中，指明了医生在处理危重患者时的特别行医权；在其第五十八条明确规定了医疗机构在其行为违反法律、法规、规范的法律后果以及病历遗失及伪造篡改病历的法律后果。另外，第六十二条有关隐私权的规定，也是有别于既往的法律规定的条款。上述条款的规定，必须引起行医人的足够重视。

除此之外，第五十四条、第五十七条均是原有的规定与概念(如《医疗事故处理条例》第二条有关"医疗事故"的概念)的转述与翻版，并非新的规定。其第五十九条当中所规定的内容，与《产品质量法》的相关条款一致；其第六十条免责条款的规定以及第六十一条有关病历的规定，则分别是《医疗事故处理条例》第十条及第三十三条的翻版，而且在科学性与严谨程度方面，还略为逊色。至于第六十三条的所谓禁止过度医疗问题，这与上述九条的内容显得风马牛不相及——只有这个"第六十三条"规定的是患者的财产权利，而其他条款甚至本章整个章节全部的条款，都是在围绕患者的人身权是否存在侵权而展开。而且“不必要”的检查，又是建立在“违反诊疗规范”的前提下，并且，没有相应的罚则规定，因此这一条款的存在实在是没有意义。最后，第六十四条的条款规定，则完全是一种安慰性条款。其存在的意义似乎仅仅在于一种字面上的平衡——不过是出于对上述诸多针对医生的限制性、惩罚性条款的一种心灵安慰罢了。实际上，该法第六十四条所规定的情形，早已有包括《刑法》《民法通则》等基本法在内的多部法律加以调整了，在此处出现，也许仅仅是出于上述安慰性的目的。

医患关系的核心——医疗行为的规范，除了法律，至少目前还离不开整个医疗行业的职业道德自律与医生本人的医德自律。

如何做到医患关系的定纷止争？仅仅依靠《侵权责任法》这样一部法律是做不到的。正如卫生部的一位发言人认为，一是要把大力推进的深化医药卫生体制改革作为构建和谐关系的治本之策，从体制机制上逐步消除医患之间在经济利益上的对立和冲突。二是要加强卫生行业的文化建设，弘扬大医精神、仁心仁术等医疗卫生职业精神。三是要加强医疗质量的安全管理，从源头上防范医疗损伤，从根源上加强医患关系建设。四是通过建立独立于医患双方以外的第三方调解机制和医疗风险分担机制，搭建公正、中立的沟通协商的平台，最大限度地消除不和谐因素，妥善地化解医疗纠纷，维护医患双方的合法权益。五是深化平安医院建设，维护正常的诊疗秩序。

12.1 签字人是谁?

【医案寻踪】

2010年10月16日，某基层法院开庭审理一起特别的医疗纠纷案——双方的争议焦点竟然是谁签署的知情同意书，究竟是医院伪造患者签字，还是患方有意隐瞒签字人的实际身份呢？案件一开始就扑朔迷离。原来，原告是曾经在某医院消化科住院治疗的已故患者高某的近亲属。案件之中涉及的患者高某(女性，58岁)曾因晚期肝癌在该医院住院，接受过姑息治疗。住院时间为2010年6月2日—22日。据病历记载，住院时患者高某存在严重腹水，并呈严重恶液质体质。由于病情严重，所以被单独收治在该科的抢救室里。该医院经治医生洪某考虑到患者存在腹水及胸腔积液过多、严重腹胀、呼吸困难等病症，决定为患者实施适量抽放腹水治疗。并且，在腹腔内使用小剂量的化疗药物以减缓腹水的产生，消除和控制播散在腹腔的肿瘤细胞。当时患者和患者家属对这一治疗方案都表示同意，并且实际履行了告知义务。于是，经治医生就为患者先后实施了两次穿刺放腹水。每次放胸水之后，又在腹腔内分别给予了一次小剂量的化疗药物。经过20天的治疗，患者的病情略有好转，腹水的量明显减少，腹胀症状减轻，患者迫切要求出院，6月22日，在办理完出院手续后，患者离院。出院后大约一周，患者死于家中。时隔2个月，患者的丈夫与其女儿以原告的身份，以“大量穿刺放腹水措施存在过失、化疗方案选择不当”为由，起诉了该医院。

2010年10月8日，法院公开审理了本案。让被告医院意想不到的是，原告在庭审证据质证过程中，对病历中的患者“化疗告知书”的患者姓名签署的真实性提出异议。原告主张这份“化疗告知书”上的高某的签字，不是患者的笔迹。这就意味着，这一签名不是死者生前自行书写，而是该医院事后在这份“化疗告知书”上自行伪造了患者的签名。为了说明这一观点，原告还举出了患者生前的其他签名作为反驳的证据。原告的这一主张，让被告大为意外，也大感困惑。明明就是患者签的字怎么就变成了不是患者本人的字迹、医院的医生伪造了呢？休庭后，医院的医务科为此特别召开会议，针对庭审时对方的指控，医方如何查找证据、积极应对呢？这份签字肯定不是医生事后伪造的，那么如果当天的告知书不是患者本人签署，究竟是何人所为呢？有人想到了设在病房公共走廊里的安全摄像监视系统，实际勘察，恰好有一个监视摄像头就在该病房门前，进出人员的面部都清晰可辨。再一查半年前的监测录像，竟然存在当天的影像资料，回忆当天下午时段，果然只有一位年轻的女性反复进出该抢救室，而这位女性正是患者唯一的女儿，签字人只能是她所为！于是，医院立即向法庭申请对患者的女儿的笔迹与告知书上的笔迹进行文痕鉴定。不久，原告撤销了有关告知书系伪造的指控。医院最终赢得了这场诉讼。

事后了解，这是一家教学医院的肿瘤科病房。林医生在科里是一名主治医生，他所在的治疗组内有三名住院医生，还有几名医学院校的临床实习生。这天上午是主治医生林某的查访日，几名住院医生和实习生照例随同林医生查房，汇报各个患者的诊疗状况。由于当天其中一名姓洪的住院医生因病休假，所以这名医生所经治的患者的医嘱，改由林某直接进行调整。恰好其中一位高姓肝癌晚期患者需要进行腹穿放腹水，所以林某指示另一位住院医生代替病假的洪医生为这名患者操作。而这名医生当天还要急于为另一位患者实施胃镜下的治疗，需要进行一些准备，于是，打发实习医生先去病房履行告知程序。而这位毫无经验的实习生，见病房里护士正在给这名患者进行输液穿刺，就冒冒失失地将这份知情同意书留给患者，嘱咐患者签字后送到医生办公室，至于最后是谁在上面签的字，这个实习医生就不得而知了。

【医案评说】

患者子女代替患者本人签署同意书，按理说是符合民事代理行为的习惯和通例的。问题是本例之中，患者近亲属签署的名字不是签字人自己的名字，而是患者的名字。这样一来就发生了本例开始的一幕，患者家属以该处签字并非患者本人为名，声称被告医院提供虚假病历资料，如果不是医院及时通过公共区域的安全监控录像中获得证据的线索，本文的“事实”真要被认定为伪造签字从而推定病历伪造了。在法庭澄清这一女儿代签的事实之后，尽管从表面上看，这一签字人并非患者本人，但是从法理上讲这一过程则完全符合民事代理的全部要件，符合亲情代理的特征。在民事代理中，存在三方参加人：第一为代理人，即患者的子女；第二为被代理人，即患者本人；第三为相对人，即该医院。代理行为的全部要件包括：第一，符合代理人在代理权限之内实施代理行为的特征，患者子女与患者之间存在最为密切的血缘关系，习惯上患者在任何医院接受治疗过程中，除非患者本人明确指出其某位近亲属没有权利代替她或他处理医疗事务，否则均应视为该位患者近亲属有权代理。本案患者子女是当着患者的面，在患者已经明确表示同意接受治疗之后作出的代签行为，应当视为有代理权。第二，符合代理人以被代理人的名义实施代理行为的特点。这一点在本例之中更为明确——患者子女直接签署了患者的名字，以被代理人的名义作出了同意化疗的意思表示。第三，该代理行为存在法律上的意义，本案之中因该子女的代理行为引起了针对患者的小剂量化疗行为，即医疗行为，延伸了医疗服务合同的履行。

原告之所以在诉讼过程中抓住签名非本人这一事实大做文章，是因为其希望借助这一“事实”，引用新近颁布和实施的《侵权责任法》第五十五条以及第五十八条的规定，推定被告在本例之中承担全部民事赔偿责任。

【法律常识】

（1）《侵权责任法》有关医疗侵权的归责原则是什么？

《侵权责任法》第五十四条规定，“患者在诊疗活动中受到损害，医疗机构及其医务人员有过错的，由医疗机构承担赔偿责任。”

民事侵权行为的归责原则，属于实体法——民法——的立法范畴。在大陆法系，无论上溯到古罗马法，还是近代的1804年《法国民法典》以及包括我国《民法通则》在内的当今在世界各国的现行民法，侵权行为的归责原则均是实体法——侵权责任法的重要组成部分，均由民法明确规定；在英美法系，侵权行为的归责原则是通过案例的方式加以固定。依据民法法理，侵权行为的归责原则包括过错责任原则和无过错责任原则（或称严格责任原则）。过错责任原则又区分为普通的过错责任原则与过错推定责任原则。依据2010年实施的《侵权责任法》第七章有关医疗侵权的规定（第五十四条），通常医疗侵权行为的归责原则为过错责任。但是，在其第五十五条第二款，出现违反告知义务的情形时，该法规定，“医务人员未尽到前款义务，造成患者损害的，医疗机构应当承担赔偿责任。”前款义务即为告知义务，违反告知义务的，只要造成损害后果的，医疗机构即应承担赔偿责任，此处不问行为与结果之间是否存在因果关系，此其一。该法第五十八条规定，“患者有损害，因下列情形之一的，推定医疗机构有过错”，包括“（一）违反法律、行政法规、规章以及其他有关诊疗规范的规定；（二）隐匿或者拒绝提供与纠纷有关的病历资料；（三）伪造、篡改或者销毁病历资料”三种情形，此其二。上述情形均适用过错推定原则，这些均是第五十四条之外的特殊情形。

所谓过错推定原则，在诉讼之中的核心与关键就是谁承担举证责任的问题。普通的过错责任原则，遵循“谁主张，谁举证”的原则，而过错推定原则，遵循的是由被推定过错一方承担举证责任。在医疗损害赔偿案件中则由医方就上述特殊情形，承担举证责任。应注意，在《侵权责任法》中，仅仅就上述特殊情形作出了过错推定与举证责任倒置的规定，而不是针对全部的医疗争议。而2002年4月1日实施的《最高人民法院关于民事诉讼证据的若干规定》中第四条第八项所规定的，则是全部医疗损害赔偿案件，均适用举证责任倒置的相关规定。

（2）请简单介绍一下有关笔迹鉴定的基本知识。

笔迹鉴定与文件鉴定作为司法鉴定的一项重要内容，其专业性与科学性极为复杂。

笔迹鉴定是根据人的书写技能习惯特征，在书写的字迹与绘画中的反映，来鉴别书写人的专门技术。主要任务是通过笔迹的同一认定检验，证明文件物证上的笔迹是否为同一人的笔迹，证明文件物证上的笔迹是否为某嫌疑人的笔迹。笔迹鉴定不仅能检验正常笔迹，还可以检验书写条件（包括书写姿势、书写工具、衬垫物等）、变化笔迹、故意伪装笔迹（包括左手笔迹、尺划笔迹）、摹仿笔迹和绘画笔迹。在同一人用同一支笔书写时，也可以用笔痕特征充实认定书写人的根据。

笔迹鉴定是同一认定鉴定，整个鉴定过程可以分为分别检验、比较检验、综合判断三个阶段，每个阶段都有相应各自的不同方法。

12.2 告知，口头还是书面？

【医案寻踪】

2010年端午节前夕，某县医院的急诊室里忙碌了差不多一天的医务人员都在等待着下班时间的到来，此时突然来了一位孕妇，身边还跟着一位同伴，看上去这位孕妇就要临产了。值班的妇产科医生接诊后，经询问病史了解，原来这位孕妇姓蒋，28岁，已经怀孕41周了，预产期就在近日。因为在家中头晕、恶心、周身乏力，在一旁居住的工友的劝说下，才来到医院就诊。细致体检发现，胎儿胎位还算正常，但其余的情况就不乐观了：胎心150次/分，胎动35次/分，羊水偏少，而且，产妇本人的血压高达160/100mmHg。产妇的情况不容乐观，按理应当立即住院观察，必要时应终止妊娠。医生询问患者是否有家人可以通知，蒋某说，她丈夫几个月前就出国打工去了，两个人的家都在吉林，没有什么亲戚在身边，连陪她来的人也仅仅是个工友而已。由于羊水稀少，医生们建议患者及早住院，而且必要时进行剖宫产。但此时蒋某却优柔寡断起来，没了主意。而且，蒋某提供的外地亲属的电话也一个都打不通。无法及时与其家人联系，可是时间不等人啊！医生告诉她，再这么拖下去、等下去，孩子、大人都有危险，陪同蒋某来医院的工友，也听明白了医生的交代，急得不行。因为她不是患者的近亲属，按照医生的说法，一旦术中出现不能预料的意外，无法代替患者本人及时签署意见。正在这么纠结着的时候，急诊检验单回报，产妇血糖 18. 7mmol/L。病情完全不乐观，科室请示医院内的当班领导。医院领导在权衡之后，决定考虑医院的实际水平，无法保证产妇的分娩安全，不宜收治入院。建议联系 120 急救车，将产妇立即转往十公里外的市中心医院。于是医生向患者交代了病情。期间，医生护士们帮着她从速办理了退院、退款手续。孕妇本人口头同意了，正在医院准备为其联系 120 急救车时，孕妇及其女伴已经拿着门诊病历，走出急诊室打车走了。

一个星期之后，医院的医务科来了一群不速之客，原来是端午节前孕妇蒋某的亲戚。声称，孩子已经死了，产妇还在中心医院抢救，就是县医院把她们的病情给耽误了，要求承担产妇现在的医疗费，并且对死亡的孩子给予赔偿。

经了解得知，原来，蒋某当天并没有直接去市中心医院，而是回到了家里。她不太相信医生说的话，认为医生言重了，医生的话只不过是想让她多花一些钱罢了。在她的老家，生个孩子不算什么大事。因此，没到临产的日子，她不想过早去医院待产，那样的话会花很多钱，而她手头的钱又很紧张，所以就没有去市中心医院。工友见她决意如此，也就不再多说话了。两天后，当孕妇不得不前往市中心医院时，胎儿已经胎死腹中，而她自己也危在旦夕，幸而医生的大力抢救，才起死回生。对于患方的诉求，该县医院并不认可。两个月后，医院收到了法院送来的产妇一方的起诉状。

【医案评说】

本例争议的焦点问题就是医院在患者端午节前夕首次就诊时有没有进行告知、履行法定的告知义务。按照当天值班医生的回忆，医生对她的病情状态，进行了反复的告知，建议她尽早住院、尽早剖宫产终止妊娠。但是患者家属却认为，根本没有对患者进行任何形式的告知，因为，患者当天的病历之上并没有体现出告知与患者本人的签字。果然，翻阅患者蒋某的门诊病历时，的确没有见到医生的交代与孕妇蒋某的签字；医生提出当时反复告知时，有患者的工友在场，她一定能证明医生已经履行了告知义务。令医生们没有想到的是，患方竟然拿出来一份由公安机关在作死亡原因调查时记录的证人证言，而提供这份证人证言的人就是产妇的那位工友！在这份证人证言之中，竟然根本没有提及医生们是如何苦口婆心地劝说患者尽早住院手术终止妊娠，却叙述了医生认为当时的孕妇至少要等 3 天之后才能临产，只要回家静等即可，可以住院，也可以不住院。这样医院陷入了非常尴尬的境地。究竟医方是否进行过病情交代和告知？究竟医方的医疗行为是否延误了患者的分娩？孕妇所生新生儿的死与医院的医疗行为是否存在因果关系？一句话，谁能够证明医院及其医生已经履行了书面告知义务呢？也许只有当时的产妇工友最知情，但是这位工友事后再也没有出现过。

此时如果被告医院没有证据提供，法院无疑将依据《侵权责任法》第五十五条第一、第二款的规定，径行判决被告承担民事责任。

无奈之下，医院想到了当时曾经电话通知120急救，于是通过电信部门调取了当时的通话记录，并且通过120的值班记事簿，取得了当时的急救电话记录。同时，医院还调取了事发当天设在急诊室走廊里的监控画面，通过这一监控画面，也可以看到当时有多位医生正在向患者及患者的同伴，反复交代着什么，以及两个人自行走出医院的情景。这样总算可以证明医院当时曾经的紧急施救行为了。而有了这些有力的证据，原告方在这些确凿无疑的证据事实面前，不得不偃旗息鼓。最后在法院的主持下，原告方放弃了所有被告存在过失的指控；被告方则从人道主义角度出发，考虑到原告的实际生活现状，同意对原告予以适当援助，双方和解结案。

【法律常识】

（1）最高人民法院的《关于民事诉讼证据的若干规定》之中有关医疗行为引起的侵权诉讼的举证责任是如何分配的？与《侵权责任法》第七章的规定是否存在冲突？

由于现行《民事诉讼法》在诉讼证据规则上过于含混，为应对与解决民事诉讼司法实践中大量的有关证据规则问题，最高人民法院于2001年12月6日颁布了具有深刻影响力的《关于民事诉讼证据的若干规定》，并于2002年4月1日生效。该司法解释的影响力不亚于对《民事诉讼法》的全面修改。在此之后，全国各级法院无不根据这一解释审理民事案件。

该司法解释第四条第八项明确规定，“因医疗行为引起的侵权诉讼，由医疗机构就医疗行为与损害后果之间不存在因果关系及不存在医疗过错承担举证责任。”也就是说，在民事诉讼中，一旦无法完成上述司法解释规定的举证责任，医疗机构就面临举证不能的结局，而举证不能意味着承担全部民事责任！2010年7月1日生效的《侵权责任法》在过错责任的样态上较这一司法解释有了明显的不同：在第五十五条有关未履行告知义务时，以及第五十八条存在违反法律、法规、规范时以及涉及病历遗失、伪造之时，才存在“过错推定”的情形，即举证责任倒置的情形。而在其他更多的情况下，仅仅是一种普通的过错责任原则，遵循的也仅仅是正常的举证原则，即“谁主张，谁举证”原则。

先后两种规定，优先适用的只能是《侵权责任法》了。

（2）民事诉讼的证据种类有哪些？

民事证据是指能够证明民事案件真实情况的各种事实。根据《民事诉讼法》

第六十三条的规定，民事证据包括以下几种形式：书证、物证、视听资料、证人证言、当事人的陈述、鉴定结论、勘验笔录，共七个种类。作为足以被法庭采信的证据，应当具备真实性、合法性与关联性。临床医生经常性接触和了解的，如各种病历、检验报告单均属于书证范畴，而封存的药品、血液样品则属于物证范畴。其中有患者及患者代理人签字的部分，由于签字人身份的特殊性，其真实性毋庸置疑。有时候为了案件审理以及举证的需要，医疗机构也会向法庭申请证人到庭接受质证，这样形成的证据就是证人证言。医疗事故技术鉴定以及文字鉴定作为专家证人证言，则属于鉴定结论的证据类型。

12.3　术中，选择截肢

【医案寻踪】

柏某(男，55 岁)是一位居住在偏远山区的农民。2009 年 6 月 18 日，柏某在家清理畜舍时，因一次偶然的外伤，竟然当场发生右前臂桡骨骨折，并被家人紧急送入当地县人民医院骨科。经诊断，柏某的骨折为病理性骨折，原因待查明。按照医生的分析和推断，很可能是恶性骨瘤造成的。柏某一家听到这个消息，立刻陷入了极度恐惧与痛苦之中。他们按照医生的医嘱办理了住院手续，等待着医生尽早为他实施手术。经过大约两天的术前准备，医生们开始给柏某实施手术。手术前医生对患者的病情作了一番告知——需要等待术中进行一个冰冻病理检查，确定良恶性之后，再行下一步的手术。手术的第一步就是切开并暴露局部骨折区域。医生们发现，柏某右桡侧骨的骨折处局部组织与正常的骨组织区别明显，但边界尚清楚。于是医生切取了部分异常的组织，送院内的病理室进行快速冰冻病理，30 分钟过去了，没有病理报告，40 分钟又过去了，还是没有报告，主刀医生让台下的护士给病理室打电话，接电话的正是医院的病理医生。原来病理医生接到送检的病理组织后，针对患者的冰冻切片的诊断，一时间他自己也无法弄清楚是恶性的还是良性的，但无论如何不能排除恶性骨瘤的可能。他最后决定按照恶性肿瘤报告。通过电话，病理诊断报告很快送回手术室了，上面赫然写着“印诊：右侧桡骨脂肪肉瘤。”这一下难住了手术医生，究竟是按照良性肿瘤实施手术，还是按照恶性肿瘤切除局部组织乃至截除远端肢体呢？医生们经过反复权衡，认为局部处理应当宁左勿右，还是以保全生命为原则。手术的台下助手迅速走出手术室，对正在外边焦急等待的患者宣布冰冻病理的结果，并建议患者家属选择手术截除患侧远端肢体。家属别无选择，同意实施截肢手术，并在术中告知书上签了字。于是医生就按照恶性肿瘤——“右侧桡骨脂肪肉瘤”的诊断，将患者的右臂肘关节以下的右前臂及右手完全截除了。

术后七天，患者柏某的石蜡切片病理报告（俗称“大病理报告”）也形成了，但是此时的结论却更倾向于一种良性的脂肪瘤，即“黄色瘤”，为慎重起见，病理室并没有立即对外出具病理报告，而将这张切片紧急转送上级医院的病理科进行会诊，会诊的意见却依然是良性的。这就意味着，术中冰冻病理诊断错误、手术截肢错误！如何面对这一切呢？医院在情急之中作出了一个隐瞒事实真相、错上加错的选择——向患者出具了一份“恶性骨肉瘤”的病理诊断结论。一个月后患者出院。不久，患者辗转来到位于省会的一家大型驻军医院准备接受放化疗。经过会诊，事情终于真相大白。被误诊的患者柏某拖着残缺的躯体返回老家的县医院，开始了他的维权之旅。在直接交涉不成的情况下，柏某选择了诉讼。

当地法院对于这一医疗损害赔偿案件的审理，没有任何悬念，庭审过程中经过司法鉴定，确认了被告医院的医疗侵权行为。法院判令由被告医院对原告患者的损害后果，承担全部民事责任。

【医案评说】

近年来，医患关系日趋紧张，医生与患者之间的不信任与怀疑越来越明显。随着《侵权责任法》的生效实施，医生的临床工作面临的问题已经不仅仅是单纯的医学问题，其中也夹杂着越来越多的法律问题。有关告知（即向患者通告病情、引导患者作出选择）的问题，已经成为临床医生的重要日常工作内容之一。为此国家卫生部还曾于2010年上半年通过官方网站，向全国正式发布和推广了北京大学人民医院编撰的《知情同意书汇编》，该汇编40余万字，汇集全部临床专业于一体。一时间，各个医院都在组织各自的医生们，研究如何面对《侵权责任法》履行医生自己的告知义务。本例当中的涉案医生在法律规定的告知程序履行上没有任何瑕疵。无论手术前、手术中还是手术后，只要病情有变化，或者医生针对病情的认知与诊断有变化，都应当及时履行病情通告义务。尽管医生在手术前甚至手术当中都依法履行了告知义务，但是这些并不能替代专业的医疗行为，医疗行为的核心还是医学本身。对患者疾病的诊断错了，手术的术式必然出错，而错误的术式给患者带来的是不尽的痛苦，甚至是无底的深渊。本例涉及的医院，事后明知诊断错误、手术截肢错误，为了掩饰这一切，竟然错上加错、隐瞒真相。这种无良行为，只能使医患关系雪上加霜。有时候，勇于担当是化解矛盾、重塑形象的最好方式。

所以不论在法律层面如何强调民事权利、强调保护患者的人身权利，真正落实到实际只能期待着临床医学多一些发展；施救的临床医生的医疗水平多一些提高；医生本人面对患者多一些真诚；而作为患者面对自身疾病、面对为自己施救的医生多一些理解。医患关系没有了上述这些核心内容，只强调法律意识，不注重医疗质量与技术，难免出问题。而一旦发生争议，并最后沦为法庭之上的互相隐瞒真相，相互攻击，甚至谩骂，这只能是一种悲哀——包括医生，也包括患者在内的悲哀。

【法律常识】

（1）哪些人有资格担当患者在医院接受诊疗期间的代理人代为履行接受告知及签字决定义务？

卫生部2010年1月22日卫医政发〔2010〕11号文件颁布的《病历书写基本规范》第十条规定："患者不具备完全民事行为能力时，应当由其法定代理人签字；患者因病无法签字时，应当由其授权的人员签字；为抢救患者，在法定代理人或被授权人无法及时签字的情况下，可由医疗机构负责人或者授权的负责人签字。"针对上述规定，患者的代理人，可以是其法定代理人，也可以是其委托的授权人。至于患者处于危急状态急需抢救的情形，属于《侵权责任法》第五十六条的调整范畴，将在下一案例中提及。法定代理人按照《民法通则》第十六条、第十七条的规定，指的是，其配偶、父母、成年子女，其兄弟姐妹、祖父母、外祖父母、孙子女、外孙子女。有关法定代理人的甄别问题，既然《病历书写基本规范》已经就这一问题直接规定为"法定代理人"，作为医生就有义务对患者的"法定代理人"进行"初步的"或者被称为"表面的"审查，至少保留其身份证复印件和联系方式。至于患者授权的非法定代理人身份的人，严格说起来，也要保留其被委托人的身份证明的复印件。

应当说上述卫医政发〔2010〕11号文件颁布的《病历书写基本规范》第十条的规定是最为符合《民法通则》等法律规定的。既往有关患者的代理人问题，在《医疗机构管理条例》第三十三条上也有规定，但是仅仅笼统地认定为"家属"或者"关系人"，并未明确规定"家属"的范畴，也没有规定是否需要患者的授权同意。这显然不适合于当今时代了。

（2）在知情同意告知环节中，如何评价"保护性医疗措施"？恶性肿瘤的诊断作出后，应否及时并真实地告知患者本人？

1999年生效的《执业医师法》在其第二十六条首次规定，"医师应当如实向患者或者其家属介绍病情，但应注意避免对患者产生不利后果。"对这一条款的通常理解是，医师在认为必要的时候，即可能对患者产生不利后果的时候，可以采取善意的隐瞒真实病情诊断的方式，不如实向患者本人告知病情，而将真实的病情及诊断如实通告给他或她的"家属"。这也是临床医疗工作的习惯与通例。

但是这一做法并不完全符合现代民法法理，甚至与法理相违背，因为任何情况下，本人的意思表示总是高于代理人的意思表示。患者本人只要存在完全民事行为能力，无论他身体状况多么糟糕，他都有权利作出意思表示，有权利安排和处理他的自身事务，甚至包括选择他的诊疗方式。这种所谓保护性措施，是完全建立在患者的意志非常脆弱、不堪疾病打击，而"家属"又纯系"善良"的基础上的。一旦遭遇到患者本人意志坚强而非脆弱，并有了解自身状况、安排自身事务、处分自身权益的强烈需求，或者作为"家属"出于某种考虑可能作出有损或有违患者利益的考虑，即并非“善良之徒”，这样由其家属代为履行知情同意权、诊疗方式选择权，就不免损害患者的整体利益。最终如果再合并发生医生的诊疗过失以及不良后果，就会产生医疗纠纷，医院以及当事医生甚至完全有可能陷入社会媒体舆论与法律风波之中。“被精神病”案例之后，还有可能出现“被恶性肿瘤”“被白血病”“ 被艾滋病”等。所以，尽管《执业医师法》第二十六条作出了这一规定，但是在实际工作中，必须根据实际情况，慎之又慎才行。

12.4　危症急救

【医案寻踪】

某医院坐落于繁华的闹市区，2010 年 8 月的一天清晨，一位自称是过路的人走进医院的急诊科，通报科里的值班护士，医院侧门外的路边躺着一位老人，希望她们能去看一看，是否生病了需要帮助。值班医生和护士连忙跑过去，一看躺在一棵树旁的是一位男性老人，身上略带酒气，年龄大约 70 多岁，呼之不应，粗略判断老人已经处于昏迷状态了。于是紧急招呼人手，将老人抬进了医院，此时再去寻找开始报信的人，已是杳无踪迹。医生立即将这一情况汇报给了医院的总值班领导。经细致寻找，从老人身上找出来一张身份证，得知患者姓潘，75 岁，以及居住地等信息。请示总值班领导后，医生们拨通了当地派出所的电话，希望通过公安网，找寻患者的家人协助下一步的治疗。患者病情笃危，经查体医生发现患者情况极不乐观，生命指征：心跳 120 次/分，呼吸 28 次/分，血压 210/150mmHg，体温 39℃。双眼瞳孔等大同圆，但各种浅反射均消失，右上肢肱二头肌反射亢进、右下肢病理反射活跃，颈项强直。患者已经存在颅内压增高的情形，肯定存在脑血管意外，甚至不排除颅内出血的可能。患者病情严重，为明确诊断，应当及时接受头颅 CT 检查，然而，搬动这样的患者去做 CT 检查是要冒着很大风险的。由于一时间无法与其家人联系上，医生只好请示医院领导。医院值班领导指示，同意进行 CT 检查。果然，检查发现患者颅内确有出血，位置就在左侧内囊处，而且出血量很大。诊断已经明确，现在一旦颅内出血无法控制，颅内压必然继续升高，接着就有可能要出现脑疝了。必须立即降低颅内压！而这家医院在神经外科、脑外科方面，并不十分见长，但是目前患者的状况十分紧急，医院一方面在想办法联系其近亲属，另一方面拨打了 120 急救车，必要时经过医院的紧急处理后转送至有条件诊治的医院，而此时医生和护士们正在给患者静脉注射甘露醇和甘油果糖，以期降低颅内压，避免发生脑疝，同时进行了降压药降压治疗及止血剂止血治疗。

患者病情无好转，120 急救车到来之时，患者已经死亡。很快死者的子女来到医院，他们对患者的死亡结局很不满意，几乎是抢夺走了所有的急诊病历资料，包括CT报告在内。声称医院必须给死者家属一个说法，赔些钱给他们，否则就不搬尸体。当地公安局、卫生局随后介入了这一事件。死者家属在与当地卫生局交涉时提出，医院在没有患者监护人在场的情况下，就将患者收入他们医院。这家医院根本治不了脑出血，把他们的父亲留在这里，就是为了赚钱。如果直接送到大医院，他们的父亲根本死不了。医院不仅耽误了病情，还把肇事的嫌疑人，就是那个过路报信的人，在没有核对其身份的情况下，轻易地就给放跑了。“老爹每月光退休金就足有万八千的，还不包括按月给的保姆费，现在老爹一死，什么都没了。医院必须拿钱平事儿，否则谁也别想搬走我老爹的尸体!”

经过当地街道和社区的情况介绍，死者生前一个人独自生活，老伴早已经过世，两个子女除了每月老人发放退休金时回来要钱，几乎从不回家；平时除了周围邻里，根本没有人在身边。后来的结局是，死者的子女没有得到他们想要的钱，而是被公安分局送进了行政拘留所，拘留了5天。此后，死者的子女又将医院告上了法庭。理由是没有监护人医院不应当收治患者；医院没有告知死者近亲属并取得其知情同意，就擅自进行脑CT检查，并且没有及时采取开颅手术的治疗方式，耽误了病情，这才导致死亡的结果。并要求赔偿。但最终，死者的子女还是败诉了。

【医案评说】

本案涉及的患者的病情很明确，脑血管卒中的急诊患者，抢救期间死于原发病。只不过，第一，患者是经一路人通报，医院自行收进来的；第二，由于无法与其近亲属联系，医院采取了一些相应的措施。在这个过程中，医院的行为有什么不当之处吗?

关于患者就诊与医院接诊的环节上是否必须有其监护人陪同问题，遍寻现行法律法规，尚无此类强制性规定，即对于因疾病或外伤而出现昏迷、意识不清患者、智障患者、精神病患者甚至醉酒者就诊于任何一家医院，必须有其近亲属在场。相反，我国法律规定任何医疗机构都有救死扶伤施行人道主义的法定义务。《宪法》第二十一条规定，发展医疗事业的目的是“保护人民健康”；第四十五条规定，任何“公民在年老、疾病或者丧失劳动能力的情况下，有从国家和社会获得物质帮助的权利”。《执业医师法》第三条进一步明确规定，医师应当“发扬人道主义精神，履行防病治病、救死扶伤、保护人民健康的神圣职责。”即便是智障患者或者是精神疾病患者，他们的就医权也不应当受到其监护人的限制，也同样有权利获得医疗救助。因此，所谓患者就诊时没有监护人在场，不应当收治的观点毫无依据，不攻自破。

至于死者子女指控医院的所谓患者近亲属的知情同意权遭受侵犯，即医院没有告知死者近亲属并取得其知情同意，就擅自进行脑CT检查，并且没有及时采取开颅手术的治疗方式，耽误了病情，最终导致死亡的结果。医院的代理人援引了《执业医师法》第二十四条的规定，即对急危患者，医师应当采取紧急措施进行诊治，不得拒绝急救处置。同时还援引了《侵权责任法》第五十六条的规定，即“因抢救生命垂危的患者等紧急情况，不能取得患者或者其近亲属意见的，经医疗机构负责人或者授权的负责人批准，可以立即实施相应的医疗措施。”用以证明医院的医疗行为的正确性。针对是否存在《执业医师法》第二十四条规定的“急危”情况以及《侵权责任法》第五十六条规定的“生命垂危”的“紧急”情况，医院在法庭庭审中通过患者子女出具的门诊病历举证证明了患者当时存在急性脑出血、颅内压增高以及高血压等重危病症。证明医生未经与患者本人及其近亲属通告而径行实施紧急措施，符合上述法律规定。

本案庭审过程中针对医院当时的接诊急救过程是否存在过失以及死亡结局与医院的医疗行为是否存在因果关系，委托当地医学会进行了医疗事故技术鉴定，鉴定的结果，医院的行为无过失，不构成医疗事故，同样否定了死者子女的指控。

至于那位跑来通告值班医生的好心过路人，则没有再出现过。也许，他也在关注着本案的结局；也许，他早已把当时的这件“小事儿”忘得一干二净了。在这里我们祝愿他：好人一生平安。反过来，再来看一看死者的子女，对照一下他们的所作所为，正应了无事生非的那句话：“世上本无事，庸人自扰之。”

【法律常识】

（1）实践之中有关《执业医师法》第二十四条规定的“急危患者”，以及《侵权责任法》第五十六条所规定的“生命垂危”与“紧急情况”，卫生部是否有明确的界定？

1999年生效实施的《执业医师法》第二十四条规定，“对急危患者，医师应当采取紧急措施进行诊治；不得拒绝急救处置。”但是该法实施十余年无任何机构对这一条款进行说明与解释。2010年7月1日，《侵权责任法》实施。该法第五十六条再一次明确规定，对于包括“生命垂危”在内的“紧急情况”医生有紧急施救的“职权”，即可以不经告知而“先斩后奏”的权利。规定之中“生命垂危”自然容易理解，但是“紧急情况”则缺乏明确的指向。实践中建议临床医生按照医疗技术操作规范与常规，按照医学通说自行掌握，但一定要注意：务必保留好有关“紧急情况”“生命垂危”乃至“急危”情况的证据，包括病程记录，也包括辅助检查结果的报告单。

（2）有关“见义勇为”行为，我国国内有相应的立法加以保护与提倡吗？国外有什么可以借鉴的东西？

截至目前，全国范围内的相关立法尚且没有，国内仅有少数个别区域以地方法规的形式加以立法、调整，但是都存在着各种各样的问题，有些甚至形同虚设、无法执行。如《山西省保护和奖励见义勇为人员规定》及《重庆市鼓励公民见义勇为条例》，仅仅将“协助公安司法机关和保卫部门抓违法犯罪分子的行为；检举、揭发犯罪行为；提供重要线索的罪证，协助公安司法机关破获重大犯罪案件的行为”等“与违法犯罪作斗争”的行为归为“见义勇为”。至于“抢救落水儿童”或者“救助街边跌倒人员”等“见义勇为、好人好事”，却被排斥于“见义勇为”之外。此外，“见义勇为”的认定还与该事件是否达到“事迹突出”为标准，如《云南省奖励和保护见义勇为公民条例》规定，“见义勇为是指不顾个人安危，保护国家、集体利益和他人生命、财产安全，事迹突出的”。司法实践中，由谁来认定“事迹突出”？凭什么标准来认定“事迹”及“事迹突出”？这都是上述地方立法者无法予以回避的情形。

在国外，这方面的立法更是五花八门。美欧诸国，都有类似“见死不救罪”规定。其中，法国 1994 年修订的《法国刑法典》就有“怠于给予救助罪”；还有，对于那些发现陌生人受伤时，如果不打“911”电话的人，可能构成“轻微疏忽罪”。除法国外，欧洲的其他国家，如德国、挪威、瑞典、西班牙、意大利等国的法律也规定，任何有责任能力的成年人具有营救危难的法律义务。面对“见死不救”的行为，一些国家认为构成了“拒绝援助罪”。比如，《德国刑法典》第 323 条 c 项规定，“意外事故、公共危险或困境发生时需要救助，根据行为人当时的情况急救有可能，尤其对自己无重大危险且又不违背其他重要义务而不进行急救的，处 1 年以下自由刑或罚金。”

但是应该注意到，这项罪名的成立在许多国家都有着非常严格的前提，比如要充分界定救助者与被救人之间的关系，如是否为亲属或者恋人等；以及在救助者是否造成伤害等一系列前提下，才能立罪。

针对见义勇为的民事后果，美国的《好撒玛利亚人法》规定，自愿且不求奖励报酬的个人，不必为施救过程中因疏忽或不作为所造成的伤害承担责任。加拿大也有类似的法律规定。在新加坡，对于“见义勇为”，法律则完全站在保护施救者权益的立场上。惩罚机制规定，被援助者如若事后反咬一口，则须亲自上门向救助者赔礼道歉，并施以其本人医药费 1～3 倍的处罚。笔者粗浅地认为，新加坡的相关法律最值得我们借鉴。

12.5　你是小儿外科医生吗？

【医案寻踪】

肖医生是一位在医院工作了 8 年的外科医生，为人诚恳、谦逊，待人热情，医院内部对她的评价和口碑都很好。不过近来肖医生却遇到了麻烦。2009 年 11 月下旬的一天晚上，肖医生正在普外科病房内值班。医院的一位退休老医生刘主任带着 12 岁的孙子黄某来看病，黄某肚子疼得不得了。肖医生对患儿的生病过程进行了细致的询问，又对患儿进行了细致的体检。患儿发育正常，身高 169cm，接近成人，体重超重明显，足有80kg，是一个肥胖儿。腹部体检发现，患儿的右下腹麦氏点附近压痛及反跳痛明显，无全腹肌紧张。结合病史过程中存在腹痛点转移的特点，肖医生考虑患儿有急性阑尾炎的可能，随即让患儿的奶奶领着孙子急查了一份血常规，又急诊检查了腹部超声，综合结果提示急性阑尾炎。肖某认真地对刘主任以及黄某的父母进行病情交代，建议患儿转往当地的儿童医院进行手术，刘主任恳求肖医生把她的孙子收进病房，她又给普外科程主任直接通了电话，科主任接到电话也很为难：收吧，我们没有小儿外科；不收吧，共事多年的老姐姐退休以后遇到这么个难事儿，不帮又不行。为难之际，刘老主任又向主管院长恳求。由于院长站出来打招呼，普外科主任最终同意收患儿黄某住院，准备紧急实施手术。一切准备就绪，黄某很快躺在了手术台上。由科主任程某与肖医生一同上台手术。手术过程不是很顺利，因为开腹后花费了很多时间，才找到这根已经严重化脓并穿孔的阑尾，并将它切除掉，手术历时近3个小时。为预防术后感染，在离开手术室之前就给黄某用上了抗生素。为了表示对患儿的高度关注，程主任及肖医生术后多次查房，了解术后病情状况。但事与愿违，原本尽可能试图避免的并发症还是发生了，患儿黄某术后切口出现了脂肪液化以及切口感染。起初，患儿的奶奶刘老主任出面，表示理解并愿意继续配合治疗；到后来，由于手术切口一时间无愈合迹象，刘老主任就不再出现了，代替她的是黄某的姥姥洪某。几次沟通下来，肖医生已经预感到来者不善，可能要面临一场风波的到来，果然这风波随后就到了。手术后20余天，黄某的手术切口方才愈合。洪某提出，医院收治患儿在普通外科住院手术，本身就违反了《执业医师法》有关执业的诊疗范围的规定。患儿的医疗费必须由医院全部承担，此外医院还须承担护理费、补课费、营养费、交通费以及精神损害抚慰金。而对当初患儿的奶奶刘老主任恳求医生收治患儿的情况却只字不提。当事医生及科室此时此刻真是有口难辩，有苦难言。程主任以及肖医生也都只好自认倒霉，经过协商，免除了黄某的全部医疗费，此事方得以平息。事发后，那位退休的老主任再也没有露面。

【医案评说】

本例涉法内容与本书第1章“1.1 执业范围”类似。患儿黄某家人的投诉具有充分的法律依据。作为本身并未设有小儿外科的这家医院，收治一名急性阑尾炎的12岁患儿，并为其实施手术，确有违反《执业医师法》之虞。作为外科专业的医生实施小儿外科专业范畴的医疗行为，本身就违反了《执业医师法》第二十一条的规定，已经超越了“注册的执业范围”，就其实质，属于民事意义上的非法行医。《侵权责任法》第五十八条第一款规定，“患者有损害，因下列情形之一的，推定医疗机构有过错：(一)违反法律、行政法规、规章以及其他有关诊疗规范的规定；……”显然，只要能够证明医疗机构所实施的医疗行为确有“违反法律、行政法规、规章以及其他有关诊疗规范”的事实存在，并且发生了“损害后果”，至少在法庭审理之中，都将推定该医疗机构存在民事过错，并应当承担相应的民事责任。因此，本例之中肖医生和程主任为了帮助过去的一位老同事，为这位老人的孙子实施阑尾炎手术，于情于理，均是一件重情重义之事；但是作为普外科医生，实施只有小儿外科医生才能进行的阑尾手术，却违反了法律的规定。并且，不幸的是患儿术后又发生了感染的后果，所以，就发生了前面的“纠纷”。医患双方协商的结果，由医院承担患儿黄某的医疗费，这按照法律的规定也还说得过去。

法律与人情之间，程主任与肖医生选择了人情。原本希望为退休的老同事伸出援手，做一点力所能及的事情，没想到偏偏发生了术后切口感染。最终赔钱了事，好心并没有得到好报。如果程主任及肖医生能够坚持法律规定这一原则，就不会有这样的麻烦事。

【法律常识】

《侵权责任法》第五十八条第一款的具体内容是什么？

第五十八条规定，“患者有损害，因下列情形之一的，推定医疗机构有过错：(一)违反法律、行政法规、规章以及其他有关诊疗规范的规定；……”应注意该条款总的原则部分，就是在三种特定情况下的过错推定原则。也就是说，无论任何人违反了这一规定，按照上述条款的规定，无须针对本案进行任何旨在针对医疗行为是否存在过错以及有关因果关系是否成立的司法鉴定，都将直接推定该行为人行为侵权，并按照实际的现状与后果，承担相应的责任。

12.6 遗失的心电图

【医案寻踪】

2011年3月26日晚8：00左右，正在麻将桌边酣战的潘某(男，57岁)，突感急剧的胸部压榨性疼痛，不得不放弃了手中的一副好牌。麻友们发现潘某面色苍白，立即帮他拨打了120急救电话和家人的电话。急救车很快将其送至某医院急诊。急诊值班医生接诊后，细致询问病史发现，潘某曾反复出现气短、心悸症状，已有数年之久，近日由于“麻事”繁忙，胸部不适略有加重。很快，急诊科的医生就在急诊科内给潘某紧急检查了一份心电图。心电图提示，Ⅰ，avR，V1，V2，V3，V4，V5及V6等胸前各个导联均出现明显的ST-T改变。由于急查的心肌酶谱等实验室检验结果还没有回报，遂暂时以“冠心病、不稳定性心绞痛、急性心肌梗塞?”的初步诊断，将潘某收入了该医院的心血管内科。入院后体检发现，潘某的心率为126次/分，呼吸28次/分，而血压仅为80/50mmHg，体温36.4C°。胸部听诊，双下肺均可闻及散在湿啰音，心律不齐，间或有早搏闻及，每分钟约为6~10个。发现患者的双下肢还有中等程度的水肿，说明患者还存在全心衰甚至不排除心源性休克的情况，心功能大约为Ⅲ级左右。住院后又作了胸部X光检查及心脏彩超检查。并重新复查了心电图。当晚10：00，急查的心肌酶谱、肝、肾功能、血糖、血脂、电解质等多项血液生化检验结果回报，患者心肌酶系指标仍为正常范畴，尚未达到急性心梗的水准。经治医生建议患者立即进行冠脉造影检查。按照医生对潘某所患疾病的分析和预测，患者的冠心病可能涉及冠状动脉内多个分支的病变。冠脉造影中如发现有安置支架的可能，就直接在冠脉内安置支架；如发现有外科手术的适应症，则可以进行心外科手术治疗，尽管没有发生心梗也有必要这么做，因为一旦出现心梗，就会发生局部区域的心肌死亡，即便使用支架再通冠脉，死亡的心肌细胞也无法恢复活力了。事已至此，此时的潘某别无选择，同意进行冠脉造影。于是相关医生很快让潘某的妻子在手术同意书上签了字。医生急急忙忙地把患者推入了导管室，接受冠脉造影。造影检查发现，患者确有多个分支的冠脉狭窄，术中医生曾走出导管室，征求家属的意见，是否放置支架，家属顾虑花钱太多，没有同意安放支架。造影检查很快结束。患者也被推回病房。半个小时之后，潘某突然长长地“噢”了一声，面色青紫，二便失禁，人事不省。医生紧急检查发现，患者发生了室性心动过速，一种突发的恶性心律失常。尽管病区内的所有的医生都跑过来实施各种抢救，但患者还是猝死于病房之中。死亡后，经治医生及导管造影术的医生一再对患者家属进行解释：患者本身系心血管病患者，随时都有可能病情突变，本例系心血管意外死亡，考虑为突发大面积心梗致死。潘某家属无法接受患者死于导管检查过程中这一事实，当即对患者的死亡原因提出异议。同时作为一种手段，家属们始终不肯出面移走死者的尸体，最后在警察的干预下，将这具在病房内停放了43个小时的尸体运离了医院，并最终火化。警察还因此行政拘留了潘某的女儿。死亡证明上该医院作出的死亡诊断为冠状动脉硬化性心脏病，急性心梗，室性心动过速，而直接死因为心功能衰竭及呼吸衰竭。潘某的女儿从行政拘留所释放后，再次来到该医院，对病历的客观部分进行了逐页复印，与医务科的一名工作人员一道，匆匆忙忙地封存了整个病历。

又过了数月，医院接到一份来自法院的诉讼通知，潘某的家属已将该医院起诉至当地法院。不过接下来的蹊跷事儿出现了，当医院组织院内专家研究该案如何应诉时，发现病历之中除了濒死期抢救时的心电记录之外，竟然没有一份生前完整的全导联心电图！最后，在医学会组织鉴定之时，打开封存的原始病历，也没有找到曾经做过的那两份全导联心电图，作为被告医院原本对此不想声张，但是原告的代理人却始终抓住这一对原告极为“有利”的情形不放松。缺少了心电图意味着潘某生前的诊断的真实性存在疑问，潘某的导管造影检查的必要性也因此存在疑问，这就意味着被告的医疗行为存在过失！原告一方紧紧地咬住这一点，并且依据《侵权责任法》第五十八条第二款的规定，向法庭施压，要求法院依法推定被告行为过失，推定其承担民事责任。形势急转直下，医院陷入了完全被动的状态。最终虽经医疗事故技术鉴定未构成医疗事故，但是鉴定专家也同时指出了医院在医疗行为上存在的瑕疵与不足。最终，经过法院的工作，双方通过调解，解决了争议。

【医案评说】

经治医生在本例中的医疗行为是否得当、是否存在医疗过错行为？其核心在于患者是否具备急诊进行冠脉造影的适应征。换句话说，入院后对患者立即进行冠脉造影检查，是否违反了冠脉造影的禁忌症，包括绝对禁忌症和相对禁忌症呢？

在法庭上回答这样一系列问题，需要举出恰当的证据。对于医疗纠纷，证明医方医疗行为无瑕疵的核心证据莫过于患者的病历，对于死亡病人还包括尸检结论等。而笼统的患者病历，全部或部分包含以下组成部分：住院志、病程记录、体温单、医嘱单、化验单(检验报告)、医学影像检查资料、特殊检查同意书、手术同意书、手术及麻醉记录单、病理资料、护理记录等。完整的门诊病历也包含化验单(检验报告)、医学影像检查资料、特殊检查同意书、手术同意书、手术记录以及门诊检查的病理资料等。其中值得一提的是，化验单(检验报告)、医学影像检查资料、病理资料等属于仪器设备的检验结果，与医生的病历记载如住院志、病程记录、体温单、医嘱单及护理记录等相比，更具有客观性，其证明效力明显高于前者；而特殊检查同意书、手术同意书以及病情告知书等带有患者一方签字的文书，则作为双方共同确认的事实，其证明效力显然最高。《侵权责任法》第六十一条规定，“医疗机构及其医务人员应当按照规定填写并妥善保管住院志、医嘱单、检验报告、手术及麻醉记录、病理资料、护理记录、医疗费用等病历资料。”作为医疗机构没有理由不这么做，否则一旦诉讼风波来袭，何以自卫呢？

本例之中究竟是何种原因导致患者生前所做两份重要的心电图从病历中遗失，不得而知。但是，由于上述非医疗行为的过错的存在，即使医方后来强调的患者猝死原因不明，是其自身病因所致，与造影检查无关的观点成立，紧急造影不是导致患者术后病情急剧恶化的根本原因，缺乏造影术术前的心电图检查结论，就很难在鉴定会上证明患者的死亡与医方的行为没有任何关系了。

《侵权责任法》第五十八条规定，“患者有损害，因下列情形之一的，推定医疗机构有过错：……(二)隐匿或者拒绝提供与纠纷有关的病历资料”。本例这种情况，医方有可能“隐匿或者拒绝提供”这份至关重要的“病历资料”——心电图——吗？但是客观的效果是一样的，因为病历之中遗失了这份足以证明医方无过失的重要证据材料。

本例特别提醒临床医务人员，对于临床病历，不但要依照《病历书写规范》写好、记好病历，更要悉心保管好病历，这不仅仅指那些患者已经出院的存档病历，也包括正在病房住院的在院病人的病历，而且是全部病历。

预防纠纷、预防事故的最好办法之一，就是借鉴他人的教训，用来作为自己的经验。

【法律常识】

（1）患者死亡后患者家属立即要求医院封存患者的住院病历，而抢救记录及死亡记录尚未完成，怎么办？如何封存涉及纠纷的其他物品？

《医疗事故处理条例》第八条第二款规定，“因抢救急危患者，未能及时书写病历的，有关医务人员应当在抢救结束后6小时内据实补记，并加以注明。”也就是说法律给了医生病历记载的一个宽限期。如果在该抢救记录的宽限期当中，而此时患方强烈要求封存病历，建议医疗机构按照以下步骤进行。

第一步，正式告知患方，患者的抢救记录尚未完成，依据法律规定，以所有权在“抢救结束后6小时内据实补记”，因此患者可以等待抢救记录形成后再封存病历。

第二步，如果患方执意立即封存，医疗机构应当在封存的大信封表面书写注明，封存袋中包含的材料，以及由于封存时间的原因，尚未包含抢救记录等部分病历材料。

《医疗事故处理条例》规定，封存的病历可以是复印件。

特别说明，此时记载在封存大信封表面的封存时间一定要精确到封存当日的几时几分。这是一个重要的事实，需要双方确认。

如果封存病历时尚有部分患者生前的检验报告单未回报，医疗机构在与患方共同封存病历时，也应当按照上述步骤加以封存。

同样的方法，如果纠纷涉及的药品、输血袋、血液等体液及组织器官标本需要封存，也要按照上述步骤进行封存，并标注封存物的种类与数量，封存时间、地点及保管地点。其中对于疑似输血引起不良后果，需要对血液进行封存保留的，医疗机构应当通知提供该血液的采供血机构派员到场。需要特别保管的，应经双方确认，送交第三方保管。

这些处理措施在《医疗事故处理条例》第十六条、第十七条中均有明确规定。

（2）患者一方在发生纠纷之后，一度抢走了医院书写的病历，并殴打了医务人员，现在他们已接受公安机关处罚，患者一方要将曾经抢走的病历送回医院，医院怎么办？

《医疗事故处理条例》第九条规定，“严禁涂改、伪造、隐匿、销毁或者抢夺病历资料。”发生抢夺病历事件，并殴打他人，显而易见患者一方的行为触犯了《治安处罚法》。接受行政处罚是对违法者的惩戒。至于已经被抢走的病历，从证据学角度讲，医院则有理由拒绝接收，也应当拒绝接受。因为在病历被抢走、失控期间，无法想象其中的资料是否有遗失，这一点患者一方必须出具证据证明不存在病历当中的部分资料被灭失或遗失。

坚持这一做法，也是在贯彻与维护《侵权责任法》第六十四条所规定的内容。即“医疗机构及其医务人员的合法权益受法律保护。干扰医疗秩序，妨害医务人员工作、生活的，应当依法承担法律责任。”

12.7 一条扭曲的线

【医案寻踪】

2010 年 10 下旬的一天傍晚，某医院的产科病房笼罩在一片沉寂之中，一名产妇刚刚分娩，女婴出生后有心跳却没有呼吸，产科医生连忙请来值班的新生儿医生进行抢救，医生们采取了能够想到的所有措施，都没有见效，女婴始终没有出现自主呼吸。最后经科主任确认，新生儿没有生命迹象，通知家属建议放弃抢救。女婴的家人都等在产房之外，原本都准备着迎接新生命的到来，却等来了这样的噩耗，无奈同意放弃抢救。

但是，无论医生如何分析、解释，产妇家属都无法接受新生儿分娩后立即猝死的现实，立即向医院提出异议。产妇家属认为医生的分娩处置不当，延误了时机才导致了小生命的夭折，如果早一点实施剖宫产，孩子就不会死。而医生们给出的死亡诊断为“呼吸道先天闭锁或呼吸系统发育不良”，双方争执不下。值班医生立即将情况汇报给了医务处领导，经过紧急商议，医院医务处出面与患方进行了首次沟通，医院建议产妇和家人为明确死因，应当及时对死婴进行尸体解剖。经过几个小时的考虑，家属提出了解剖申请，尸体被送至当地最为权威的法医尸检机构接受尸检。接下来的时间就是两个月左右的等待尸检报告的时间了。该医院本以为此事就此暂告一段落，一切都要等到尸检结束之后才能见分晓。没有料到两个星期之后的一个早上，在当地一家小报上，几乎用一个整版的篇幅刊载了该医院分娩死婴的报道，其中不乏针对医院的具有颇多情绪化的评论，而其中涉及事件实质内容的部分提到，该医院提供给患方的病历涉嫌造假！理由是在产妇病历中，产程图当中的产程曲线与曲线下方的说明文字以及当天的病程记录不相符，记者因此得出结论，曲线之外的相关数据记载，均系事后篡改出来的；而这条曲线之所以与数据不符，是因为医生们忙乱之中“忘记了一并篡改”。而“篡改核心的病历记载，只有一个目的——掩饰医疗行为上的过错”。一时间，这篇报道让这家医院成了当地舆论风波的中心。让医院的医生感到无语的是，这条曲线只是经治医生根据实际测得的产程数据手工描画的曲线而已，描绘过程中难免画得不够准确，甚至画偏。明明是先有数据，后描曲线，怎么就成了数据“造假”、曲线“真实”呢？这样一条曲线，怎么就能构成整本“病历造假”和“伪造病历”呢？医院事后曾通过有关渠道试图说明，但是很快就意识到，一切辩解都是徒劳的，甚至可能越描越黑。医院能做的唯一一件事，就是等待，等待尸检的结果。

漫长的55天的时间，尸检报告终于发布。结论：新生儿死亡原因为呼吸系统发育不全——呼吸道先天闭锁。事情再清楚不过了，死婴死于自身发育不良、死于自身疾病。这证明，小报报道的内容完全失实。描偏与扭曲的不是产程图曲线，而是人们的内心世界。记得“人有失斧者”的故事吗？医生与患者各自都在脸上带上了这样一副有色和变形的眼镜，如果看出去对方要是不变形反倒是奇怪的了。扭曲的不是一条产程曲线，而是人们的心灵与思维。患方极力试图从病历当中找寻到伪造或篡改的证据，这样一来就可以无须任何证明医院有过失的证据，即可认定医方就此承担全责。但是，事实终究是事实，即便被一时掩盖，但无法始终被扭曲。

【医案评说】

《侵权责任法》第五十八条规定，“患者有损害，因下列情形之一的，推定医疗机构有过错：……(三)伪造、篡改或者销毁病历资料。”这一条款，是针对病历造假事件的首次明确的法律规定。无疑这一条款之下，病历伪造与篡改的法律后果，清晰、明了。在此之前国家卫生部曾于2005年1月21日以答复黑龙江省卫生厅的名义发布了《卫生部关于医疗机构不配合医疗事故技术鉴定所应承担的责任的批复》，该批复中曾明确规定，“医疗机构违反《医疗事故处理条例》的有关规定，不如实提供相关材料或不配合相关调查，导致医疗事故技术鉴定不能进行的，应当承担医疗事故责任。”但是这一规定的法律位阶太低，仅仅是一部级规章，所以几乎没有法院会直接适用这一批复审理医疗纠纷。即便是存在病历不实之处，也大多要么最终仍去鉴定，要么一调了之。

本案涉案的事实本身就是一起临床上非常少见的病例——由于新生儿自身的呼吸系统发育障碍导致的生后无呼吸而死。对这一罕见的死婴病例，在认知上，医患双方的差距极大，双方的医疗知识与医疗信息获知极不对等，这是导致本例纠纷的核心因素。除此之外，弥漫在全社会的医患之间的深度不信任，则是双方发生不可调和的争议的诱因，起到了“酵母”发酵的作用。

如果医生们希望通过本例得到一些启迪的话，就是如何把握好与患者及其近亲属们沟通的技巧。采取怎么样的措施，淡化并逐步化解医患之间的不信任，进而重新获得患者对医生的信任。一些情况下，我们不得不承认，这弥漫于全社会的医患之间的不信任，早已是“冰冻三尺，非一日之寒”了，并非几句话的沟通就能融化得了，但是我们依然应当努力这么去做。

【法律常识】

(1) 2009年国家卫生部曾就新生儿出生后如何判断其是否成活抑或死胎分娩发布过一则批复，这一批复的具体内容是什么？

国家卫生部确于2009年1月19日以答复山东省卫生厅的形式发布了一则规

章，即卫医管函〔2009〕22 号文件。该文件的具体内容涉及如何在医疗事故技术鉴定中判断死胎与新生儿死亡的情形。具体批复如下。

第一，在医疗事故技术鉴定过程中，专家鉴定组应当根据胎儿离开母体时的具体临床表现综合判定其是否成活。经判定成活的，其后发生死亡，应当认定为新生儿死亡。发生医疗事故的，医疗事故等级由专家鉴定组根据《医疗事故分级标准(试行)》（卫生部令第 32 号）确定。

第二，《卫生部关于医疗事故技术鉴定中胎儿死亡事件如何认定的批复》（卫医发〔2000〕455 号，以下简称《批复》）中有关医疗事故分级的规定是根据 1987 年国务院公布的《医疗事故处理办法》（以下简称《办法》）中有关医疗事故分级的规定作出的。《医疗事故处理条例》公布后，《办法》已经废止，《批复》中有关医疗事故分级的规定也不再适用，但有关胎儿死亡的医疗事故技术鉴定中被鉴定主体的规定仍然适用。

(2) 最高人民法院在《侵权责任法》生效之前以司法解释的形式发布了该法将如何适用。该解释的具体内容是什么？

为配合《侵权责任法》生效实施，最高人民法院于 2010 年 6 月 30 日发布了《最高人民法院关于适用〈中华人民共和国侵权责任法〉若干问题的通知(法发〔2010〕23 号)》，具体内容如下。

第一，《侵权责任法》施行后发生的侵权行为引起的民事纠纷案件，适用侵权责任法的规定。《侵权责任法》施行前发生的侵权行为引起的民事纠纷案件，适用当时的法律规定。

第二，侵权行为发生在《侵权责任法》施行前，但损害后果出现在《侵权责任法》施行后的民事纠纷案件，适用《侵权责任法》的规定。

第三，人民法院适用《侵权责任法》审理民事纠纷案件，根据当事人的申请或者依职权决定进行医疗损害鉴定的，按照《全国人民代表大会常务委员会关于司法鉴定管理问题的决定》《人民法院对外委托司法鉴定管理规定》及国家有关部门的规定组织鉴定。

第四，人民法院适用《侵权责任法》审理民事纠纷案件，如受害人有被抚养人的，应当依据《最高人民法院关于审理人身损害赔偿案件适用法律若干问题的解释》第二十八条的规定，将被抚养人生活费计入残疾赔偿金或死亡赔偿金。

12.8 折断的钢板

【医案寻踪】

2010 年 10 月 9 日，沈某(女，53 岁)因交通肇事致右股骨干开放性骨折。伤后被紧急送往某医院就治。经该医院清创处理，并施以钢板内固定手术治疗。由于术前清创彻底，且术后给予积极的抗感染治疗，患者的伤情很快得以控制。手术2个月后，患者已经可以在下肢长支具的辅助及医务人员的指导下，下床站立并缓慢行走。患者于2011年1月底春节前出院回家，继续康复治疗。两个月后的一天，患者自述在床边扶床行走时，在没有负重的情况下，突然感觉右腿骨折部位“嘎巴”一声响，接着右腿传来一阵剧痛，沈某疼得一下子坐在了地板上。患者很快被送回曾经为之实施内固定手术的医院，接下来X光平片的检查结果，证明了右股骨骨折处内固定钢板已断裂。患者立即向该医院提出了异议，要求医院尽快解决内固定钢板断裂的问题，取出已折断的钢板，重新实施内固定手术，并且对此作出赔偿。钢板折断事件发生后，当事科室的意见是，患者体内钢板折断的原因，既有可能是患者出院之后提早负重等个人的原因所致，也有可能是钢板产品存在质量瑕疵，总之与医院无关。不同意承担再次手术的费用，也不同意给予患者任何赔偿或补偿。医院内部对此事进行了反复研究，认同科室的意见。建议患者经司法渠道予以解决。

时间过了接近一个月，患者家属再次找上门来，医院再次向患者及其家属告知，医院作为一家对患者负责任的医疗单位，建议患者通过质询有关的法律界人士，以正当的司法渠道解决钢板折断的民事责任归属问题。因为本次钢板折断引起的纠纷，与医疗行为本身无关，实际上就是一起涉及产品质量是否存在瑕疵的纠纷案件。

由于医院始终持有坚定的观点和意见，患者只得作罢，不再来医院提出什么索赔的要求。不过，一个月后医院接到了来自法院的快递信件，沈某已在当地法院立案起诉该医院了。在诉状之中指控该医院错误使用内固定器材致使发生术后钢板折断事件，请求法院判令该医院就此承担全部责任。

医院接到诉状后，及时在举证期限内追加了钢板的生产厂家作为诉讼第三人，法庭组织三方到庭开庭审理。诉讼的核心问题之一就是医院的购进涉案钢板一事的做法与行为，是否违反法律法规以及规章规范，是否违反了《侵权责任法》第五十八条第一款所提及的情形。经查证，医院所购进内固定钢板及其生产厂商拥有全部合法资质，包括厂家的工商营业执照、生产许可证、销售许可证，产品本身的也具备产品合格证等。并且，被告医院严格按照该厂家提供的系列产品使用说明，使用该型号的钢板，完全符合患者骨折部位的伤情需要，医疗行为无过失。

被告医院认为，按照《产品质量法》以及《侵权责任法》第五十九条的规定，患者在本次事件中可以比照消费者或者是产品使用者，医院则是处于生产者与患者之间的销售者。作为消费者或产品使用者在接受服务及使用某一种产品时其所使用的产品质量应当得到保障，其人身安全应当得到保护，这是法律所规定的，医院作为特殊的销售者，只要能够证明所销售的产品不是因为销售者的原因，在本案，只要不是医院的医生错误地进行了内固定手术，且所使用的钢板内固定器材在表面上符合法律规定，就可以免责。至于是否缘于生产者的产品质量瑕疵，还是缘于患者出院后自己的过失，则与医院无关。对此观点法官表示认可。

最后，庭审法官按照最高人民法院《关于民事诉讼证据的若干规定》第四条第六项之规定指出，应当由诉讼第三人钢板生产厂商就法律规定的免责事由承担举证责任，其余原、被告两方则没有上述事实的举证责任。

本案最终在法院的主持下，三方达成了调解一致。由厂家免费再提供一套内固定钢板，由被告医院重新实施内固定手术。全部医疗费用均由钢板的生产厂家承担，医院在此纠纷之中无民事责任。三方对此均无异议。

再次手术后，没有出现钢板折断，患者最终康复。

【医案评说】

本例是一起与《侵权责任法》第五十九条规定有关的案件。《侵权责任法》第五十九条规定，“因药品、消毒药剂、医疗器械的缺陷，或者输入不合格的血液造成患者损害的，患者可以向生产者或者血液提供机构请求赔偿，也可以向医疗机构请求赔偿。患者向医疗机构请求赔偿的，医疗机构赔偿后，有权向负有责任的生产者或者血液提供机构追偿。”显然医院的代理人依据法律恰如其分地维护了医院的合法权益。

值得注意的是，作为医疗产品使用的中间环节的医疗机构，能否免责，取决于该医疗机构所实施的医疗行为是否存在过失。以本案为例，诊断是否正确，采取骨折内固定手术是否存在治疗上的适应症；选择内固定器材的型号是否恰当；并且所使用的内固定器材产品各项法定手续是否齐备，是否合法使用产品；具体手术过程中钢板内固定操作过程是否符合骨科临床医疗技术规范；术后处理是否正确等。如果如本案一样，上述环节均无过失，那么在这类钢板折断的“医疗意外”之中就可以免责。相反，如果该医院在上述诸多环节中，任何一个环节存在过错与瑕疵，均可能导致承担民事责任。

本例之中如果存在患者一方疑虑的医院未经正当进货渠道随意进货，甚至使用的钢板为不合法产品这样的事实，那么医院就无可辩驳地必须承担全部民事责任甚至行政责任了。

解决这起纠纷的意义还在于，第一，作为医院应当充分发挥专业人士特别是请教医疗法律的专业律师，充分运用法律所赋予医院的权利。第二，正视事实，实事求是，以一种负责任的姿态处理纠纷，疏导医患矛盾，使之最终合理合法地解决。

【法律常识】

（1）有关药品及医疗器械招投标方面的法规与规范的简要介绍。

有关药品及医疗器械招投标方面主要的法律依据是 2000 年 1 月 1 日实施的

《中华人民共和国招投标法》，以及2001年11月12日国务院纠风办、国家计委、经贸委、卫生部、药品监管局、中医药局六部委颁布的《医疗机构药品集中招标采购监督管理暂行办法》。为了便于操作，2002年3月13日由卫生部发布了《医疗机构药品集中招标采购和集中议价采购工作规范》。卫生部为此下发的通知指出，卫生部在总结部分试点地区运作经验的基础上，制定了《医疗机构药品集中招标采购和集中议价采购工作规范(试行)》；在此基础上，组织编写了《医疗机构药品集中采购和集中议价采购文件范本(试行)》，并作为上述工作规范的附件，供各地在规范集中采购和集中议价采购时使用。近年来，国家卫生部、发改委等六部委于2009年再次发布了《进一步规范医疗机构药品集中采购工作的意见》(卫规财发〔2009〕59号)。

此外，在医药科研领域，国家卫生部在1985年2月15日颁发过《医药卫生科学研究招标指南》等与招投标有关的文件。

(2) 卫生部于2010年10月下发的《关于进一步加强经济合同管理工作的通知》的内容简介。

卫生部于2010年10月以卫规财发〔2010〕89号规章的形式发布了《关于进一步加强经济合同管理工作的通知》。该通知指出，经济合同是本单位与外部发生经济业务往来的重要依据，经济合同管理已成为单位内部管理的一项重要内容。具体通知内容包括：建立健全经济合同管理制度，加强合同签订环节的管理；建立经济合同事前控制制度，确保合同内容预先经相关业务部门乃至法律顾问的审核、把关；审核经济合同的重点内容，其中包括经济合同的资金保障、签订依据、履行合同的资质和能力；内容是否合理、平等，具有可操作性等；加强经济合同执行全过程的监管，确保经济合同的履行；完善经济合同的归口管理，合同统一编号，统一加盖印章，并进行归档管理；建立责任追究制度。

12.9 患者的隐私权

【医案寻踪】

2010年9月，时年51岁的俞某，在某家单位担任着一个不大不小的职务。由于生性贪杯，肝脏早已经变成重度脂肪肝了，而且近来肝部多有不适，消化和胃口也都不好。因为马上到了换届、续聘的时候，他为这个整天忙来忙去的。由于事情太多，俞某并没有在意自己的健康状况。

9月下旬，单位按例组织全体员工进行健康体检。俞某也按照单位的布置去一家指定的医院体检。这是一家综合性医院，为了迎合市场需求，医院特别设置了一个健康体检中心，专供健康体检之用。在内科以及超声影像科检查时，医生口头告诉他，肝脏有问题，问他平时喝不喝酒，俞某和医生开玩笑：“你应当问我：平时喝不喝醉。”医生告诉他如果这样，那他的“酒精性肝硬化”的帽子是肯定要戴上去了。俞某没有想到自己的身体这么早就会亮起红灯，今后如果身体不好，自己职务上续聘的事儿不也就泡汤了吗？一定不能让单位的人知道，一个人都不行。他想到这立即找到这家医院健康体检中心的主任，希望医院的体检中心一定为他保守有关他健康状况的秘密。在体检报告出来后，将报告直接发送给他本人。健康体检中心主任不假思索地答应了俞某的请求。并且告诉他，体检结果会直接寄给被体检者本人，请他放心。接着俞某又仔细地询问了如何治疗酒精性肝硬化，如何保肝、护肝。主任很细致地对他逐一予以解释。最后，俞某惴惴不安地离开了医院。

“十一”长假过后，俞某正在单位上班，忽听有人在谈论前不久体检的事，听着听着竟然听到有人在议论他的体检结果——中度酒精性肝硬化！这让他大吃一惊，这些天最最担心的事儿还是发生了——单位的人已经知道了他现在的健康状况很糟糕，下一步的续聘……他不愿意往下去想了。俞某连忙来到单位办公室，见到标有自己姓名的体检结果正和其他人的结果一道被随便丢在桌子上。

俞某烦闷之余突然想到了那个曾经信誓旦旦地答应为他保守秘密的体检中心主任。一定是医院泄露了他的身体状况。

双方都没有意识到此事涉及患者的隐私权是否侵权问题，尽管俞某为此非常“叫屈”。医院最后采取了折中的做法，对外宣称俞某的体检结果“有误”，让俞某又在该体检中心重新做了一次体检，结果“未见异常”了事。

【医案评说】

这是医疗纠纷里面很少遭遇到的纠纷事例。双方之间的争议焦点不是具体的医疗行为，譬如诊断、治疗有否过失，而是患者的病情内容是否被医院不当地对外披露。有关患者隐私权问题，2010 年 7 月 1 日生效的《侵权责任法》为此特别设立了一个独立的条款——第七章第六十二条，具体规定：“医疗机构及其医务人员应当对患者的隐私保密。泄露患者隐私或者未经患者同意公开其病历资料，造成患者损害的，应当承担侵权责任。”显然本例之中，体检结果同样属于“病历资料”，属于“患者的隐私”，该医院的体检中心由于疏于区别不同受检人员的体检结果，没有做到单独发放每一份体检结果，结果导致俞某的体检报告之中的信息被他人获悉。这件事按照上述法律规定，就是一起侵犯患者隐私权的侵权行为，依法应当承担侵权的法律责任。此后双方也经过几次协商，最后，医院出具了一份“原体检结果有误，肝病诊断不存在，患者仍为脂肪肝状态”的说明。俞某明知身体不佳，也不愿过于张扬此次泄露隐私之事，因此，此事最终不了了之。

由于我国现代的民事法律体系建立得比较晚，国民的权利意识与法律意识缺位，包括隐私权在内的人身权利往往被忽视。近年来，随着社会生活各个方面的进步，隐私权侵权与隐私权保护已经越来越成为立法的重点与舆论关注的焦点。

在这方面，作为医务人员应当加强法律意识，有意识地保护好患者的隐私。由于工作的特点，患者的隐私在医生和护士面前暴露无遗，因此医护人员可以掌握的患者隐私极为广泛，不仅包括其身份信息、亲友关系、身体器官等核心隐私，也包括《侵权责任法》所提及的与医疗行为紧密联系的“病历资料”，而这些内容，都属于医疗机构及其医务人员应当对患者严格保密的隐私范畴。

【法律常识】

（1）公安机关出于办理刑事案件的需要，到一家精神专科医院了解某患者的病情，医院是否应当协助提供？

公安机关办理刑事案件，是出于国家公权力的需要，医疗机构必须无条件配合。但是要注意，医疗机构相关工作人员应当仔细校对公安机关出具的身份证明以及公函，并保留这些身份证明的复印件以及调取或了解患者病情的公函。2002年9月1日国家卫生部发布实施的《医疗机构病历管理规定》第十四条规定，“公安、司法机关因办理案件，需要查阅、复印或者复制病历资料的，医疗机构应当在公安、司法机关出具采集证据的法定证明及执行公务人员的有效身份证明后予以协助。”

（2）患者是一位女性，其已故丈夫的父母携律师来到医院要求复印该患者的住院病历，可否为其复印？

2002年9月1日实施的《医疗机构病历管理规定》第十二条具体规定：“医疗机构应当受理下列人员和机构复印或者复制病历资料的申请：(一)患者本人或其代理人；(二)死亡患者近亲属或其代理人；(三)保险机构。”“医疗机构受理申请时，应当要求申请人按照下列要求提供有关证明材料：(一)申请人为患者本人的，应当提供其有效身份证明；(二)申请人为患者代理人的，应当提供患者及其代理人的有效身份证明、申请人与患者代理关系的法定证明材料；(三)申请人为死亡患者近亲属的，应当提供患者死亡证明及其近亲属的有效身份证明、申请人是死亡患者近亲属的法定证明材料；(四)申请人为死亡患者近亲属代理人的，应当提供患者死亡证明、死亡患者近亲属及其代理人的有效身份证明，死亡患者与其近亲属关系的法定证明材料，申请人与死亡患者近亲属代理关系的法定证明材料；(五)申请人为保险机构的，应当提供保险合同复印件，承办人员的有效身份证明，患者本人或者其代理人同意的法定证明材料；患者死亡的，应当提供保险合同复印件，承办人员的有效身份证明，死亡患者近亲属或者其代理人同意的法定证明材料。合同或者法律另有规定的除外。”

公安、司法机关因办理案件，需要查阅、复印或者复制病历资料的，医疗机构应当在公安、司法机关出具采集证据的法定证明及执行公务人员的有效身份证明后予以协助。

问题当中的人士不属于病历复印受理范围的，所以，为保护患者的隐私权，依据《医疗机构病历管理规定》，医院有权拒绝其复印病历。

12.10 过度医疗?

【医案寻踪】

2011年1月17日傍晚，某医院经120急救车送来了一位奄奄一息的患者。经询问得知，患者姓杨，男，时年39岁，为几公里外一建筑工地的农民工。杨某的家远在千里之外，独自一人在沈阳打工。据杨某的工友及120急救医生的病情介绍，结合患者的自诉，该医院的医生了解到，患者在此之前出现乏力、腹胀、腹痛已有近一个月之久了。除此之外，还伴有食欲减退、恶心、呕吐等症状，而且已经长时间没有正常进食了。在此之前杨某曾经先后被送到工地附近的两家三级甲等的大医院就诊。由于担心花钱太多，无法承受，杨某最终自己选择了几公里外的本例这家二级医院。患者的病情危重，请示上级医生之后，急诊值班医生将杨某紧急收治入院，观察治疗。并嘱咐其工友电话通知其家人来医院料理病人。

入院后查体发现，杨某体温38.1℃，脉搏118次/分，呼吸28次/分，血压90/50mmHg。神清，呼吸急促，口唇轻度发绀，全身皮肤黏膜及巩膜黄染。心音略弱。右上腹有压痛，肝脾肋下未触及。详细追问病史后得知，2011年1月4日，杨某曾经由于无故出现反复呕吐半个多月，被其工友送至某附属医院的门诊就诊，该院胃镜提示“食管炎、慢性浅表性胃炎伴胆汁返流”，给予口服药物治疗，但是效果不理想。由于病情不断加重，1月13日，工友们又将杨某送往附近的另外一家教学医院就诊。此次经检查发现，显示肝功能的谷丙转氨酶及谷草转氨酶均增高，彩超提示，“肝实质回声粗糙，胆囊隆起样病变，息肉？胆囊壁增厚，腹腔积液”，这家教学医院肝病门诊作出的诊断为“急性乙型肝炎”，并建议患者住院治疗。于是，杨某辗转来到了本例开始时的医院。值班医生追问病史，杨某否认曾经发生过呕血及排泄过黑便史。医生建议，患者应当进行腹部超声和腹部CT等一系列检查，但是被杨某拒绝了。由于杨某身边没有家人，医生便多次劝说这些都是应该作的检查，但杨某坚持刚刚在其他两家大医院作过检查，主张能省则省，而且极为坚决。于是，这些检查只得作罢。不过忙乱之中医生们并没有忘记，即使患者本人拒绝进行辅助检查，也该留下书面意见及签字——让杨某的工友代为签了字。

很快值班医生根据患者病史、体检，辅助检查，参考患者既往两家大医院的检查结果及诊疗意见，作出以下初步诊断：急性乙型肝炎，心律失常，病毒性心肌炎待除外。医生下达了以下医嘱：予静滴肝乐及三磷酸腺苷支持治疗，为预防休克的发生，积极实施补液治疗，其中包括静滴盐水、糖、氨基酸、脂肪乳及706代血浆对症、支持治疗，当晚的累计输液量达3250毫升。急查各项生化检查，严密观察病情变化。其他检查待家属来院后再进行。

几小时后(1月18日2时27分)，杨某突然出现呼吸异常，呈下颌式呼吸。此时杨某颜面紫绀，唤之不答，神智模糊。压眶反射阳性。颈部大血管有搏动，大约40次/分，急测血压50/30mmHg。立即给予吸氧，静滴升压药物多巴胺及多巴酚丁胺，同时静注强心药物及呼吸兴奋剂，电话通知麻醉科医生来病房参与急救。2时45分，患者呼吸渐减弱，血压及脉搏测不清，心电图显示为室颤，立即行直流电除颤及人工心脏按压，继续应用强心药物及心肺复苏。3时30分，患者死亡。

患者家属赶到医院时，杨某已经死亡十多个小时了。由于杨某生前所在工地试图将一切责任推卸出去，对家属进行了误导。于是患者家属率先向该医院发难，认为该医院本不具备救治能力，却偏偏收治了杨某，耽误了疾病的救治。要求该医院对杨某的死给出个明确说法，赔偿损失。后经当地公安机关介入，家属同意申请对尸体进行解剖。一个月后，尸体解剖的结果报告，患者死于急性上消化道出血，而引起上消化道出血的死亡的根本原因是胃底－食管静脉曲张并破裂，原发病变则是肝硬化晚期。

患者家属将先后给杨某看过病的这三家医院告上了法庭。而最终的判决结果是，那家最后将患者收治入院的医院（简称第三家医院）被判对患者的死亡结局免责。依据就是患者入院后该医院曾经多次建议患者进行必要的检查而患者却予以拒绝，导致最终诊断不明，实施的治疗没有针对性，从而丧失了救治的时机。而丧失救治时机的原因，不在于被告第三家医院，而是患者本身以及在先的两家医院。

【医案评说】

《侵权责任法》第六十三条明确规定，“医疗机构及其医务人员不得违反诊疗规范实施不必要的检查。”这一条款放在本例之中则有许多内容值得探讨。

本例患者已经死亡，按照其生前刚入院时的观点，他认为不久前刚刚在其他两家医院，而且是大医院做过了胃镜、超声等相应检查，住院后再进行超声等检查就是不必要的重复，甚至就是为了多收钱。而值班医生则不这么认为：这些检查都是必要的。究竟什么是“必要的”，什么是“不必要的”呢？第六十三条中所称的“不必要”抑或“必要”是否有着明确的、量化的标准呢？第六十三条当中所提及的“诊疗规范”又作何解释呢？

显然，在现有的成文法律、法规、规章乃至已经公布的医疗规范当中寻找不到具有可操作性的某项检查的“必要”与“不必要”的依据。这的确是法律无法约束的地方，因为这涉及医生成为一名医生的根本——医疗技术与医德良知。

该条款设立的用意很明确，针对曾经出现的“天价的医疗费”事件——该条款的立法初衷是出于对患者就医时财产权利的保护。但是不要忘记，就医的目的是为了控制疾病的发生、发展，维护生命健康权，而不是如何省钱，保护财产权。这一条款完全属于《合同法》调整的范畴，与医疗侵权无关，医疗侵权当中侵犯的核心权利是人身权而不是财产权。

此外，临床医学当中，患者所患疾病的不确定性，以及不断变化性也决定了医生很难把握好何时、何事为必要或者不必要。如原本前来口腔诊所拔牙的老人，在拔牙过程中突发心血管意外死亡，小诊所一定难逃干系，所以，普通人可能不理解，为什么拔牙也要进行抽血、化验、心电图甚至还有更多的检查了。再如，心血管病房中的心脏病患者看似痊愈，却偏偏死在即将办理出院之前的瞬间，医生在出院之前的一系列检查有没有进行，就成为能否在纠纷之中免责的关键。有了这些因素参与，相信医生也知道该怎么做了。于是可做可不做的检查就尽可能去做，即便患者拒绝，也得签字，免了医生的责任。

《侵权责任法》第六十三条这一条款的设立，对于患者的财产权利保护是一件好事，却缺乏可操作性。对于医生而言，则容易产生误导效应，医生将无法把握什么是必要的检查，什么是不必要的检查。一旦原本应当检查的项目没有及时实施，出现误诊、漏诊，并发生不可控制的结局，患者就会以一句极为“通俗”的语言，终结医生苍白的辩解：“我不是医生，我不懂。你是医生，你知道应当怎么做，可你没有这么做!”幸好，本例当中第三家医院的值班医生，在紧急时刻想到了当初法律顾问做普法讲座时曾经提到的类似案例，在此情况下应当有自我保护意识。就这样，让患者的工友签了字，尽管这并不是患者本人的签字，但工友的签字却足以证明，医生们曾经建议患者进行必要的辅助检查。

【法律常识】

(1)《执业医师法》当中有关医生法定义务的具体规定是什么？

《执业医师法》第三章“执业规则”规定了执业医师的权利与义务，其中第二十二条总的规定了医师在执业活动中应当履行的义务：“(一)遵守法律、法规，遵守技术操作规范；(二)树立敬业精神，遵守职业道德，履行医师职责，尽职尽责为患者服务；(三)关心、爱护、尊重患者，保护患者的隐私；(四)努力钻研业务，更新知识，提高专业技术水平；(五)宣传卫生保健知识，对患者进行健康教育。”

第二十三条规定了医师的亲自诊查义务：医师“实施医疗、预防、保健措施，签署有关医学证明文件，必须亲自诊查。”

第二十四条规定了针对急危患者的救治义务，这也是本书第1章“动车上的救助”一节当中医师可以实施抢救的法律依据。“医师应当采取紧急措施进行诊治；不得拒绝急救处置。”

第二十五条则规定了医师应遵守药事等法律法规。“医师应当使用经国家有关部门批准使用的药品、消毒药剂和医疗器械。除正当诊断治疗外，不得使用麻醉药品、医疗用毒性药品、精神药品和放射性药品。”

第二十六条规定了医师的告知义务。“医师应当如实向患者或者其家属介绍病情。”

《侵权责任法》第六十三条有关过度医疗的禁止性规定，应当属于《执业医师法》第二十二条第一、二、三项提及的义务范畴。即遵守技术操作规范，职业道德，关心、爱护、尊重患者。

（2）《执业医师法》《医疗机构管理条例》以及其他与医师、医疗机构执业有关的法律法规有无关于如何尊重、保护患者财产权利的具体规定？

《执业医师法》第二十七条有着与《侵权责任法》第六十三条相似的规定，但又不尽相同：“医师不得利用职务之便，索取、非法收受患者财物或者牟取其他不正当利益。”《执业医师法》是从行业管理角度提及，较为宽泛与概括；而《侵权责任法》是从医疗专业行为本身的角度提及，试图直接干预到医生的某一次具体的“检查”行为是否具有“必要”性。尽管很细致，但却只提及诊断环节的“检查”行为，遗漏了医疗行为当中重要的一环：“治疗行为”。应当说前者更适合于临床医疗这一特殊的专业行为。

此外，《医疗机构管理条例》第三十七条针对有关价格与收费问题规定如下：“医疗机构必须按照人民政府或者物价部门的有关规定收取医疗费用，详列细项，并出具收据。”至于具体的诊疗行为，则没有过细的规定，而将这一部分交由当地政府或者政府下辖的物价部门管理。多年的实践中，尽管这样的管理机制不能断绝医疗机构及部分医生借病人牟利，但也算是无法替代的一种行之有效的体制。之所以还会发生天价医疗费，当中自然不排除法律制度以外的原因。

第13章　传染病与职业病防治法

13.1　呼吸科病房里来了个肺结核

【医案寻踪】

贾某(男性，79岁)从某省偏远的山区进城到儿子家探亲。3个月后，即2010年11月，因天气变化受凉感冒。开始时表现为咳嗽、发热，还伴有轻度气喘和胸部疼痛，在家中自服药物治疗。两天之后，病情非但不见减轻，反而越来越重。儿子一家人急忙将老人送到附近医院就诊。医生询问病史时，经老人自述，原本在老家时每到天冷时就时常出现上述情况，“我的身体没什么大不了的，没病。儿子把我送到医院，这是孝顺我，关心我。”老人不想看病，更不愿意住院治疗。但是检查的结果并不乐观，老人患有慢性阻塞性肺疾患，老年性肺气肿，肺内感染，呼吸功能与血气分析的结果，提示肺功能较差，呼吸衰竭，病情已经十分严重。结合体检发现的双下肢水肿体征以及心电图表现，还提示存在肺源性心脏病，并且心功能不全。呼吸衰竭合并心功能衰竭又加上新近肺内感染，必须住院治疗。老人无奈被送进了呼吸科病房。

俗话说“祸不单行”，老贾住院没几天，就被医生们怀疑得了肺结核。肺部CT等进一步的影像学检查均提示患有肺结核。一周后实验室以及痰培养检查回报，果然合并有肺结核感染。问题随之而来，先是经治医生找来患者的儿子，进行肺结核病情告知，建议将患者转往结核病专科医院，贾某的儿子还在犹豫，接着科主任以及医院院部的人一起找到贾某的儿子，动员他立即将患者转往结核病专科医院，院部的人自我介绍，她是专职负责院内感染的，患者贾某已经确诊为肺结核，按照《传染病防治法》以及《结核病防治条例》等有关规定，必须转专科医疗机构就诊、就治。贾某的儿子很为难，父亲一定不会同意，他转而与呼吸科主任商量，能不能不让贾某转院，他们可以包下这个小病房单独使用。得到的回答是不可以。贾某儿子的态度起了变化，变得激动起来，仿佛医院嫌弃、歧视他父亲是传染病患者，有意推诿他父亲，刁难他们。他吵闹着找到了主管院长理论这件事。主管院长找来有关传染病防治以及肺结核病防治的法律规定，找来与肺结核诊治的医疗规范，用了一个小时的时间，动之以情，晓之以理和法，讲明为什么要隔离治疗，为什么转入专科医院等，最终说服了他。于是，贾某很快被转往当地的结核病专科医院。

贾某在结核病专科医院经过了规范的抗痨治疗，并结合针对慢阻肺、肺心病的治疗后，又过了一段时间，病情稳定出院。不久就回老家了。

本例医患双方没有纠纷发生。

【医案评说】

1988 年 1 月，所有在上海生活过的人都不会忘记那场令人惊恐的“甲肝”大流行。一种被称为“毛蚶”的水产品，同人类开了个“苦涩的玩笑”——30 万市民感染，11 人死亡。小小的“毛蚶”，永久地印在了曾经历过那场传染病灾难的人们心中。“一朝被蛇咬，十年怕井绳。”可曾知道，正是这个小小的毛蚶，直接触发了首部《传染病防治法》于 1989 年的诞生。

到了 2003 年席卷南北的非典型肺炎，同样让人“谈非色变”。2003 年非典之后，围绕抗击“非典”时留下的经验与教训，《传染病防治法》被重新修订，并于 2004 年 12 月 1 日起施行。修订后的《传染病防治法》在传染病预防，疫情报告、通报和公布，疫情控制，医疗救治，监督管理，保障措施以及法律责任各个方面都作了调整和完善。本例患者所患肺结核疾病，按照《传染病防治法》第三条属于乙类传染病。该法第二十一条规定，“医疗机构必须严格执行国务院卫生行政部门规定的管理制度、操作规范，防止传染病的医源性感染和医院感染”。该法第三十九条还具体规定，医疗机构发现乙类或者丙类传染病病人，应当根据病情采取必要的治疗和控制传播措施。医疗机构对本单位内被传染病病原体污染的场所、物品以及医疗废物，必须依照法律法规的规定实施消毒和无害化处置。对于违反上述规定的，该法第六十九条则规定了与各种情形相对应的细致的法律责任。其中就包括发现传染病疫情时，未按照规定对传染病病人、疑似传染病病人提供医疗救护、现场救援、接诊、转诊的，或者拒绝接受转诊的；及未按照规定对本单位内被传染病病原体污染的场所、物品以及医疗废物实施消毒或者无害化处置的；以及未按照规定对医疗器械进行消毒，或者对按照规定一次使用的医疗器具未予销毁，再次使用的。

1991 年 9 月 12 日，卫生部发布施行《结核病防治管理办法》，尽管发布时间早于 2004 年新修订的《传染病防治法》，但是其中的条款仍具有一定的指导意义。如该办法第二十七条规定，“医疗预防保健机构对收治的肺结核病人，应当按《全国结核病防治工作手册》和《肺结核病诊疗规程》实施诊断、治疗和管理。不能按工作手册和诊疗规程实施诊断、治疗和管理的，必须将肺结核病人及时转至当地结核病防治机构或指定的医疗预防保健机构。《全国结核病防治手册》和《肺结核病诊疗规程》由国务院卫生行政部门制定。”

修订后的《传染病防治法》对各种违反传染病防治行为的法律责任作了严格

而细致的规定。本例之中，如果一味迁就贾某及其儿子的要求，留在普通医院的普通呼吸科病房内治疗，一旦造成肺结核传染或播散，后果不堪设想。即便此后的其他患者查出患有结核病，其原因为其自身医院外感染所致，但是由于该医院已经违反《传染病防治法》有关隔离治疗措施在先，该医院依旧无法澄清法律上的行政责任与民事责任。

【法律常识】

（1）法定传染病的病种与种类的简要介绍。

《传染病防治法》第三条规定，传染病一般分为甲类、乙类和丙类。甲类传染病指的是鼠疫、霍乱。乙类传染病指的是传染性非典型肺炎、艾滋病、病毒性肝炎、脊髓灰质炎、人感染高致病性禽流感、麻疹、流行性出血热、狂犬病、流行性乙型脑炎、登革热、炭疽、细菌性和阿米巴性痢疾、肺结核、伤寒和副伤寒、流行性脑脊髓膜炎、百日咳、白喉、新生儿破伤风、猩红热、布鲁氏菌病、淋病、梅毒、钩端螺旋体病、血吸虫病、疟疾。丙类传染病指的是流行性感冒、流行性腮腺炎、风疹、急性出血性结膜炎、麻风病、流行性和地方性斑疹伤寒、黑热病、包虫病、丝虫病，除霍乱、细菌性和阿米巴性痢疾、伤寒和副伤寒以外的感染性腹泻病。

（2）按照《传染病防治法》的规定，什么是医源性感染？什么是医院感染？什么是实验室感染？

《传染病防治法》第七十八条规定，“医源性感染”是指在医学服务中，因病原体传播引起的感染。“医院感染”是指住院病人在医院内获得的感染，包括在住院期间发生的感染和在医院内获得出院后发生的感染，但不包括入院前已开始或者入院时已处于潜伏期的感染。医院工作人员在医院内获得的感染也属于医院感染。“实验室感染”是指从事实验室工作时，因接触病原体所致的感染。

第14章　民法与医疗风险
——从“医疗安全”到“患者安全”

在频繁发生的医疗纠纷之中，我们注意到，有一小部分纠纷的发生原因，与具体医疗行为并无关联性，而仅仅是发生于医院之内的人身损害事件，诸如患者在医院内坠床、跌倒，遭受他人伤害甚至杀害，自杀事件，精神专科医院的自残、自杀事件，以及临时进入医院的探视人员、陪护人员发生意外损害事件，等等。发生损害事件之后，医院与伤者就损伤的后果、责任比例，往往无法达成一致，因而导致纠纷与冲突的发生。依照以往的思维，这类非医源性的损害事件似乎与医院毫无关系，并且，医院也不会为此承担责任，但事实并非如此。针对上述各类医院内的损害事件，医院是否应当承担责任问题，尽管诸如《医疗机构管理条例》等行政法规中并无明文规定，但是《民法通则》《消费者权益保护法》乃至《侵权责任法》等法律对处理这类事件的条款，则早已有之。但是，许多医务人员即便是护理专业人员则认为，患者意外伤害案件的发生具有偶然性，谈不上对此进行预防的问题。作为临床一线以外的后勤人员等，同样很少接受这类伤害问题的法律实务的培训。一些工作人员甚至想当然地认为，只要医院向患者及家属加以书面明示，诸如印制“防跌倒告知书”并由患者签字，今后在发生意外伤害问题后，责任应由患者一方承担，这不仅是完全错误的，而且更容易造成医务人员本身的麻痹大意，埋下更大的安全事故隐患。这类“免责条款”一旦诉诸法院，并不是当然有效的约定，而完全可能被判定为医院单方强加给患者的无效的意思表示。

近年来的司法实践表明，为了维护社会稳定，判决有加重医院一方责任比例的趋势。面对上述情况，重视、预防和减少医院内损害事件的发生，已经成为与医院工作的一部分，从“医疗安全”到“患者安全”的思维方式的转变正在进行之中。

14.1　电击事件

【医案寻踪】

这是笔者亲历的一起发生在医院的意外事件损害赔偿案件。

2005年，刚刚度过短短的元旦假期，来到事务所，笔者接到一外地朋友的电话，他说有一位患者元旦期间在笔者所在的城市里的某家医院猝死。家属对患者的死亡存有异议，已经封存了病历和事发现场。希望笔者能够提供专业的法律援助。笔者代理了这起民事案件。

辛某，女性，48岁。因间断性黏液脓血便4年余，于2004年12月14日于某医院住院治疗。入院后经肠镜检查确诊为溃疡性结肠炎。诊断明确后，该医院医生每日给予患者药物灌肠治疗。经过半个月的治疗，患者症状基本消失，病情得以明显缓解。辛某住院期间，恰逢该医院的病房大楼乔迁，全院上下正忙忙碌碌着。2004年12月25日，医院整体搬迁到新落成的大楼内。新的病房，新的病床，忙碌着的医生和护士，这也让包括辛某在内的一同“搬迁”的住院患者很是兴奋。2005年1月2日清晨，值班的护士早早地叫醒了辛某，准备为其进行中药灌肠治疗。辛某自打住院后，就一直在接受这项治疗，由于疗效很好，所以很配合，而且对护士下面进行的操作也不陌生。对于辛某来讲，灌过这次药，再做两次就可以出院回家了。早晨7：00不到，护士就已经开始给辛某灌肠治疗了。护士将灌肠导管经肛门插入患者的肠腔，一点点地调整好插入的深度，接着开始向肠内灌入自制的中药灌洗制剂。一分钟后，辛某突然发出一声闷闷的呼叫，接着全身抽搐，紧接着就出现呼吸困难、口唇发绀等症状，还没等护士反应过来，辛某的呼吸及心跳已经停止了。值班护士不知所措，停止了手中的灌肠操作，并拔出了灌肠管。她跑出水疗室，大声呼叫着值班医生：患者不行了。医生马上进行抢救，最后连120急救人员都到达现场协助抢救，但是辛某始终没有重建呼吸与心跳。从危象发生到最终抢救无效、宣布死亡，全部时间不到40分钟。三个小时后患者的丈夫、儿女等家属从几百公里外赶到医院。他们封存了病历，并且封存了灌肠操作所在的水疗室的现场。

究竟是什么原因导致患者发生猝死呢?

该医院在疑问，患者家属也在疑问，双方围绕患者的猝死死因产生了纠纷。在具体赔偿事宜协商未果的情况下，双方一致同意首先进行尸体解剖。解剖在一家权威的法医司法鉴定中心进行。多位权威法医病理学专家参与了尸体解剖的全过程。尸检发现，尸体的胸腹腔内多脏器表面大量存在散在的细小出血点。除此之外，没有明显的因心、肺、脑或者其他重要脏器因突发疾患而猝死的迹象。一个星期后，司法鉴定中心通知各方到场，法医要勘察事发的现场。经过勘察发现，通电状态下，水疗室内的灌肠机机壳带电！经测定，多处部位的电压可以稳定地达到68~72伏。随即法医又试着重复了一下灌肠机操作的过程，发现灌肠机内导管流出的中药洗液液体，以及插入患者肠腔的导管外壳也一样带电，电压达到70伏。至此，死亡原因已经昭示天下：患者辛某因电击致死。具体演绎这一过程就是，当天的操作过程中由于存在灌肠机仪器漏电，机壳、导管以及导管内药液带电电压高达70伏，远高于36伏的安全电压，患者因此发生肠腔内触电，造成心脏心律紊乱，心跳骤停，并最终死亡。

本案后诉至当地法院。审理过程中，法院没有参照《医疗事故处理条例》，而是直接适用了《民法通则》以及《最高人民法院关于审理人身损害赔偿案件适用法律若干问题的解释》。一审判决结果，被告医院应当就其漏电过失对患者的死亡后果，承担全部责任。双方均服判，息诉。

死因明确了，纠纷也最终得以解决。但是一个原本不应离去的生命，却从此永远消逝了。

【医案评说】

这是一起发生在医疗机构的普通人身损害赔偿案件，即人身损害侵权案件。无论在2005年当时法院判决时依据、适用的《民法通则》及其司法解释，还是当今已经生效的《侵权责任法》，均适用于该类案件。《民法通则》第九十八条规定，公民享有生命健康权。溯本求源，这是所有人身损害案件的法律依据。该法第一百零六条第二款进一步规定了，“公民、法人由于过错侵害国家的、集体的财产，侵害他人财产、人身的，应当承担民事责任。”该法第一百一十九条则具体规定了各个赔偿项目，“侵害公民身体造成伤害的，应当赔偿医疗费、因误工减少的收入、残废者生活补助费等费用；造成死亡的，并应当支付丧葬费、死者生前扶养的人必要的生活费等费用。”本案当年依据的正是这些条款。2010年《侵权责任法》实施后，这类案件的审判依据更加明晰，该法第二条第一项及第三条以极其精炼的语言规定，侵害民事权益，应当依照本法承担侵权责任。并且，被侵权人有权请求侵权人承担侵权责任。上述民事权利，包括生命权、健康权在内。该法第十六条则具体规定了侵犯生命权及健康权的责任范围：“侵害他人造成人身损害的，应当赔偿医疗费、护理费、交通费等为治疗和康复支出的合理费用，以及因误工减少的收入。造成残疾的，还应当赔偿残疾生活辅助具费和残疾赔偿金。造成死亡的，还应当赔偿丧葬费和死亡赔偿金。”不仅如此，该法还在其第二十二条单独规定了精神损害赔偿条款以表示重视：“侵害他人人身权益，造成他人严重精神损害的，被侵权人可以请求精神损害赔偿。”

除了法律适用方面，本例还凸显医疗机构作为事业单位，同样面临着与其他企业类似的安全事故问题。谁应当为这一切负责呢？是临床医务人员吗？医生的诊断是正确的，而护士按照这一诊断进行药物灌肠治疗也是正确的。事实证明，患者已经经过了10余次的治疗，过程安全，且疗效明显。如果不经过尸检，如果不是法医犀利的视觉与敏锐的判断，如果不是患者家属事发后第一时间封存了灌肠操作现场，我们都无法弄清事实的真相——灌肠机漏电。这个灌肠机并非从未使用的新仪器，在医院病房大楼搬家之前已经安全使用了近2年的时间。什么原因导致机壳漏电呢？调查发现，仪器搬至新址后，并无专业安装人员到场指导、检查、验收，仪器本身也缺乏良好的接地装置。一旦仪器因上述多种因素当中的一种或数种，发生漏电，患者就不可避免地发生触电事件了。远远超过36伏的漏电电压在体内的危害，短时间内相对强大的电流，足以导致包括心脏骤停以及其他多脏器损害和最终猝死的发生。

从医院内部讲，谁应当为这起患者电击死亡负责呢？不是医生，也不是护士，而是医院的后勤辅助部门的工作人员，以及医疗器械管理人员。至于本案灌肠机的生产商是否存在产品质量上的责任，则还需要通过相关的产品质量机构检验后明断。法理上讲，事发医院仍然拥有针对厂商的追偿权。

【法律常识】

（1）民事赔偿中的“死亡赔偿金”与“精神损害抚慰金”是否属于同一项赔偿范畴？

应当说不属于同一赔偿项目。之所以造成“死亡赔偿金”与“精神损害抚慰金”相混淆，是由于在2003年12月4日最高人民法院在颁布《关于审理人身损害赔偿案件适用法律若干问题的解释》之前的一些涉及人身损害赔偿的法律规定之中，要么没有精神损害抚慰金的规定(如《民法通则》)，要么只有死亡赔偿金的规定(如《国家赔偿法》)，由于没有统一的法律规定，因而造成适用法律上的不统一。而且最高人民法院在2001年单独作出的《最高人民法院关于确定民事侵权精神损害赔偿责任若干问题的解释》当中的第九条，更是混淆了“死亡赔偿金”“残疾赔偿金”等财产性损失与“精神损害抚慰金”的区别。

2004年以后，随着《关于审理人身损害赔偿案件适用法律若干问题的解释》的生效实施，这一问题不再成为法律适用的一种困惑。该解释第一条规定，“因生命、健康、身体遭受侵害，赔偿权利人起诉请求赔偿义务人赔偿财产损失和精神损害的，人民法院应予受理。”显然，精神损害有别于财产损失。该解释第十七条规定了人身损害的各个法定赔偿项目，其中就包含“死亡补偿费”，即“死亡赔偿金”。在该解释第十八条还进一步规定了精神损害抚慰金赔偿项目，应具体适用《最高人民法院关于确定民事侵权精神损害赔偿责任若干问题的解释》。显然“死亡赔偿金”与“精神损害抚慰金”是完全不同的法律概念，不应当予以混淆。

（2）计算具体人身损害赔偿的死亡赔偿金、残疾赔偿金以及被抚养人抚养费时，如何区分“农村居民”与“城镇居民”按照不同的统计数据赔付？

迄今为止，法律与司法解释还没有针对上述内容专门作出明确的规定。但是最高人民法院曾在2006年以判例的形式提醒过各级法院，如何在办理此类人身损害赔偿案件中，区分“农村居民”与“城镇居民”。

2006年第9期(总第119期)的《中华人民共和国最高人民法院公报》上的“案例”栏目(第24页)，曾经刊载了题为《季宜珍等诉财保海安支公司、穆广进、徐俊交通事故损害赔偿纠纷案》的案例。在该案之中被害人是一位常年居住在城镇的“农民”，在以什么标准计算赔偿数据上，该案的判决结果支持了原告方提出的已将经常居住地从原籍农村转移到城镇，应当按照城镇居民标准赔付的主张。对类似赔偿案件的具体法律适用，起到了示范效果。公报在该案的“裁判摘要”进一步评论道，“区别农村与城镇是考虑到不同区域的生活水准问题，其本意并非人为划分农村与城镇不同区域生命价值的高低”。“对于常年生活工作在城镇，收入相对稳定，消费水平也和一般城镇居民基本相同，已经融入城镇生活的农村居民，如果发生死亡事故，涉及赔偿问题的，应当按照城镇居民的标准计算死亡赔偿金。”

尽管我国在法律体系上不属于判例法国家，但是最高法院的推介与首肯，自然是基层法院效仿与参照的最好依据。如何区别“城镇”与“农村”，其划分的“标准”，就在这一案件之中。

14.2　装修惹来的麻烦

【医案寻踪】

2010年夏季，位于辽南的一家医院正在进行原有院舍的维修。这是一家老资格的医院了，由于病房楼使用年代过于久远，部分设施已经破损，不得不进行重新装修。考虑到装修可能影响住院患者的收治数量，医院对此进行了特别安排，采取逐个楼层装修的办法，通过不断转移住院患者的方式，尽可能减少装修带来的影响。医院还特别强调注意施工中的安全，不要发生损害事件。

8月27日，装修已经平稳地接近尾声了。从上午开始，油工们开始进入施工现场对墙壁等进行涂刷。中午，位于三楼的一名普外科住院患者突发呼吸困难，颜面青紫，呼吸急促，只能端坐于病床之上。科室医生很快将这一情况汇报给医院值班人员，并紧急通知呼吸及心血管内科医生到场会诊。原来这位李姓患者(男性，51岁)是一位患有胆囊息肉的择期手术患者，并无明显的内科疾病。本来准备在第二天为他进行胆囊切除手术，不想在术前就出现了这样的情形。经会诊，患者极有可能是哮喘发作。用药后，患者的病情很快平稳下来。追问病史，患者年轻时曾居住于海滨地区，确有哮喘病史，搬迁至内地居住的四十多年里，哮喘病就再也没有犯过，他自己都差不多忘了。患者今天一早闻到从走廊上飘来的油漆气味之后，就开始不舒服，先是胸闷、咽痒、咳嗽，到了中午就不行了。原来如此！

医院立即停止了楼下的油漆施工，并及时将该患者转移到了相对安全的地方。李某的哮喘发作没有再出现。其他患者随后也都陆续暂时搬离了施工的病房楼，直到装修施工结束，各种气味不明显后，才恢复这幢病房楼的使用。

李某的哮喘发作短暂，救治及时，没有造成任何后果，而且李某胆囊手术已经迫在眉睫，他又非常信任准备给他做手术的、在当地非常有名气的外科主任，所以也就没有过多地提起这件事情。不过出院时，医院还是主动为李某减免了部分医疗费。

【医案评说】

与前一例电击事件一样，这也是一例较为典型的因医院后勤工作安排不当引起的损害事件，在医院内部习惯地称为“意外事件”。尽管被称为“意外”，但在法律上却不会因此而免责。而只能将其理解为医疗以外的损害事件，即普通的人身损害事件。类似的情形还曾经发生过：一家处于正常医疗运行之中的医院住院大楼内，正在进行装修施工，由于使用电动冲击钻，局部空间内产生了巨大的噪声。此时，意想不到的事儿发生了，这噪声竟然诱发一旁病床上的患者出现心源性猝死。该家医院因此不得不与患者家属协商调解，赔钱了事。

按照《民法通则》以及《侵权责任法》的相关规定，本例是一起普通人身权侵权事件。当事医院因其从事室内装修时，未能尽到应尽的注意义务，对可能因粉刷油漆等可能诱发患者疾病的情况应当预见而没有预见，导致患者因油漆过敏，而诱发哮喘发作。

相对于前一例电击案件行为过失更为明显的特点，本例的医疗机构同样存在行为上的过失，因为这是在医院的室内，面对的是正在住院接受治疗的非健康人群。涂刷油漆行为，就显得与这一特殊环境格格不入了。如果同样是这一患者李某，未经许可私自步入了一个未投入使用的封闭的装修施工区域，并且在该施工区域的安全范围以外，立有明显的“禁止入内”的标志，那过错方就不是装修一方，而只能是误入其中的李某了。

关于本例侵权事件的因果关系，部分人认为，该患者原有哮喘在先，医院涂刷油漆只是哮喘发作的一种诱因，因此他本身也应当就此承担一部分法律责任。实际上这一观点是不正确的。原因在于患者李某哮喘发作时所处环境为医院，作为医院本身对“哮喘病”及其急性发作是有足够认知的，而且，前来就诊的非特定人群中就有可能包含有哮喘病患者或者气道高反应性的患者、体内变态反应异常的患者存在于其中；不仅如此，医生还完全清楚油漆气味可能导致患有或曾经患有哮喘的患者，被诱发急性发作而面临危险。何况，本例患者李某仅仅早年在沿海地区曾经出现过哮喘，来到内地已经四十余年了，而且哮喘从未发作，这更说明患者李某的哮喘已经治愈。所以，在本案之中，医院的室内的油漆施工行为，应当为患者哮喘急性发作承担全部责任。即便考虑到患者具有哮喘病的潜在因素，医院一方的民事责任也至少在主要责任以上。幸好，本案事发时李某所在的科室能够及时发现患者的病情变化；幸好，全院会诊及时正确；幸好，李某被施以迅速有效的治疗，最终病情很快被控制。否则，就不是减免部分医疗费所能够“平息”的了。

【法律常识】

（1）医疗侵权与医疗侵权责任之中的因果关系的特点是什么？

医疗侵权和医疗侵权责任中的因果关系表现特点之一是，绝大部分为多因一果的形式，很少部分表现为一因一果的情形。以侵权责任的形态而言，绝大部分是共同责任。其中包括源自疾病本身的因素和源自医疗过失行为的因素，也可能包括患者在治疗期间的自身行为对医疗的干预因素。《民法通则》第一百三十一条规定，“受害人对于损害的发生也有过错的，可以减轻侵害人的民事责任。”“受害人对于损害的发生也有过错的”，指的绝不仅仅是普通人所理解的具体行为的过错，而是一种极为宽泛的概念与含义，既可以是在加害人实施过错行为当时的一种具体过错行为，如原本有一滩水的地面，甲疏于履行注意义务跌倒摔伤的行为；也可以是受害人的一种状态，如已经处于严重心源性休克状态的患者，医务人员抢救措施不当，并最终死亡的情形。后者在《医疗事故处理条例》第四十九条第二项的规定中被表述为“医疗事故损害后果与患者原有疾病的关系”，并用来确定“医疗过失行为在医疗事故损害后果中的责任程度”。有关因果关系的问题，实践中，患方出于自身利益的角度以及对医疗与法律理解的局限，主张医方承担的民事责任是全部责任，这是片面的。应当申明，这是一种法律上被称为多因一果的状态，即患者的自身原有疾病本身演变的因素，以及医源性的失误等两种或两种以上原因，导致出现患者最终的结局。至于患者原有疾病的因素与医源性过失的因素在该案中所占比例如何，或者叫参与度的大小，如果该案经法院审理，就需要法官的裁判了。

（2）判定“精神损害抚慰金”的具体额度，有法律上的具体标准吗？

在我国最早明确以“精神损害抚慰金”或者“精神损害赔偿金”的字样出现于法律条款当中的，是2001年作出的《最高人民法院关于确定民事侵权精神损害赔偿责任若干问题的解释》。该解释首次较为全面地对人身损害案件，即人身权侵权案件的精神损害以“精神损害抚慰金”的形式加以确认。尽管如此，对精神损害抚慰金的内涵与外延还不是十分清晰，当中第九条更是混淆了“死亡赔偿金”“残疾赔偿金”等财产性损失与“精神损害抚慰金”的区别。2002年，《医疗事故处理条例》第五十条第十一项明确规定了因医疗事故造成死亡及伤残的，应当赔偿“精神损害抚慰金”，并且给出了计算标准。即“按照医疗事故发生地居民年平均生活费计算。造成患者死亡的，赔偿年限最长不超过6年；造成患者残疾的，赔偿年限最长不超过3年。”这也是唯一的针对精神损害抚慰金赔偿项目的十分明确的计算标准。2004年开始实施的《最高人民法院关于审理人身损害赔偿案件适用法律若干问题的解释》，对“精神损害抚慰金”作为区别于财产性损失的独立一种赔偿项目予以肯定。但是由于精神损害抚慰金的适用范围过于广泛，如作为姓名权、肖像权及名誉权的标表性人格权，与实体性人格权如生命权及健康权等的权利救济，所以没有对精神损害抚慰金的具体计算标准作出明确规定。一般情况下，法院均依据 2001 年《最高人民法院关于确定民事侵权精神损害赔偿责任若干问题的解释》中第十条的规定。该解释考虑到精神损害抚慰金的成因源于损害程度与后果，提出了精神损害的赔偿数额根据以下因素确定：侵权人的过错程度；侵害的手段、场合、行为方式等具体情节；侵权行为所造成的后果；侵权人的获利情况；侵权人承担责任的经济能力；受诉法院所在地平均生活水平，以及特别法的规定等。

14.3　跌倒的患者

【医案寻踪】

某医院刚刚从老旧城区迁至新市区，整洁的环境，明亮的病区，就连病房的走廊，都比原先宽敞了许多。为了美化环境，医院为各个科室配种了几盆花卉，摆在病区的几个角落。不过，意想不到的事情发生了。一位即将出院的下肢偏瘫的脑血栓患者(男性，68 岁)，在走廊散步时，由于花盆边上流出的水而滑倒，摔折了左侧的股骨颈。而左侧恰好是患者原来的健侧。事情发生后，患者的子女悉数到场，纷纷指责医院安全措施不到位，致使患者踩到地面上的水，跌倒并摔折了左腿。由于该医院不具备股骨颈骨折的治疗条件，患者家属只得将患者转往其他医院，并最终接受了内固定手术治疗。期间患者家属曾向医院提出先行垫付医疗费的要求，医院则提出治疗终结后，经双方协商后一次性解决。两个多月后，患者经过手术，已基本恢复并离开第二家医院回家。双方再次坐下来，通过反复协商，医院承担了在第二家医院的部分医疗费，双方一次性解决了这起因院内摔伤引起的争议。

【医案评说】

本例的事情经过十分简单，留给我们的，尤其是留给护理人员的印迹却十分深刻。医院咨询了法律顾问，希望他从法律的角度加以分析判断。

医院的法律顾问在了解事件之后认为，从医疗服务的主流方向考虑，这类意外事件，只能算是一件小小的插曲；但是如果换一个角度考虑，就不能忽略这一“潜伏于角落里”的安全风险了。在医疗机构，防跌倒与防坠床常常被相提并论，这是护理工作的重要一环。

法律顾问指出，早在 20 世纪 80 年代，就有一些地方性的法规，将“坠床”事件列为重大的“护理失误”范畴，近年来在全国各地展开的“全国百姓放心示范医院”的考评项目之中的第七项考评目标，就是“防范与减少患者坠床与跌倒事件的发生”。因此防跌倒与防坠床的重要性可见一斑。实际上，作为医院，保障患者的一般性人身安全，始终是一项经常性的工作。从《民法通则》《消费者权益保护法》乃至《侵权责任法》等法律领域考察，在本例以及类似的各类发生在医院的意外损害中，医院都很难做到完全免责，除非该患者本人系自伤、自残行为，并且还须排除精神病患者。

《民法通则》针对发生在公共场所的此类意外损害事件的归责，并没有特别条款加以规定，但是其第一百一十九条，似乎就能很轻而易举地适用于类似本例的争议当中。并且即便医院足以排除其本身的过错责任，按照《民法通则》第一百三十二条的规定，“当事人对造成损害都没有过错的，可以根据实际情况，由当事人分担民事责任。”也就是说，发生了损害后果，即便没有责任，只要受害人提出诉讼，法院就有可能“照此办理”。

《中华人民共和国消费者权益保护法》（简称《消费者权益保护法》）第七条规定，“消费者在购买、使用商品和接受服务时享有人身、财产安全不受损害的权利。消费者有权要求经营者提供的商品和服务，符合保障人身、财产安全的要求。”这一条款作为本例跌伤患者获得赔偿的依据，看来还可以。从《消费者权益保护法》角度看，似乎保障患者就诊期间人身权利不受侵犯，或者说伤害，已经是医院的法定义务了。

《侵权责任法》第三十七条规定，“宾馆、商场、银行、车站、娱乐场所等公共场所的管理人或者群众性活动的组织者，未尽到安全保障义务，造成他人损害的，应当承担侵权责任。”这一条款提到的公共场所当然也包括医院在内，而且，当中提到的“安全保障义务”，事实上很难尽到。除非事件没有发生，或者发生的是一种自伤自残甚至自杀行为，否则就很难说所有人或者管理人已经“尽到安全保障义务”。而证明不了这一点，按照该法，就只能推定由该公共场所的所有人或管理人承担或部分承担损害赔偿的责任了。

至于坠床事件发生后医院是否承担民事责任，答案更是毫无疑问的了。

【法律常识】

（1）什么是民事责任的“公平责任原则”？

与过错责任原则及无过错责任原则不同，“公平责任原则”主张涉案各方均摊一方或数方的损失，而分摊的原则既不是基于过错程度，也不是基于法定的免责条款，而是一种调和。《民法通则》第一百三十二条规定，“当事人对造成损害都没有过错的，可以根据实际情况，由当事人分担民事责任。”《侵权责任法》第二十四条规定，“受害人和行为人对损害的发生都没有过错的，可以根据实际情况，由双方分担损失。”表面上看，似乎有点“公平”的味道，实际上有违现代法理与法治精神，使法律最终变得毫无原则。近年来所谓帮扶路上跌倒的老人反遭到索赔，并最终获得法院支持的荒唐事件，就来源于此，或者说发源于这一条款、这一“原则”。这一原则动摇的是民众对法律的信仰。

（2）什么是“无过错责任原则”？

无过错责任原则的存在源于过错责任原则，只是说在某一些特定的侵权行为或损害事件当中，法律已经作出明确的规定，即不问受害人本人是否存在行为过失，只要能够排除其对于损害结果主观上的故意，就予以免责，而由事情的相对方承担责任。如女工田某某在工厂的车床前工作期间，由于失误造成手指被截断。对于这一事件，不问田某某是否存在主观上的过失，而仅仅按照《工伤保险条例》，就该由工人所在的工厂予以赔付。

无过错责任原则体现的是对受害人的源自法律上的保护。

14.4 医院内自杀

【医案寻踪】

2011 年末的某一天，某校研究生黄某(男，时年 29 岁)因感情纠葛服毒自杀，由于发现及时被紧急送往当地某医院急救。经过该医院的医务人员的各种措施的积极抢救，患者黄某生命得以挽回。数日后黄某从监护室搬到了普通病房巩固治疗，由其家人在一旁继续陪护。有关的病情以及患者的心理状态，医生们已经多次通告家属并书面告知，要密切注意患者的异常行为，防止再度发生自杀行为。为防止意外发生，医生还特地将患者安排在位于二楼的一内科病区之中。

几天后的深夜，悲剧还是发生了，突然，并且不可避免。原来黄某已经研究好了这家医院的“地形”，趁陪护他的人夜里去卫生间的时候，偷偷地溜出病房，乘电梯一路升到医院病房大楼的 25 层，纵身一跃，跳楼自杀。这一回黄某死了，其家人在悲惨的哭泣中猛然想起，既然死在了医院，医院就应当拿点钱出来做赔偿！于是立即向医院提出索赔要求，医院果断地拒绝了黄某的家属。几个月后，患者家属将此事诉讼至当地法院。不过，最后的结局，黄某的家人还是败诉了。

【医案评说】

患者家属提出赔偿要求后，医院是在咨询了法律顾问之后，才明确答复患者家属的。医院的法律顾问指出，患者作为完全民事行为能力人，有权利支配自己的行为，并为此承担责任，因而，他的死完全系其自身原因所致，由于医院已经尽到了医疗义务、告知义务等，即便此事存在责任，也应当由其自身承担或者由其陪护的家人承担，而与医院毫无关系。

《民法通则》第一百一十九条所规定的“侵害公民身体造成伤害的，应当赔偿医疗费、因误工减少的收入、残废者生活补助费等费用；造成死亡的，并应当支付丧葬费、死者生前扶养的人必要的生活费等费用。”这是民事赔偿的原则性条款。请注意，赔偿的前提条件就是：“侵害”并造成“伤害”，也就是说，没有“侵害”就没有民事责任，当然也就没有赔偿了。该法第一百三十一条规定：“受害人对于损害的发生也有过错的，可以减轻侵害人的民事责任。”其体现的也是这一原则，在本案作为受害人本人的行为对于损害的发生来讲是一个唯一的原因，应当就此承担完全民事责任。

《侵权责任法》第二十七条规定，“损害是因受害人故意造成的，行为人不承担责任。”这是该医院最终免责的有力的法律依据。

当然，如果本例黄某自杀事件发生于以下条件：黄某本人系精神病患；医院为精神卫生专科医院，此时由于患者系无民事行为能力或者限制民事行为能力人，满足上述条件的自杀行为发生后，医院的责任就另当别论了。即便医院可以证明，在该起自杀事件中没有责任，法院也有可能以适用《民法通则》第一百三十二条以及《侵权责任法》第二十四条的规定，判令医院按照“公平责任原则”承担黄某一家的损失了。

本例凸显医疗机构在日常开诊施救当中所存在的不确定的风险。

【法律常识】

（1）为什么临床上偶有尚未死亡的患者被错误地认定为死亡，转而放弃抢救？法医学上的“死亡”，经历哪几个阶段？

生与死是医生经常面对的问题，临床教科书也明确划分了死亡的标准，但是现实工作中，却很少有临床医生探求，何谓真生、何谓真死。而且实际工作中“生”与“死”往往是相互演变的，分界未必一定清晰。近年来有报道将尚未死亡的患者，错误地当做已经死亡的尸体处理，以下借用法医学理论粗浅地探讨一下死亡的各个演变阶段。

按照法医理论，死亡的全过程为：濒死期、临床死亡期、生物学死亡期。实际操作中作为法医常常将上述死亡阶段区分为更具有操作性的阶段：“生存”——心跳、呼吸以及脑功能存在，这是医生们最有把握的阶段；“假死”——心跳、呼吸运动、脑功能极度微弱，但及时抢救，可使复苏，挽回生命；“生死不明”——心跳、呼吸运动、脑功能不明，躯体变化不明，及时抢救，或可使复苏挽回生命，或抢救无效；“假生”——心跳、呼吸运动、脑功能暂时停止或称刚刚停止，躯体可有极轻微的尸体变化，即使抢救不能复苏、抢救无效；“死亡状态”——心跳、呼吸运动、脑功能永久停止。

除了个别院外急诊患者，医生往往面对着患者的整个死亡过程，上述各个阶段中最容易出现问题的，就是“濒死期”（“假死”与“生命不明”），此时医生通过触摸大血管、感知呼吸，或者使用听诊器无法收集到生命迹象，甚至在心跳刚刚停止阶段，心电图检查也可以出现无心电活动的拉直的心电图。此时，是否放弃抢救就成了关键。按照上述法医学的死亡分期，笔者建议，对任何一位患者，无论有无“一线希望”，都要继续实施心肺复苏抢救，直至复苏，或者直至患者已经真实地处于死亡状态。

对于那些患者的全体家属一致明确表示“放弃抢救”的，作为医生，除了要求他们将这一请求进行书面记录，并要求他们逐一签字之外，依然应当按照抢救常规实施抢救。任何时候必须牢记，救死扶伤是法律赋予医生的最基本义务。

出于对生命的尊重，和对死者的敬畏，不妨建议卫生部立法机构以发布规章的形式，明确“宣告临床死亡”的临床规范。如抢救维持时间、抢救必经程序、最终放弃抢救的条件，尤为重要的是，应当明确规范，进行死亡确认与宣告的医师的资质与人数，以及情势紧急的非常规情况下的特别规定，等等。

（2）患者接受医疗死亡后，哪些患者的家属对其死亡拥有主张医疗机构赔偿的诉讼权利？

就此问题，现行民事法律尚无明确规定。按照《民法通则》有关“监护人”“近亲属”概念的规定，以及《中华人民共和国继承法》第十条之规定，自然人接受医疗服务死亡后，就其死亡原因，其遗产的法定继承人拥有向与其死亡可能有关联的医疗机构主张赔偿的诉讼权利。具体来讲，患者死亡后，如果其法定继承人对其死因有异议，并且认为其死亡与该医院有关，其第一顺序继承人拥有诉讼权利，并作为原告起诉；如果死者没有第一顺序继承人，其第二顺序继承人可以做为原告提起诉讼。

死亡案件得到赔偿后，一般除了各自已经先行分担的费用之外，按照同等顺序的法定继承人人数，均分赔偿所得。

14.5 病房内的凶杀案

【医案寻踪】

2007年3月底的一个周末的傍晚，呼叫着的急救车和警车将一名浑身是血、已经休克的伤员送往位于市中心的创伤中心医院。由于伤情严重，虽经急诊手术抢救，积极的抗休克治疗，输血、补液，田某的生命仍未完全脱离危险。就连急于了解案情的办案人员，也只能焦急地等待着田某病情出现好转、稳定的时刻。经陪同田某的老乡中了解，田某来自数千里之外的南方，在本市的一家建材市场内，靠帮人做一些小生意维持生活。至于这次为什么被人砍伤，则都是闭口不言，作为医生，也不便多问。由于田某的家人一时间无法立即赶到医院，当天夜里在术后抢救室陪护他的人，就是他的这几个老乡。一夜病情平稳，交班前护士遵照医嘱，量血压，测体温，记录尿量，并从田某身上抽取了10多毫升的血液，留待送实验室检验，夜间的值班医生则细致地对患者进行了体检。早交班之后，值班医生按常规巡视病房。当医生推门走进田某的病房时，被突如其来的一幕惊呆了，田某的颈部、胸部、整个病床上，到处是血，尚未凝固的血液从田某颈部的被刀割开的创口中流出，再看床下面，已经淌了一摊鲜血……警车再次响起，田某被人砍死了。据当时走廊上的其他住院患者及陪护的证词，砍死田某的可能就是伤后一直陪护他的老乡。两个月后，命案告破，杀人者伏法。又过了将近一年，死者家属突然造访这家医院，虽然明着讲放弃“精神损害、死亡赔偿”，但是以“请求救助”为由，要求该医院对田某的未亡人及子女给予帮助。最终协商的结果是，医院以人道救助的名义，一次性给付田某家属适当额度的生活补助费。

【医案评说】

本案发生地点与实施犯罪之人，均比较罕见。作为医院，不可能配备银行一般的安保措施，更不可能设置安检通道。如果是外来的犯罪嫌疑人直接闯入病区，病人家属尚可分辨，但砍死他的偏偏是一同陪患者住院的老乡、他的陪护。这就让医院无法分辨甚至无法防范了。对于这类虽然发生于医院，但与医院毫无关系的死亡事件，医院有义务以“人道援助”名义，支付死者家属“生活补助”吗？

按照《医疗机构管理条例》，该医院没有义务；按照《医疗事故处理条例》，该医院没有义务；按照《民法通则》第一百一十九条，有关侵害公民身体造成伤害的以及造成死亡的，赔偿责任应由侵害方承担；即便放到现在，按照《侵权责任法》第二十八条的规定，“损害是因第三人造成的，第三人应当承担侵权责任”，该医院也不应当承担民事责任。

按照《民法通则》第一百零九条及《侵权责任法》第二十三条的规定，因防止、制止他人民事权益被侵害而使自己受到损害的，由侵权人承担责任。侵权人逃逸或者无力承担责任，被侵权人请求补偿的，受益人应当给予适当补偿。但是在本案，田某的死不是上述情形，医院更不是受益人，医院出这份生活补助费用，似乎完全是“人道援助”了。

实则并非如此。不要忘记了医疗机构实施的医疗活动也被称为“医疗服务”，而医患之间的法律关系也被称为“医疗服务合同法律关系”。从这种意义上说，也是一种消费服务合同法律关系。既然属于消费服务合同范畴，就应当适用于《消费者权益保护法》的调整。《消费者权益保护法》第七条规定，“消费者在购买、使用商品和接受服务时享有人身、财产安全不受损害的权利。消费者有权要求经营者提供的商品和服务，符合保障人身、财产安全的要求。”所以，该医院支付“一次性生活补助费”的确具有法律上的依据。即便按照《侵权责任法》第三十七条的规定，该医院能够证明其已经尽到了安全保障义务，根据《消费者权益保护法》第七条的规定，该医院仍然无法完全免除民事赔偿责任。

【法律常识】

（1）法医学上的“自然死亡”“正常死亡”“非暴力死亡”，或者“非自然死亡”“不正常死亡”“暴力死亡”等作何解释？

临床医生虽然不是法医，但是作为人类生命有关的学识的一种延伸，应当作适当的了解。

“自然死亡”与“正常死亡”及“非暴力死亡”，均为同一个含义。自然死亡又可以分为“生理死亡”与“病理死亡”。生理死亡包括衰老死亡，即“无疾而终”，以及早产儿死亡。病理死亡则是临床医生最为常见的死亡现象。从临床过程上细分病理死亡，又可分为病状明显的死亡与病状潜伏的死亡，病状潜伏的死亡中最为典型的就是“猝死”，而“猝死”最容易遭致纠纷与争议。

“非自然死亡”与“不正常死亡”及“暴力死亡”，则均为同一个含义。法医所说的上述死亡方式，是指由机械、物理性、化学性、生物性或者其他因素的外力侵害人体所造成的死亡。临床医生常见的情况包括各种外伤、烧伤、中毒、触电甚至特殊情况下的冷冻、饥饿等。

（2）临床医生在处理死亡患者的善后时常常要填写“居民医学死亡证明”，在这份包含着死者生命终结的重要信息的表格当中，有着以下几个与死亡原因有关的概念，如“直接死因”“间接死因”“根本死因”等，如何理解这些概念？

“直接死因”，顾名思义就是引起死亡的直接原因，该因素的出现与存在直接导致死亡的发生。其主要的直接死因不外乎心、肺、脑三大脏器的病与伤的不可逆的致命损害。因此，心、肺、脑也被法医称为三大“死亡之门”。

“间接死因”就是能够导致发生心、肺、脑三大重要器官致死性损毁的因素，有时也被临床医生及法医称为“导致出现直接死因的根本死因”。由于心、肺、脑三大死亡之门脏器之外的躯体疾病与损伤的原因，导致上述三大死亡之门之中的任何一门被敲开或撬开，死亡随之来临。可以有多种原因同时作用，敲开一扇或几扇死亡之门。在法医学上这一现象又叫“联合死因”或“死因竞争”。

第15章　行政法与医疗风险

15.1　多收了三千五

【医案寻踪】

冯某(男性，63岁)2003年退休时是一家企业的财务管理人员，做事谨慎、细致。原本还算健康的他，于2006年3月不慎患上了肺癌，在发现的当月就在当地的一家最大规模的医院里，做了根治手术。术后按照医嘱接受放化疗治疗，而且每次都要住院治疗。住院期间，冯某每天都注意收集医院的护士交给他日收费明细，等到出院时加在一起进行核对。世上就怕有心人，果然在手术后第二次住院接受放化疗治疗时，医院的出院结算单就比他手中的每日收费明细的小票多出了280元，他找到科室的护士长反映情况，护士长的解释让他半信半疑。由于余下还要进行几次这样的治疗，冯某自认为不便得罪医院，就没有再深究。

这样又过了若干时间，经过几次住院治疗，全部放化疗疗程结束，老冯手中已经积攒了七八次住院的医疗费收费单据以及每一次住院期间连续的“每日结算明细”，经过核对总共差了3500元人民币，就是说每一张小票加起来比几张住院的大结算单少了3500元！老冯认为这里边一定有猫腻，一定多收了他的钱！这一次他不再有所顾忌地找到医院，要求惩罚当事科室，双倍返还这些从他那里多收了的3500元。医院接到投诉之后，很快组织科室及财务部门对冯某的全部住院医疗费收费情况进行复查，复查的结果是没有发现存在多收费的问题。冯某当然不满意，直接将该医院举报至当地物价部门，物价部门组织人员进行彻查后发现，多收医疗费的情形的确存在，只不过相差得并不多，不是3500元，而仅仅是572元。至于多收的原因是一部分卫生耗材存在重复计费的情形。物价机关对此依据《中华人民共和国价格法》（简称《价格法》）作出了处罚决定。接到处罚后，该医院也意识到了问题所在，主动提出双倍或三倍返还多收的金额，但是患者不为所动。一个月后，在当地一家报纸上，该报社的记者以一个整版的篇幅，刊登了这家医院在冯某身上多收了医疗费的“价格欺诈”事件。夹叙夹议的内容，深刻无比的剖析，让这家医院措手不及。此事也成了当地一大新闻热点，批评之声塞满了街头巷尾。多个政府机关均介入了此事，医院不得不出面正式向患者道歉，院内的上上下下开始自查自纠。

【医案评说】

医疗机构及其医务人员依法提供医疗服务，应当如实报价，而患者须及时预付医疗费押金。最终出院时，由患者支付全部医疗费。这一过程向来不被看成是医疗服务的核心内容，也常常容易被医院的管理者，尤其是高层管理者忽视。从这一事件中可以看出，医疗费收取问题、医疗价格问题，绝不是多收了几千元钱的小事，而是关乎诚信，关乎医德，关乎医院的立院宗旨的大事；从媒体报道、社会舆论的角度讲，这甚至是“区分”一家医院对外公众形象的大事，即“谋取钱财”还是“治病救人”。

意思自治、身份平等与诚实守信，构成了现代法理的三大准则。1987 年生效的《民法通则》第四条规定，“民事活动应当遵循自愿、公平、等价有偿、诚实信用的原则。”1999 年实施的《合同法》第六条规定，“当事人行使权利、履行义务应当遵循诚实信用原则。”而早于《合同法》，在 1993 年就已经实施的《消费者权益保护法》第四条也规定了，“经营者与消费者进行交易，应当遵循自愿、平等、公平、诚实信用的原则。”包括医疗服务合同在内，诚实守信是所有民事法律行为的基本准则。自古以来在我国文化中就有，“言必信，行必果”的行为准则。

作为一种针对不特定人群的特殊的具有公共服务性质的民事合同，诚信显得尤为重要，患者为了维护生命与健康，获得医疗救治，将身体托付于医生，医生必须做到诚信，包括医疗行为上的诚信以及医疗服务价格收费上的诚信。否则，医疗服务就失去了基础。因此，不论是故意的价格欺诈或者无意的收费工作疏忽，一旦发生多收费等情况，势必动摇这家医疗机构的诚信基石。

本例价格争议之中按照《消费者权益保护法》第十条的规定，消费者享有公平交易的权利。消费者在购买商品或者接受服务时，有权获得质量保障、价格合理、计量正确等公平交易条件。由于医疗服务收费的行业习惯已被医患双方广泛接受，即先交纳足额的医疗费预付金，由医务人员按照病情需要主导医疗消费的模式，而无法做到像一般性消费那样，实现简单的“明码实价”。但是按照 1998 年 5 月实施的《价格法》的规定以及各地的具体物价政策，医疗收费行为应当是完全清晰透明的，必须完全符合价格政策。如本例之中，该医院就应当严格遵守《××省医疗服务价格(试行)》的有关规定。至于当初该医院遭到举报被物价监管部门处罚一事，则是依据《价格法》第四十条的规定处理的。

【法律常识】

（1）针对违反物价规定，私立名目或者重复计费多收取患者医疗费用的行为，一经发现如何查处？

《价格法》第四十条规定，对于存在不正当价格行为的，“可以并处违法所得五倍以下的罚款；没有违法所得的，予以警告，可以并处罚款；情节严重的，责令停业整顿，或者由工商行政管理机关吊销营业执照。”

上述“不正当价格行为”包括：(一)相互串通，操纵市场价格，损害其他经营者或者消费者的合法权益；(二)在依法降价处理鲜活商品、季节性商品、积压商品等商品外，为了排挤竞争对手或者独占市场，以低于成本的价格倾销，扰乱正常的生产经营秩序，损害国家利益或者其他经营者的合法权益；(三)捏造、散布涨价信息，哄抬价格，推动商品价格过高上涨的；(四)利用虚假的或者使人误解的价格手段，诱骗消费者或者其他经营者与其进行交易；(五)提供相同商品或者服务，对具有同等交易条件的其他经营者实行价格歧视；(六)采取抬高等级或者压低等级等手段收购、销售商品或者提供服务，变相提高或者压低价格；(七)违反法律、法规的规定牟取暴利等。

(2) 2011年4月15日卫生部出台的《医疗机构内部价格管理暂行规定》，其中规定医院内部应当依法成立“医疗机构价格管理委员会”，对此，能否简单地加以介绍?

该规定指出，医疗机构价格管理委员会的主要职责是：研究制定并组织实施医疗机构医药价格管理制度、考评指标及奖惩标准，对医疗机构价格执行情况进行指导、协调、监督和考核，讨论、决定医疗机构收费管理机制等重大事项。医疗机构价格管理部门的主要职能是：对医疗服务、药品价格进行管理，对医疗服务项目成本进行测算；参与医疗设备、医用耗材采购前以及新技术、新疗法进入医疗机构前的收费许可审核；指导临床、医技科室正确执行医药价格政策；审核医疗服务项目价格、药品价格及医用耗材价格，并依据政府医药价格政策的变动，及时调整价格管理系统的价格标准；定期对门（急）诊、住院患者费用等进行检查，对不规范收费行为及时纠正；对医疗机构新增医疗服务价格项目进行申报及备案；对医疗服务项目价格、药品及医用耗材价格进行价格公示；接待医药价格咨询，处理医药价格投诉等。

同时，各医疗机构要建立医药价格调整、医疗服务成本核算、成本控制等管理制度，科学规范收费行为；建立新增医疗服务项目价格申报制度，医疗机构还要建立价格公示制度、费用清单制度、医药价格自查制度、价格投诉管理制度、价格管理奖惩制度等。

第 16 章　《刑法》与医疗风险

16.1　远离毒品

【医案寻踪】

2009 年 3 月，某地公安局禁毒支队破获了一起跨省的贩毒案，特别之处是，这起案件中，涉案的毒品就是临床上常用的止痛剂——药品“二氢埃托啡”，俗称“强力去痛片”，共 137 片。经过侦查，办案人员顺藤摸瓜，找到了这些“药品”的来源，令人疑惑的竟然是邻省一家医院！

原来罪犯黄某、田某流窜到位于中原的一家不起眼的小医院，这家医院是以收治晚期肿瘤患者为主的临终关怀的小医院。编制床位只有 80 张，收住院的患者里边，除了一些患有各类慢性疾病的老年人之外，大部分是晚期肿瘤患者。这些患者日常治疗主要是对症处理，以及安慰性治疗。癌性疼痛是许多住院的肿瘤患者共同的症状，而这家则主要使用本文开始提到的药品——“二氢埃托啡”。二氢埃托啡是一种人工合成的阿片类药物的替代药品，尽管该药在最初上市时声称无成瘾性，但是使用后发现，它与以往的阿片类药物一样，具有类似的成瘾性以及药物依赖性，因此该药早已被国家有关部门列为毒麻药品序列，按照毒麻药品的规定，实行严格临床管制，这一点，医院上上下下完全知道。由于长期服用，医院许多住院患者已经离不开这些药品了。2008 年 7 月，黄某和田某流窜到中原腹地，并瞄准了这个医院。他们先是暗中通过个别患者套换这些药品，积少成多，后来干脆谎称患病住进了医院。许多患者由于贪图小钱，都把原本正常服用量的药品省下来，和他们换钱。不久医院病房里的医生就发现了里面的蹊跷，把这件事汇报给医院的领导。医院领导找到这两个“患者”，要求他们立即离院。两个家伙立即向医院的领导提出，直接与医院合作，共同开发“资源”。医院领导为利所惑，竟然同意了。

于是，医院领导、当事科室的主任、经治医生通过炮制真假两套病历与黄、田二人合伙实施了毒品犯罪行动。再由黄某及田某将从这里得到的毒品，私下转手倒给远在外省的一位姓姬的人。这一切都在蒙骗着正常接受治疗的患者。

多行不义必自毙。2008 年 10 月，在当地医疗卫生管理机关例行年检时，这一严重问题才被检查发现。最终一起涉嫌贩卖毒品的刑事犯罪浮出水面，数名犯罪嫌疑人悉数落网，案件告破。

【医案评说】

按理说，医院、医生与毒品、犯罪似乎完全牵扯不到一起，好像是风马牛不相及的事。实际上，医务人员却经常与《刑法》之中的毒品打交道。本身毒品当中的一些药物品种就是医疗上常常使用的“毒麻药品”，如本文案例之中的“二氢埃托啡”，临床使用的毒麻药品还包括吗啡、杜冷丁、可待因、氯胺酮等止痛剂及麻醉用药。正因为如此，临床上针对毒麻药品有着非常细致的管理规范，而这些规定与其他医疗法律规范不同之处在于，触犯了有关毒麻药品的规定，轻则受行政处罚，重则受刑事惩罚。

本例的重点不是在探讨毒品犯罪问题，而希望藉此提醒临床医务人员医疗行为应当依法进行。大部分医学专业领域的约束性规定，不至于触犯刑法，但是在一些特别的医学专业领域内的规定，则好比是高压线，任何人都触动不得。

以下是《刑法》与医疗活动相关的犯罪罪名。这些罪名大部分属于《刑法》第六章“妨害社会管理秩序罪”当中的第五节“危害公共卫生秩序罪”的范畴。其中包括，前文已经提及的《刑法》第三百三十五条的“医疗事故罪”和第三百三十六条的“非法行医罪”。作为“医疗事故罪”，其核心犯罪构成要件系指具备合法资质的医务人员的行为存在过错，并且这一“过错”作为唯一的原因导致患者出现严重损害的后果。“非法行医罪”的主体，则为无医师资质的人。

除此之外，还包括“妨害传染病防治罪”（《刑法》第三百三十条），“传染病菌种、毒种扩散罪”（《刑法》第三百三十一条），“非法组织卖血罪”（《刑法》第三百三十三条第一款）“强迫卖血罪”（《刑法》第三百三十三条第二款），“非法采集、供应血液，制作、供应血液制品罪”（《刑法》第三百三十四条第一款），“采集、供应血液，制作、供应血液制品事故罪”（《刑法》第三百三十四条第二款），“非法进行节育手术罪”（《刑法》第三百三十六条第二款），等等。至于本文提及的毒品犯罪，则属于《刑法》第六章“妨害社会管理秩序罪”当中的第七节“走私、贩卖、运输、制造毒品罪”的范畴，其中，本例涉及的犯罪事实与罪名是《刑法》第三百三十七条的“贩卖毒品罪”。

一般性的法律，是社会道德的底线，《刑法》则是法律的底线，而司法审判则是这底线的底线。没有法律调整，社会就会混乱；没有刑法的保护，社会就会失控；而没有司法的公正与正义，来自源头的水就会彻底污染。

【法律常识】

（1）药品之中，哪些既是临床上常见的药品，同时也属于“毒品”？

按照卫生部2005年颁布的《医疗机构麻醉药品、第一类精神药品管理规定》，临床用药当中的麻醉药品、第一类精神药品都属于严格限制的药品，因管理疏忽或故意将这类药品转入非法流通渠道的，则可能使原本合法的药品蜕变为“毒品”，相关人员即可能涉嫌毒品犯罪。

以临床上常用的麻醉药品为例，麻醉药品（Habitforming Drug），是指对中枢神经有麻醉作用，连续使用后易产生身体依赖性、能形成瘾癖的药品。这些药品包括阿片类、可卡因类、大麻类、合成麻醉药类及国家食品药品监督管理局指定的其他易成瘾癖的药品、药用原植物及其制剂。麻醉药品并非毒品，麻醉药品正常使用有利健康。但是，如果连续使用、滥用或者不合理使用，极易产生身体依赖性和精神依赖性，由于此类药品具有强烈的成瘾癖与躯体、精神依赖，因此其使用和储存应严格管理。

2007 年国家食品药品监督管理局依据《麻醉药品和精神药品管理条例》第三条的规定，颁布了《麻醉药品品种目录（2007 年版）》和《精神药品品种目录（2007 年版）》（国食药监安〔2007〕633 号），并已经于 2008 年 1 月实施。其中《麻醉药品品种目录（2007 年版）》当中，包括醋托啡、乙酰阿法甲基芬太尼、醋美沙朵等 123 种麻醉药品列入目录当中；而《精神药品品种目录（2007 年版）》当中共有精神药品 132 种列入目录，其中受到严格限制与监管的第一类精神药品有 53 种，其中包括布苯丙胺（DOB）、卡西酮、二乙基色胺。

按照《麻醉药品和精神药品管理条例》第三条第三款的规定，对于已“上市销售，但尚未列入目录的药品和其他物质或者第二类精神药品发生滥用，已经造成或者可能造成严重社会危害的，国务院药品监督管理部门会同国务院公安部门、国务院卫生主管部门应当及时将该药品和该物质列入目录或者将该第二类精神药品调整为第一类精神药品。”

（2）国家针对麻醉与精神药品的管理法规是什么？其核心立法宗旨是什么？这一法规对临床应用有什么影响？

2005 年 8 月 3 日国务院以院令第 442 号的名义颁布了《麻醉药品和精神药品管理条例》并宣布于 2005 年 11 月 1 日起施行。该部条例的核心立法宗旨就是针对麻醉与精神药品的六个字——“管得住，用得上”，是为了加强麻醉药品和精神药品的管理，保证麻醉药品和精神药品的合法、安全、合理使用，防止流入非法渠道而确立的专项法规。该条例适用于有关麻醉药品药用原植物的种植，麻醉药品和精神药品的实验研究、生产、经营、使用、储存、运输等活动以及监督管理等。

临床上针对麻醉药品的具体使用，被通俗地概括为“五专一定”。即“专人”“专柜”“专锁”“专账”“专处方”，门诊、住院药房必须配备“一定”的防盗设施。

第17章 《宪法》与医疗风险

17.1 见死不救?

【医案寻踪】

2010年的元宵节刚过，节日的祥云还没有飘散，人们依然沉浸在欢乐之中。此时恰逢白某(男性，30岁)的儿子满一周岁，白某夫妇为了庆贺儿子一周岁，邀请了许多亲朋好友，并特地选了一家位于市郊风景区的新开张的热带风光生态大酒店。“满岁酒”酒宴结束，离开酒店之前白某结款时，与酒店里的店员发生了冲突。先是语言往来，接着就是拳脚相加。由于白某平素身体健壮，几个保安也没有撂倒他，当中还有一个小个子保安，也被他一脚踢到了一边。很快，白某的家人、朋友们将白某与他们分开了，拥着白某准备离开酒店。恰在此时，那个被白某踹倒的小个子保安，转个身的工夫手里抓着一个啤酒瓶，一边朝白某这边跑，一边对着墙敲掉了啤酒瓶子的底儿，接着冲着白某的头部就扎了过来，白某躲闪不及，被刺中了脖子。惨剧发生了，一股鲜血立即从伤口处喷出，溅得周围都是。慌乱之中白某的亲戚一面忙乎着伤者，一面叫来了120急救车。

白某被紧急送往了就近的某医院。这是一家三级甲等综合性医院，急诊室内病人很多，白某被抬入急诊室后，接诊的医生对伤情作了检查，告诉患者家属，白某的右侧颈动脉破裂！伤情危重，应当立即手术。不过手术前应当向医院交纳住院押金2万元。在场的亲友翻遍了身上所有的口袋，最后连零钱都凑上，却只有三千多元。家人们只好向值班的医生和主任求助，可得到的答复却是，必须交足押金，否则手术无法进行。医生称，这是医院的规矩，不然手术后欠了钱不还，医院的损失无法追回。白某的母亲一听就给那个主任跪下了，哀求他救救她的儿子。这位主任碍于此，勉强同意白某先行术前准备，打发家人立即回家取钱。白某脖子上的创口只在家人的简单压迫下，血透过纱布还在一滴一滴地流着。家人们按照医生的吩咐急冲冲地做着准备，不过医生们却似乎没有着急的，依然在按部就班地摆弄着手中的事情，处理着与白某相比并不算紧急的患者。护士们从白某的身前走来走去，却连一个吊瓶都没有给挂。嘈杂的急诊室里，白某的鲜血滴在地上，那声音仿佛与急诊大厅墙上的电子钟的秒表一样敲击着家人的心。家人们在等，已经处于休克昏迷当中的白某也在等。1 个小时后，钱取来了。值班的外科医生却依然不满意："说好两万元，仅仅交了一万三，不够。"在家属由哀求变为愤怒的质疑声中，白某终于被几个医生推进了手术室。几个小时后，白某被推出了手术室。第二天白某的家人补上了余下的 7000 元。术后复查，白某双侧大脑等脑组织均发生严重损害。其中右侧脑组织由于伤后止血、压迫该侧颈动脉，导致同侧以及全脑组织严重缺血，由于持续时间过长，已经形成脑组织广泛坏死的不可逆改变。三天后，患者死亡。尸检结果：死者系右侧颈动脉全层切割伤，右侧颈动脉破裂，失血性休克，脑组织广泛坏死。

不久刺死白某的犯罪分子被绳之以法，受到了法律的严惩。那个酒店也因白某的死，一并被判承担巨额的民事赔偿。

除了这飞来的横祸，让白某家人无法忘记的，就是在医院的那段最艰难的时光。由于没有交足钱，白某就躺在担架车上，前后接近 2 个小时，仅仅等待家人回去取钱所花的时间，就整整 1 个小时！而这期间几乎无人过问。这不是见死不救吗？白某的遗属在处理完白某的后事后，开始与医院进行交涉。由于交涉无果，白某的遗属向法院提起了诉讼。

医院最终败诉。

【医案评说】

本例是媒体经常报道的话题。这是当前各个医疗机构内普遍存在的一种带有倾向性的问题，或轻或重。就连目前各家医院广泛使用的医院财务管理软件当中，也特别设计了预交医疗费用尽之后立即停药的程序。国内近一两年来，一些影响较大较为恶性的医患冲突与争议事件，也隐含着医疗费用的交纳与是否提供医疗服务的问题，有些就是引起医患冲突的导火索。如，2011 年春节期间发生于上海某医院心胸外科的医患流血冲突事件，2009 年某大学附属医院因医疗费拖欠而发生延误治疗案(被定为一级甲等医疗事故，医方主要责任)，等等。究其原因，无外乎经济利益与商业行为使然。一时之间医院仿佛变成了酒店，吃饭必须交钱，否则别想吃饭！这些做法似乎符合法律规定，有着《合同法》以及《民法通则》上"等价有偿"的依据。似乎"医疗既然属于消费，那么就必须付费。"果真如此吗？

殊不知，包括本例医院在内的这些医疗机构的行为，已经严重背离了我们国家的根本大法——《宪法》——的规定。1982 年颁布的《宪法》第二十一条规定，"国家发展医疗卫生事业，发展现代医药和我国传统医药，鼓励和支持农村集体经济组织、国家企业事业组织和街道组织举办各种医疗卫生设施，开展群众性的卫生活动，保护人民健康。"这说明了，举办医疗机构的唯一目的就是"保护人民健康"，而不是以"营利"为目的。《宪法》第四十五条规定，"中华人民共和国公民在年老、疾病或者丧失劳动能力的情况下，有从国家和社会获得物质帮助的权利。国家发展为公民享受这些权利所需要的社会保险、社会救济和医疗卫生事业。”这说明，对于公民在面对“年老、疾病或者丧失劳动能力”的情况下，国家有救助的义务。作为一门特别法，《执业医师法》第一条规定，加强医师管理的目的在于“保护人民健康”，这是该法的立法基础。该法第三条具体规定，“医师应当具备良好的职业道德和医疗执业水平，发扬人道主义精神，履行防病治病、救死扶伤、保护人民健康的神圣职责。”而在其第二十四条则进一步规定，“对急危患者，医师应当采取紧急措施进行诊治；不得拒绝急救处置”。1995 年生效的《医疗机构管理条例》第三条也规定，医疗机构以救死扶伤，防病治病，为公民的健康服务为宗旨。并且该条例第三十一条规定，“医疗机构对危重病人应当立即抢救。”

究其根源，医疗服务并非普通意义上的民事合同，而是一种基于行政许可与法律义务性质的特殊合同，该合同首先受到《医疗机构管理条例》以及《执业医师法》的适用与调整，至于《合同法》上的一些规定，并不完全适用于医疗服务合同。

医疗的本质具有两重性：一是权利，二是商品。基本医疗、急救、突发公共卫生事件中的救治，这是每个人应享有的基本权利；而不同的医疗价格享受不同的服务，此时的医疗服务便成为一种商品。政府应负责基本权利的那一部分，为那些交不起钱的人支付急救的费用，增加专项资金。也就是说，对贫困人群的救助，医院作为医疗机构，承担的主要是医疗技术问题，至于为病人交费的责任，则应该是政府或社会的事。但目前在我国，医疗救助体系还没有建立，没有这方面的专项资金。

最后，无论是医生本人还是医疗机构，必须牢记，只要有人类社会存在，医师施行“救死扶伤、人道帮助”的“天职”就永远不会变。

【法律常识】

（1）针对医生延误救治的情形，《执业医师法》当中有无明确惩罚性的条款？

《执业医师法》第三十七条规定，“医师在执业活动中，违反本法规定，有下列行为之一的，由县级以上人民政府卫生行政部门给予警告或者责令暂停六个月以上一年以下执业活动；情节严重的，吊销其执业证书；构成犯罪的，依法追究刑事责任：……(二)由于不负责任延误急危患者的抢救和诊治，造成严重后果的；……”就适用于上述情形。

（2）新中国成立后，我们国家共颁布了哪几部《宪法》？现行《宪法》是何时制定的？

1949 年新中国成立前夕，在当年 9 月召开的具有广泛代表性的中国人民政治协商会议，制定了起到临时宪法作用的《中国人民政治协商会议共同纲领》。1954 年第一届全国人民代表大会第一次全体会议在上述共同纲领的基础上制定了新中国的第一部《宪法》，史称“1954 年宪法”，该宪法共四章 106 条。1975 年原有的宪法被废止，重新改写并颁布了第二部《宪法》，史称“1975 年宪法”，该宪法共四章 30 条。1978 年又对 1975 年宪法进行重新、彻底改写，颁布了第三部《宪法》，史称“1978 年宪法”，该宪法共四章 60 条。1982 年 12 月 4 日，第五届全国人民代表大会第五次会议通过了新中国的第四部宪法，即现行的 1982 年《宪法》，1978 年的《宪法》同时废止。1982 年《宪法》共四章 138 条。

1982 年《宪法》颁布后，按照宪法修改程序，我国又在该部《宪法》的基础上，先后经过 1988 年、1993 年、1999 年以及 2004 年的四次的部分条款的修改。

附　医疗法律法规名录索引

一、医护准入

1. 1999年5月1日《中华人民共和国执业医师法》(国家主席令第5号)

2. 2000年9月14日国务院、中央军委《中国人民解放军实施〈中华人民共和国执业医师法〉办法》

3. 2001年8月8日卫生部《关于对非法行医罪犯罪条件征询意见函的复函》(法函〔2001〕23号的复函)

4. 2001年6月20日卫生部《关于医师执业注册中执业范围的暂行规定》(卫医发〔2001〕169号)

5. 2004年1月1日国务院《乡村医生从业管理条例》(国务院令第386号)

6. 2005年7月1日卫生部《医师外出会诊管理暂行规定》(卫生部令第42号)

7. 2005年4月7日卫生部《关于对执业助理医师行医有关问题的批复》(卫政法发〔2005〕135号)

8. 2005年9月5日《卫生部关于医学生毕业后暂未取得医师资格从事诊疗活动有关问题的批复》(卫政法发〔2005〕357号)

9. 2006年12月26日卫生部《关于全科医疗科诊疗范围的批复》(卫政法发〔2006〕498号)

10. 2008年5月12日国务院《护士条例》(国务院令第517号)

11. 2008年5月12日卫生部《护士执业注册管理办法》(卫生部令第59号)

12. 2008年12月1日卫生部《关于静脉采血进行隐性血栓检测属于诊疗活动的批复》(卫医政函〔2008〕490号)

13. 2008年8月1日卫生部《关于印发〈乡村医生考核办法〉的通知》(卫农卫发〔2008〕43号)

14. 2008年4月10日卫生部《关于修订〈医师资格考试报名资格规定(2006版)〉有关条款的通知》卫办医发〔2008〕64号

15. 2008年5月9日最高人民法院《关于审理非法行医刑事案件具体应用法律若干问题的解释》(法释〔2008〕5号)

16. 2009年3月1日《香港、澳门特别行政区医师在内地短期行医管理规定》(卫生部令第62号)

17. 2009 年 3 月 1 日卫生部《台湾地区医师在大陆短期行医管理规定》（卫生部令第 63 号）

18. 2009 年 9 月 24 日卫生部办公厅《关于做好乡村医生执业证书有效期满再注册有关工作的通知》（卫办农卫发〔2009〕149 号）

19. 2009 年 9 月 11 日卫生部《关于医师多点执业有关问题的通知》（卫医政发〔2009〕86 号）

20. 2010 年 7 月 1 日《护士执业资格考试办法》（卫生部、人力资源社会保障部令第 74 号）

二、机构设立与管理系列

21. 1994 年 9 月 1 日国务院《医疗机构管理条例》

22. 1994 年 9 月 1 日卫生部《医疗机构管理条例实施细则》

23. 1998 年 12 月 8 日卫生部《关于〈医疗机构管理条例〉执行中有关问题的批复》

24. 2000 年 7 月 1 日卫生部、对外贸易经济合作部《中外合资、合作医疗机构管理暂行办法》

25. 2000 年 4 月 13 日卫生部法监司《关于对〈医疗机构管理条例〉中"非法所得"含义解释的答复》

26. 2001 年 8 月 8 日卫生部《关于对非法行医罪犯罪条件征询意见函的复函》（最高人民法院法函〔2001〕23 号：《关于非法行医罪犯罪主体条件征询意见函》）

27. 2002 年 5 月 1 日卫生部《医疗美容服务管理办法》

28. 2003 年 10 月 1 日《中华人民共和国中医药条例》（国务院令第 374 号）

29. 2004 年 4 月 21 日卫生部《关于加强卫生行业作风建设的意见》（卫办发〔2004〕130 号）

30. 2006 年 6 月 30 日卫生部《城市社区卫生服务中心基本标准》及《城市社区卫生服务站基本标准》（卫医发〔2006〕240 号）

31. 2006 年 6 月 28 日卫生部《关于实施吊销"医疗机构执业许可证"有关问题的批复》（卫政法发〔2006〕237 号）（关于《医疗机构管理条例》第四十七条、第四十八条的解释）

32. 2006 年 6 月 29 日卫生部、国家中医药局《城市社区卫生服务机构管理办法（试行）》（卫妇社发〔2006〕239 号）

33. 2008 年 6 月 24 日《卫生部关于医疗机构审批管理的若干规定》的通知》（卫医发〔2008〕35 号）

34. 2008 年 5 月 9 日《最高人民法院关于审理非法行医刑事案件具体应用法律若干问题的解释》（最高院审委会第 1446 次会议通过）

35. 2011 年 7 月 7 日卫生部等五部委《乡镇卫生院管理办法（试行）》（卫农卫发

〔2011〕61号）

36. 2002年中华医学会《医疗美容项目（试行）》（中华医学会发〔2002〕102号文）

三、医疗管理与规范

37. 2002年9月1日卫生部《医疗机构病历管理规定》

38. 2003年3月18日国家药品监督管理局《关于部分医疗器械产品分类界定问题的通知》（国药监械〔2003〕98号）

39. 2003年5月7日《突发公共卫生事件应急条例》（国务院第376号令）

40. 2004年5月17日卫生部、工信部《关于加强院前急救网络建设及“120”特服号码管理的通知》

41. 2004年12月31日卫生部《大型医用设备配置与使用管理办法》

42. 2005年4月1日《中华人民共和国电子签名法》

43. 2006年3月1日《放射诊疗管理规定》（卫生部令第46号）

44. 2006年2月24日卫生部办公厅《关于医疗机构间医学检验、医学影像检查互认有关问题的通知》（卫办医发〔2006〕32号）

45. 2007年5月1日《处方管理办法》（卫生部令第53号）

46. 2007年6月21日卫生部、国家中医药管理局、中国保监会《关于推动医疗责任保险有关问题的通知》（卫医发〔2007〕204号）

47. 2009年5月31日《医疗质量控制中心管理办法（试行）》（卫医政发〔2009〕51号）

48. 2005年8月11日卫生部《血液透析器复用操作规范》

49. 2008年4月17日卫生部办公厅《关于加强神经外科手术治疗精神疾病管理有关问题的通知》（卫办医发〔2008〕70号）

50. 2009年2月13日卫生部《重症医学科建设与管理指南（试行）》（卫办医政发〔2009〕23号）

51. 2009年3月6日卫生部《病理科建设与管理指南（试行）》（卫办医政发〔2009〕31号）

52. 2009年9月18日卫生部《医院手术部（室）管理规范（试行）》（卫医政发〔2009〕90号）

53. 2009年11月5日卫生部《妇科内镜诊疗技术管理规范》（卫办医政发〔2009〕183号）

54. 2009年11月13日卫生部《变性手术技术管理规范（试行）》（卫办医政发〔2009〕185号）

55. 2009年11月13日卫生部《心室辅助装置应用技术管理规范（试行）》（卫办医政发〔2009〕186号）

56. 2009年11月13日卫生部《放射性粒子植入治疗技术管理规范(试行)》(卫办医政发〔2009〕187号)

57. 2009年11月13日卫生部《肿瘤深部热疗和全身热疗技术管理规范(试行)》(卫办医政发〔2009〕188号)

58. 2009年11月13日卫生部《脐带血造血干细胞治疗技术管理规范(试行)》(卫办医政发〔2009〕189号)

59. 2009年11月13日卫生部《颅颌面畸形颅面外科矫治技术管理规范(试行)》(卫办医政发〔2009〕192号)

60. 2009年11月13日《口腔颌面部恶性肿瘤放射性粒子植入治疗技术管理规范(试行)》(卫办医政发〔2009〕193号)

61. 2009年11月13日卫生部《颜面部同种异体器官移植技术管理规范(试行)》(卫办医政发〔2009〕194号)

62. 2009年11月13日卫生部《基因芯片诊断技术管理规范(试行)》(卫办医政发〔2009〕195号)

63. 2009年11月13日卫生部《人工智能辅助诊断技术管理规范(试行)》(卫办医政发〔2009〕196号)

64. 2009年11月13日卫生部《质子和重离子加速器放射治疗技术管理规范(试行)》(卫办医政发〔2009〕198号)

65. 2009年11月13日卫生部《组织工程化组织移植治疗技术管理规范(试行)》(卫办医政发〔2009〕199号)

66. 2010年2月12日卫生部《电子病历基本规范(试行)》(卫医政发〔2010〕24号)

67. 2010年3月1日卫生部《病历书写规范》(卫医政发〔2010〕11号)

68. 2010年3月12日卫生部《关于对医疗机构血液透析室实行执业登记管理的通知》(卫医政发〔2010〕32号)

69. 2010年3月23日卫生部《医疗机构血液透析室管理规范》(卫办医政发〔2010〕35号)

70. 2010年4月20卫生部《静脉用药集中调配质量管理规范》(卫办医政发〔2010〕62号)

71. 2010年6月29日卫生部办公厅《关于加强医疗质量控制中心建设推进同级医疗机构检查结果互认工作的通知》(卫办医政发〔2010〕108号)

72. 2010年9月卫生部《全国医院工作制度与人员岗位职责》(2010年版)

73. 2010年10月8日卫生部《重性精神疾病管理治疗工作规范》附件(修订版)(卫办疾控函〔2010〕853号)

74. 2010年11月4日卫生部《重金属污染诊疗指南(试行)》(卫办医政发〔2010〕

171号）

75. 2010年11月29日卫生部《外科手术部位感染预防与控制技术指（试行）》、《导管相关血流感染预防与控制技术指南（试行）》及《导尿管相关尿路感染预防与控制技术指南（试行）》（卫办医政发〔2010〕187号）

76. 2010年11月卫生部《新生儿疾病筛查技术规范（2010年版）》

77. 2010年12月13日卫生部《电子病历系统功能规范（试行）》（卫医政发〔2010〕114号）

78. 2011年《临床护理实践指南（2011版）》

79. 2011年1月14日《三级综合医院医疗质量管理与控制指标（2011年版）》（卫办医政函〔2011〕54号）

80. 2011年2月16日卫生部《胃癌诊疗规范（2011年版）》（卫办医政发〔2011〕20号）

81. 2011年4月14日卫生部《综合医院康复医学科建设与管理指南》（卫医政发〔2011〕31号）

82. 2011年4月18日卫生部《三级综合医院评审标准》（2011年版）

83. 2011年11月1日《卫生部关于修订住院病案首页的通知》（卫医政发〔2011〕84号）

四、药事法规

84. 1984年9月20日通过、2001年2月28日修订《中华人民共和国药品管理法》

85. 1999年2月26日卫生部《关于对〈医疗机构管理条例实施细则〉中使用假药劣药蒙骗患者条文的复函》

86. 2000年7月1日国家药监局《药品经营质量管理规范》

87. 2001年11月12日国纠办等七部委办《医疗机构药品集中招标采购监督管理暂行办法》（国纠办发〔2001〕17号）

88. 2002年9月15日《药品管理法实施条例》（国务院令第360号）

89. 2003年10月1日《中医药条例》（国务院令第374号）

90. 2003年9月1日《药物临床试验质量管理规范》（国食药监局令第3号）

91. 2006年6月1日《药品说明书和标签管理规定》（国食药监局令第24号）

92. 2007年10月1日《药品注册管理办法》（国家食品药品监督管理局令第28号）

93. 2007年5月1日《处方管理办法》（卫生部令第53号）

94. 2009年卫生部等六部委办《进一步规范医疗机构药品集中采购工作的意见》（卫规财发〔2009〕7号）

95. 2010年11月2日《药物临床试验伦理审查工作指导原则》（国食药监注

〔2010〕436 号）

96. 2011 年 3 月 1 日卫生部《医疗机构药事管理规定》

97. 2011 年 3 月 24 日卫生部《医疗卫生机构医学装备管理办法》

98. 2011 年 7 月 1 日《药品不良反应报告和监测管理办法》（卫生部令第 81 号）

五、新技术与医学伦理

99. 2005 年 3 月 11 日卫生部《关于加强“血液疗法”管理的通知》（卫医发〔2005〕92 号）

100. 2006 年 7 月 1 日卫生部《人体器官移植技术临床应用管理暂行规定》

101. 2007 年 5 月 1 日《人体器官移植条例》（国务院令第 491 号）

102. 2009 年 3 月 2 日卫生部《医疗技术临床应用管理办法》（卫医政发〔2009〕18 号）

103. 2009 年卫生部：《第三类医疗技术目录》《第三类医疗技术临床应用能力技术审核申请及审核流程（试行）》《卫生部办公厅关于公布第三类医疗技术审核机构名单的通知》（卫办医政函〔2009〕349 号）

104. 2011 年 5 月 11 日卫生部《关于〈医疗技术临床应用管理办法〉实施中有关问题的批复》（卫医政〔2011〕126 号）

105. 古希腊《希波克拉底誓言》与 1948 年世界医协大会《日内瓦宣言》

六、院内感染

106. 2002 年 7 月 1 日《消毒管理办法》（卫生部令第 27 号）

107. 2006 年 9 月 1 日《医院感染管理办法》（卫生部令第 48 号）

108. 2009 年 1 月 16 日卫生部《关于消毒产品法律适用问题的批复》（卫监督函〔2009〕21 号）

七、医疗废物处理

109. 2003 年 6 月 16 日《医疗废物管理条例》（国务院令第 380 号）

110. 2003 年 10 月 10 日卫生部《医疗废物分类目录》（卫医发〔2003〕287 号）

111. 2005 年 3 月 31 日卫生部《关于产妇分娩后胎盘处理问题的批复》（卫政法发〔2005〕123 号）

八、尸体处理

112. 1979 年 05 月 21 日卫生部《解剖尸体规则》

113. 2005 年 09 月 01 日《传染病病人或疑似传染病病人尸体解剖查验规定》（卫生部令第 43 号）

114. 2006 年 3 月 1 日《中华人民共和国治安管理处罚法》（第六十五条）（国家主席令第 38 号）

115. 2003年9月15日《关于做好取消医院太平间工作的通知》(沈民发〔2003〕4号)

九、献血法

116. 1984年10月11日卫生部《献血体格检查参考标准》

117. 1993年卫生部《血站基本标准》

118. 1993年《供血者健康检查标准》(卫生部第29号令)

119. 1996年12月6日《血液制品管理条例》(国务院令第208号)

120. 1998年1月1日《中华人民共和国献血法》(国家主席令第93号)

121. 1998年卫生部《献血者健康检查标准》

122. 2000年11月28日卫生部《单采血浆站基本标准》(卫医发〔2000〕424号)

123. 2001年1月1日辽宁省人民代表大会常务委员会《辽宁省实施〈中华人民共和国献血法〉办法》

124. 2006年3月1日《血站管理办法》(卫生部令第44号)

125. 2006年5月17日工商总局等九部委办《关于单采血浆站转制的工作方案》(卫医发〔2006〕118号)

126. 2008年3月1日《单采血浆站管理办法》(卫生部令第58号)

127. 2011年《单采血浆站技术操作规范》(卫办医政发〔2011〕42号)

128. 2011年3月8日卫生部办公厅《关于明确单采血浆时间间隔有关问题的通知》(卫办医政函〔2011〕255号)

十、精神卫生条例

129. 2002年4月7日《上海市精神卫生条例》

130. 2006年4月1日《宁波市精神卫生条例》

131. 2007年3月1日《北京市精神卫生条例》

132. 2007年3月1日《杭州市精神卫生条例》

133. 2007年11月1日《无锡市精神卫生条例》

134. 2010年9月1日《武汉市精神卫生条例》

十一、计划生育法

135. 1992年10月1日《中华人民共和国妇女权益保障法》

136. 1995年6月1日《中华人民共和国母婴保健法》

137. 1996年4月19日卫生部妇幼卫生司《关于加强孕产期保健，对助产技术进行考核的通知》

138. 2002年12月4日《计划生育技术服务管理条例》(国务院令第428号)

139. 2002年9月1日《中华人民共和国人口与计划生育法》

140. 2001 年 12 月 29 日《计划生育技术服务管理条例实施细则》（国家计生委令第 6 号）

141. 2001 年 11 月 16 日《计划生育技术服务机构执业管理办法》（国家计生委令第 5 号）

142. 2001 年 8 月 1 日《人类辅助生殖技术管理办法》（卫生部令第 14 号）

143. 2003 年 5 月 1 日《产前诊断技术管理办法》（卫生部令第 33 号）

144. 2006 年 12 月 19 日卫生部《妇幼保健机构管理办法》

145. 2009 年 10 月 1 日《流动人口计划生育工作条例》国务院令第 555 号

146. 1999 年 6 月 1 日《辽宁省禁止选择胎儿性别终止妊娠规定》

147. 2003 年 1 月 16 日辽宁省人大《辽宁省人口与计划生育条例》

148. 2004 年 6 月 30 日辽宁省人大《辽宁省母婴保健条例》

149. 2006 年 8 月 29 日辽宁省卫生厅《辽宁省医疗保健机构开展产前诊断技术服务及产前诊断技术人员资格许可办法(试行)》（辽卫字〔2006〕14 号）

150. 2009 年 5 月 20 日《辽宁省助产技术服务机构基本标准(试行)》（辽卫字〔2009〕6 号）

十二、医疗纠纷处理适用法律

151. 1990 年 6 月 4 日最高人民法院《关于中国人民解放军和武警部队向地方开放的医疗单位发生的医疗赔偿纠纷由有管辖权的人民法院受理的复函》（90 民他字第 15 号）

152. 1992 年 3 月 24 日最高人民法院《关于李新荣诉天津市第二医学院附属医院医疗事故赔偿一案如何适用法律问题的复函》（92 民他字第 13 号）

153. 2000 年 12 月 19 日卫生部《关于医疗事故技术鉴定中胎儿死亡事件如何认定的批复》（卫医发〔2000〕455 号）

154. 2002 年 9 月 1 日《医疗事故处理条例》（国务院令第 351 号）

155. 2002 年 9 月 1 日卫生部、国家中医药局《医疗事故技术鉴定专家库学科专业组名录(试行)》

156. 2002 年 9 月 1 日卫生部《医疗事故分级标准(试行)》（卫生部令第 32 号）

157. 2002 年 9 月 1 日卫生部《医疗事故技术鉴定暂行办法》

158. 2002 年 11 月 6 日解放军三总部《军队医疗事故处理办法》（后卫字〔2002〕666 号）

159. 2005 年 1 月 21 日卫生部《关于医疗机构不配合医疗事故技术鉴定所应承担的责任的批复》

160. 2005 年 5 月 1 日《信访条例》（国务院令第 431 号）

161. 2007 年 2 月 16 日《卫生信访工作办法》（卫生部令第 54 号）

162. 2009年1月19日卫生部《关于医疗事故技术鉴定中新生儿死亡认定有关问题的批复》(卫医管函〔2009〕22号)

163. 2009年11月26日卫生部《医院投诉管理办法(试行)》

164. 2010年1月8日卫生部等三部委《关于加强医疗纠纷人民调解工作的意见》(司发通〔2010〕5号)

165. 1987年1月1日《中华人民共和国民法通则》

166. 1988年1月26日最高人民法院《关于贯彻执行〈中华人民共和国民法通则〉若干问题的意见(试行)》

167. 2010年7月1日《中华人民共和国侵权责任法》(国家主席令第21号)

168. 2010年6月30日最高人民法院《关于适用〈中华人民共和国侵权责任法〉若干问题的通知》(法发〔2010〕23号)

169. 2001年3月10日《最高人民法院关于确定民事侵权精神损害赔偿责任若干问题的解释》(法释〔2001〕7号)

170. 2004年5月1日最高人民法院《关于审理人身损害赔偿案件适用法律若干问题的解释》

171. 2009年最高人民法院《关于当前形势下审理民商事合同纠纷若干问题的指导意见》(法发〔2009〕40号)

172. 2009年2月1日《天津市医疗纠纷处置办法》(市政府令第15号)

173. 2003年7月4日辽宁省卫生厅《关于家庭接生员违规造成患者人身损害是否适用于〈医疗事故处理条例〉进行鉴定和处理问题的批复》(辽卫函字〔2003〕245号)

十三、《传染病防治法》与《职业病防治法》

174. 1991年9月12日卫生部《结核病防治管理办法》

175. 1987年《职业病范围和职业病患者处理办法的规定》(卫防字〔1987〕82号)

176. 2002年5月1日《中华人民共和国职业病防治法》(国家主席令第60号)

177. 2002年5月1日《职业病诊断与鉴定管理办法》(卫生部令第24号)

178. 2004年12月1日《中华人民共和国传染病防治法》(国家主席令第17号)

十四、行政法

179. 1993年9月1日《中华人民共和国产品质量法》(国家主席令第71号)

180. 1994年1月1日《中华人民共和国消费者权益保护法》(国家主席令第11号)

181. 1998年5月1日《中华人民共和国价格法》(国家主席令第92号)

182. 2011年4月15日卫生部、国家中医药局《关于印发医疗机构内部价格管理暂行规定的通知》(卫规财发〔2011〕32号)

183. 2010年10月25日《卫生部关于进一步加强经济合同管理工作的通知》

十五、刑法

184. 1997 年 10 月 1 日《中华人民共和国刑法(修正)》(国家主席令第 83 号)

185. 2005 年 11 月 1 日《麻醉药品和精神药品管理条例》(国务院令第 442 号)

186. 2005 年 11 月 14 日卫生部《医疗机构麻醉药品、第一类精神药品管理规定》(卫医发〔2005〕438 号)

187. 2008 年 1 月 1 日国家食品药品监督局《麻醉药品品种目录(2007 年版)》和《精神药品品种目录(2007 年版)》(国食药监安〔2007〕633 号)

十六、宪法

188. 1982 年 12 月 4 日《中华人民共和国宪法》

◎后　记

一千年之前，医学是一种宗教；一百年以来，医学是一门科学；二十年前在国内，医学是一种职权；而现在，医学只是一种商业行为。

当今的临床医学是伴随着法律制度的不断创建而展开的。以临床医疗机构及执业者个人的准入制度为例，我们经历了从几乎无法可依，到《医疗机构管理条例》，到《中华人民共和国执业医师法》，再到《护士条例》的日臻完善的过程。在具体的临床医疗操作和医疗活动方面，从医学教科书，到由卫生部颁布的各类操作规范，各个诊疗环节逐步法制化，医疗法律的完整体系正在构建之中。从药事管理到供血与输血，从新技术的临床试用到人体器官移植，等等，均不再无章可循。此外，在传染病、职业病防治、计划生育以及院内感染等多个领域，相关的法律法规更是越来越多。

医疗立法的初衷是为更好地规范医疗行为，服务于患者，可是我们又遭遇到新的问题，如，各种规范多了，医师执业限制也会相应增多，有时候反而不利于医师更加自如地、更加专注地应用先进的医疗技术和充分发挥自身的能力，对患者实施有效的诊疗措施。

医疗活动的极致是医学科学与经验的完美结合，没有绝对的对与错。法律可以精确到某一行为的选择，某一行为的是与非，某一规定，但是医疗问题的答案却不是唯一的，可以有多种解决方式。而且，由于原发病的复杂、患者自身的潜质，对一种疾病的诊断与认知，在不同时代，有着不同的观点；并且看似相同的疾病，不同的患者接受治疗后的最终结果，也往往千差万别。如何平衡医疗行为与法律制度，正是本书向诸位提出来的议题。

纵览各类医疗纠纷，无外乎源于技术与操作上的原因与源于法律制度上的原因。有关医疗技术风险的探索，作者在2009年曾经与辽宁省医学会共同合作出版过《医案说法》一书，该书探讨的主要是医疗技术方面的风险。实践之中，还有大量棘手的纷争是起源于法律制度方面的原因。而面对法律风险，恰好是临床医生的认知盲点。

本书从数年来大量的医疗纠纷案例中选择了包含各类医疗法律法规在内的近60例医疗活动的典型案例，对每一个案例分别进行了详细剖析。力求从临床医疗工作的角度，以临床医生的思维模式，以案说法。在此基础上，较为全面地总结了现行医疗卫生法律法规，归纳了(部分)一线医务人员急需了解和掌握的法律常识，涉及法律、法规、司法解释、规章、规范等共计188部，并在本书的最后附以这些法律法规以及规章、司法解释乃至规范性文件的名录索引，供读者检索、查阅。相信这本书至少会对诸位医生朋友规避医疗活动中的法律风险、确保临床医疗安全，起到一个提示的作用，从而达到减少医疗纠纷、减少医疗损害事件发生的目的。

感谢辽宁省医学会，沈阳市卫协和省、市、军、地多家医疗机构的诸位朋友们以及法律界的同道，对本书的支持。

本书从编著到出版，时间仓促，许多内容未必经得起推敲，权且理解为对诸位医生朋友的善意叮咛与提醒。希望您在阅读之后，反馈您的意见与建议。作者由衷期待着您的批评与赐教。

作　者

2014年3月

于沈阳浑南